Helge Stadelmann / Berthold Schwarz

Heilsgeschichte verstehen

Warum man heilsgeschichtlich denken sollte, wenn man die Bibel nicht missverstehen will

Unseren Schwiegereltern
Karl und Irmgard Engelmann
Ruth Koch und dem Andenken an Dr. phil. Friedrich Koch
in Dankbarkeit

Helge Stadelmann / Berthold Schwarz

Heilsgeschichte **verstehen**

Warum man heilsgeschichtlich
denken sollte, wenn man die
Bibel nicht missverstehen will.

Bibelzitate nach der Revidierten Elberfelder Übersetzung,
R. Brockhaus Verlag, Wuppertal und Zürich © 1985/1991/2006

Stadelmann, Helge / Schwarz, Berthold
Heilsgeschichte verstehen
Warum man heilsgeschichtlich denken sollte,
wenn man die Bibel nicht missverstehen will

ISBN 978-3-89436-575-2

Satz: Enns Schrift & Bild, Bielefeld
Umschlaggestaltung: Christoph Ziegeler, www.pixelkraft.de
Druck: CPI Moravia, Pohorelice

Printed in Czech Republic

Inhalt

Vorwort

Dieses Buch will Überzeugungsarbeit leisten. Es will zeigen, dass es sinnvoll ist, als Christ heilsgeschichtlich zu denken. Es geht von der Beobachtung aus, dass ohne ein heilsgeschichtliches Bibelverständnis die Auslegung und vor allem die Anwendung ganzer Teile der Heiligen Schrift häufig misslingt. Ist die Bibel der Schatz der christlichen Gemeinde, verarmt sie, wenn ihr heilsgeschichtliche Erkenntnis fehlt. An die Stelle eines Denkens von Gott her, das immer konsequent danach fragt, was Gott selbst für wen und für welche Zeit gesagt hat, tritt dann ein Ansatz, der bei der Bibellese von dem ausgeht, was den Menschen gerade persönlich anspricht. Große Teile der Bibel können so gar nicht mehr eingeordnet werden und werden übergangen. Wer dagegen mit Heilsgeschichte vertraut ist, wird die ganze Bibel mit Gewinn lesen.

Evangelikale Schriftauslegung sollte dreierlei ernst nehmen: 1. die sprachliche Seite der Bibel: dass Gott sich in verstehbarer menschlicher Sprache mit jeweils einer bestimmten Aussageabsicht offenbart hat; 2. die geschichtliche Seite der Bibel: dass Gott in einem bestimmten Volk, zu verschiedenen Menschen, zu konkreten Zeiten, angesichts unterschiedlicher Anlässe und in gewissen kulturellen Zusammenhängen gehandelt und geredet hat; und 3. den heilsgeschichtlichen Aspekt der Bibel: dass uns Gottes fortschreitende Offenbarung dazu veranlasst zu sehen, was jeweils zu wem gesagt ist, wann und für wie lange es gilt, und welche Zusammenhänge und Unterschiede dadurch in der Heilsgeschichte zu beobachten sind. Gerade der dritte Aspekt ist seit Jahrzehnten vernachlässigt worden. Dieses Buch will dazu beitragen, heilsgeschichtliches Bibelverständnis zu beleben.

Dieses Buch will für jeden Christen verständlich sein. Es fordert zum Nachdenken heraus, zielt aber nicht nur auf einen kleinen Kreis von Fachleuten. Es hat wenig Interesse an einem lückenlosen heilsgeschichtlichen ‚System'. Es will die praktische Relevanz heilsgeschichtlichen Denkens aufzeigen. Zugleich macht es deutlich, wo heilsgeschichtliches Denken herkommt, wie im Lauf der Kirchengeschichte zum Thema Heilsgeschichte gedacht wurde, und welche Grundelemente heilsgeschichtlichen Verstehens sich dem einen wie dem anderen der beiden Autoren von der Bibel her nahelegen.

Dass dieses Buch ein Gemeinschaftswerk von zwei Autoren ist, wird man gelegentlich merken. Beide lehren wir gemeinsam an der Freien

Theologischen Akademie (FTA) in Gießen. Beide verbindet uns daher ein starkes Vertrauen in die Wahrheit und Relevanz der Bibel. Beide sind wir von der Unverzichtbarkeit und dem großen Wert heilsgeschichtlichen Denkens für ein sachgemäßes Verstehen der Bibel überzeugt. Es liegt uns aber nicht daran, jeden Einzelaspekt der Heilsgeschichte gleich zu sehen. Es geht uns nicht um Systemtreue, wohl aber um Bibeltreue. Diese Freiheit von menschlichen Systemen bei gleichzeitiger Bindung an Gottes Wort, wünschen wir auch unseren Lesern.

Die Grundzüge heilsgeschichtlichen Denkens sehen wir gleich. Vergleicht man Kap. 2 und Kap. 4, wird man gewisse Unterschiede feststellen: ersteres beschränkt sich auf die Begründung einer knappen Basisversion von Heilsgeschichte; letzteres knüpft stärker am ursprünglichen Heilsepochendenken an, wie es seit dem 19. Jahrhundert ausformuliert wurde, und legt sich in mehr Einzelheiten fest. Kapitel eins, zwei und fünf wurden von Helge Stadelmann verfasst, Kapitel drei und vier von Berthold Schwarz. Jeder hat die Kapitel des anderen gegengelesen.

Für den Leser, der einen leichten und praxisnahen Einstieg in heilsgeschichtliche Fragestellungen sucht, bietet es sich an zunächst Kap. 1 und 5 zu lesen. Mit Kap. 2, 3 und 4 (in dieser Reihenfolge) kann er sich dann vertiefend in die Materie einarbeiten und sich ein begründetes eigenes Urteil bilden.

Die Christliche Verlagsgesellschaft Dillenburg hat – gegen den Trend allgemeiner Heilsgeschichte-Vergessenheit – seit Jahrzehnten wertvolle Beiträge zur biblischen Heilsgeschichte veröffentlicht und heilsgeschichtliches Denken gefördert. Hier sei nur das weit verbreitete *Bibelpanorama* genannt, das hilfreiche Orientierung zu einem anschaulichen Gesamtverständnis der Heiligen Schrift bietet. Es freut uns, mit dem vorliegenden Buch diese Verlagslinie fortzusetzen und so – hoffentlich! – zur Vertiefung heilsgeschichtlichen Denkens beizutragen.

Möge Gott es schenken, dass dieses Buch vielen Lesern hilft, die Bibel im Zusammenhang zu verstehen und so die Schätze des Wortes Gottes zu heben.

Gießen, Pfingsten 2008
Helge Stadelmann und *Berthold Schwarz*

KAPITEL 1

Die Weichenstellung:

Wie heilsgeschichtliches Denken vor Missverständnissen bewahrt

1. Koschere Küche für alle?

Auch die Evangelikalen haben ihr Sommertheater. Wenn alle in den Ferien sind, nichts passiert und sich das Sommerloch weit auftut, muss irgendein Thema in der evangelikalen Presse die Gemüter erregen. Im Sommer 2007 war ein Akt dieses Sommertheaters die Leserbriefdebatte, die ein Interview[1] auslöste. idea-Reporter Karsten Huhn hatte es mit dem Vorsitzenden der Siebenten-Tags-Adventisten, Klaus van Treek, geführt. Was war geschehen? Huhn hatte sich gut über die Adventisten informiert, die in den letzten 25 Jahren von einer Sondergemeinschaft zu einer – vielleicht etwas sonderbaren – Freikirche avanciert sind. Und er stellte harte Fragen:

Zunächst zu besonderen Speisevorschriften: (H:) „Bisher lehnten Adventisten den Genuss von Kaffee und Schwarzem Tee grundsätzlich ab." (vT:) „Ja, wir legen viel Wert auf eine gesunde Lebensweise ..." (H:) „Gilt das Verbot von Alkohol noch?" (vT:) „Es gilt weiterhin der Grundsatz, dass Adventisten abstinent leben ..." (H:) „Auch Schweinefleisch wird von Adventisten gemieden." (vT:) „Ja, wir beziehen uns dabei auf die Speisegebote im Alten Testament." (H:) „Paulus schreibt (1Tim 4,3): ‚Diese Lügner fordern den Verzicht auf bestimmte Speisen, die Gott doch geschaffen hat, dass sie von denen, die an ihn glauben und die Wahrheit erkannt haben, mit Dankbarkeit genossen werden." (vT:) „Paulus erlaubt damit nur die für Juden zulässigen Speisen – aber kein Schweinefleisch."

Dann ging es um den Sabbat und endzeitliche Prophetien: (H:) „Was ist für den adventistischen Glauben heute zentral?" (vT:) „Jesus Chris-

---

[1] Abgedruckt in *ideaSpektrum* 36/2007, S. 19-21.

tus – und die lebendige Beziehung zu ihm! Zudem sollen sich im Alltag die Früchte des Glaubens zeigen …“ (H:) „… Sie haben noch gar nicht das Halten des Sabbats genannt!“ (vT:) „Der Sabbat ist für uns ein ebenso wichtiger Punkt wie die Erwartung der Wiederkunft Jesu.“ (H:) „Muss ein Christ den Sabbat halten?“ (vT:) „Lassen Sie mich zurückfragen: Muss ein Christ die anderen neun Gebote halten? Jeder Christ lebt allein aus der Gnade, und er hält die Gebote Gottes aus Liebe zu Gott. So ist es auch mit dem Sabbat.“ […] (H:) „Ellen G. White, eine prägende Persönlichkeit im Adventismus, bezeichnete das Halten des Sonntags als teuflisches ‚Malzeichen des Tieres‘, also als etwas geradezu Dämonisches.“ (vT:) „Sie verstand das ‚Malzeichen‘ endzeitlich und ist dennoch offen geblieben für andere Christen …“ […] (H:) „War White eine Prophetin?“ (vT:) „Ja! Genauso wie Luther sich als Prophet verstanden hat. Ellen G. White hat unsere Freikirche in hervorragender Weise geprägt.“ […] (H:) „1843 wurde Ellen G. White mit ihren Eltern aus der methodistischen Kirche ausgeschlossen, weil die Familie daran glaubte, dass Jesus am 22. Oktober 1844 wiederkehren würde.“ (vT:) „Das war eine traumatische Erfahrung, die sie sicher geprägt hat.“ (H:) „Als Jesus am 22. Oktober nicht wie erwartet kam, interpretierte Ellen G. White diesen Tag neu: Jesus sei ‚in das himmlische Heiligtum gegangen‘, um alle Verstorbenen gerichtlich zu untersuchen. Das klingt wie die nachträgliche Rechtfertigung eines großen Irrtums.“ (vT:) „Diese Erkenntnis kam nicht von Ellen White, sondern durch den methodistischen Farmer Hiram Edson. Wir Adventisten halten daran fest, dass sich die Prophetie von Daniel 8,14 (‚Nach 2.300 Abenden und Morgen wird das Heiligtum wieder neu geweiht werden‘) am 22. Oktober 1844 erfüllt hat …“

Mal abgesehen von den Sommertheater-Variationen zu dem Thema „Wie kritisch darf ein Reporter nachhaken?“, stellt sich die Frage: Was soll man von diesen Antworten halten? Hat van Treeck Recht? Sind heute neue Prophetien zu erwarten, durch die Gemeinden und Kirchen verbindliche neue Erkenntnisse erhalten, die sich so nicht wirklich aus der Bibel ableiten lassen? Machen Christen etwas verkehrt, wenn sie nicht den Samstag als Sabbat im alttestamentlichen Sinn feiern? Umgekehrt – haben Adventisten vielleicht Recht, wenn sie sagen, wer sich auf die 10 Gebote beruft, sollte auch das Sabbatgebot halten? Lautet das 3. Gebot nicht wörtlich: „Denke an den Sabbattag, um ihn heilig zu halten!“ (2Mo 20,8)? Ist es nicht konsequent, auf Schweinefleisch und viele andere Speisen zu verzichten, wenn sie im Alten Testament verboten sind?

Zunächst einmal ist klar, dass es natürlich jedem frei steht, aus Gründen eines gesunden Lebensstils auf Kaffee, Schwarzen Tee oder Alkohol zu verzichten. Das hat mit religiösen Positionen nicht notwendigerweise etwas zu tun. Aber wie steht es mit einer alttestamentlich begründeten ‚koscheren' Küche? Wie mit der Samstagsheiligung? Wie mit neuen Offenbarungen? Wie mit spektakulären Endzeitberechnungen? Hier erhebt sich jeweils die Frage, nach welchen Prinzipien die Weichen für das, was als christlich gelten soll, gestellt werden. Je nach Antwort kommt es zu einer völlig unterschiedlichen Praxis und einer völlig unterschiedlichen Auslegung und Anwendung der Bibel. Das Stellwerk für solche Weichenstellungen heißt heilsgeschichtliches Bibelverständnis.

Zweifellos hat Gott seinem Volk Israel im mosaischen Gesetz eine Vielzahl von Speisevorschriften gegeben: Der Fettschwanz von Schafen und das Eingeweidefett von Opfertieren durften nicht gegessen werden (3Mo 7,3f); der Verzehr von verendeten Tieren war tabu (3Mo 11,39f); neben dem Schwein galten bestimmte Wildtiere, Vögel, Wasser-, Kriech- und Kerbtiere als unrein (3Mo 11; 5Mo 14,3-21), unter anderen solche, die ungespaltene Klauen haben und nicht wiederkäuen; Tiere, die auf Tatzen gehen; kriechende und vielfüßige Tiere; geflügelte Tiere mit mehr als zwei Beinen; sowie Wassertiere ohne Flossen und Schuppen. Also, kein Schinken, kein Hasenbraten, kein Straußensteak, keine Froschschenkel, kein Hummer, kein Aal; und – so viel zur asiatischen Küche – weder Hund noch Katze! Fromme Juden opferten eher ihr Leben, als dass sie etwas Verbotenes aßen (1Makk 1,62f). Ihnen waren diese Dinge von Gott geboten; und indem sie sich daran hielten, zeigten sie ihre Loyalität zu ihrem Gott.

In der Tat mag man auch als Nicht-Jude eine gute Lammkeule dem Innereienfett eines Hammels aus geschmacklichen wie gesundheitlichen Gründen vorziehen. Aber, ist der koschere Speisezettel Teil der christlichen Glaubenspraxis? Sind reine und unreine Nahrungsmittel das, was auch heute noch den Menschen vor Gott rein oder unrein macht? Die Antwort auf diese Fragen entscheidet sich an dem, was Gott verfügt hat.

Im Alten Testament gehörten die Speisevorschriften zu den Anordnungen Gottes für sein Volk Israel. Im Neuen Testament bringt Jesus etwas Neues: „Nicht was in den Mund eingeht, verunreinigt den Menschen; sondern was aus dem Mund ausgeht, das verunreinigt den Menschen!" (Mt 15,11). Er erklärt alle Speisen für rein (Mk 7,18-19; Apg 10,10-16). Entsprechend werden die Gemeinden des Neuen Testaments belehrt, sich kein Gewissen wegen Speisen und Trank machen zu lassen (Kol 2,16.20f). Kein Nahrungsmittel an sich ist verwerflich (1Tim 4,3). Es kann lediglich sein, dass die Liebe gebietet, aus Rücksicht auf das

Gewissen anderer auf bestimmte Speisen zu verzichten – so das Dekret des ‚Apostelkonzils' und die damit übereinstimmende Weisung des Paulus (Apg 15,20-21; Röm 14,14f). Lediglich beim Blutgenuss stellt sich die Frage, ob dessen Verbot nicht eine Ordnung Gottes für alle Menschen ist, weil sie nicht nur Teil des am Sinai mit Israel geschlossenen Gesetzesbundes ist, sondern schon vorher für die gesamte Menschheit auch Teil des Noahbundes war (Apg 15,20; 1Mo 9,4).

2. Die Bibel im Widerspruch?

Widerspricht das Neue Testament mit den neuen Speiserichtlinien aber nicht dem Alten Testament? Für jemanden, der nicht heilsgeschichtlich denkt, sieht das so aus. Er sieht alles in der Bibel auf einer Ebene und stellt fest: Hier erlässt die Bibel Speiseverbote, dort hebt sie Speisevorschriften auf – also widerspricht sich die Heilige Schrift. Und schon ist man auf der schiefen Bahn im Umgang mit der Bibel: Wenn sich die Bibel widerspricht, so wird geschlussfolgert, dann kann nicht alles in ihr ewig gültiges Gotteswort sein. Dann ist sie vielleicht nur ein Gemisch aus irgendwann überholten menschlichen Vorstellungen und dazwischen eingestreuten göttlichen Gedanken. Oder sie ist überhaupt nur ein Buch von relativer Verbindlichkeit – und der Leser kann sich im Einzelfall heraussuchen, welche ihrer Aussagen ihm akzeptabel erscheinen! Für diese entscheidet er sich dann; andere biblische Aussagen lehnt er ab. Der Subjektivität jedes Einzelnen bleibt es damit überlassen für sich auszusuchen, welche der (scheinbar) widersprüchlichen Bibelaussagen er oder sie für sich gelten lassen will.

Die nächste Konsequenz könnte sein, dass man die Bibel überhaupt relativiert. Gefällt einem irgendeine biblische Anordnung nicht – etwa: „Du sollst nicht ehebrechen!" (5Mo 5,18; Mt 5,27) – so verweist man einfach darauf, man würde heute ja auch nichts mehr gegen ein Schinkenbrötchen einzuwenden haben. Entsprechend solle doch bitte keiner so kleinkariert sein, ausgerechnet bei freier Sexualität Vorbehalte anzumelden! In einem Buch[2], das sich mit unterschiedlichen Bibelverständnissen auseinandersetzt, wird der Fall der amerikanischen Journalistin Laura Schlessinger geschildert, die den Mut hatte in einer ihrer Radiosendungen praktizierte Homosexualität abzulehnen, und dies mit Hin-

[2] H. Stadelmann, *Evangelikales Schriftverständnis*, 2. Aufl., Hammerbrücke 2006, S. 126ff.

weis auf 3Mo 18,22 begründete. Dort steht, dass homosexuelle Handlungen für Gott ein Gräuel sind. Sie erhielt daraufhin eine ironisch gefasste Zuschrift, die Ihre Berufung auf das genannte Bibelwort dadurch ins Lächerliche zog, dass darauf verwiesen wurde, wir würden doch heute auch nicht mehr Stiere zum Brandopfer darbringen (3Mo 1,9), das Essen von Schalentieren als Gräuel bezeichnen (3Mo 11,10) oder das Säen von zweierlei Samen in ein Beet aus religiösen Gründen als Problem empfinden (3Mo 19,19). Offenbar seien manche Dinge in der Bibel überholt, und man entscheide besser selbst, was man gelten lassen will und was nicht. Mit solchen Argumentationsmustern wird aber die Bibel zu einer Art Steinbruch degradiert, aus dem sich jeder nur noch das herausholt, was ihm gerade passt.

Nicht so, wenn man die Bibel heilsgeschichtlich versteht! Wer heilsgeschichtlich denkt, nimmt ernst, dass in der Bibel nicht alles auf einer Ebene liegt, dass Gott sich im Zuge seiner Offenbarungsgeschichte Schritt für Schritt offenbart hat und dass er unterschiedlichen Adressaten unterschiedliche Ordnungen gegeben hat. Wer heilsgeschichtlich denkt, lernt deshalb jeweils genau hinzuschauen.

Er sieht einerseits, dass Gott immer der Gleiche ist und sich deshalb bestimmte Themen übereinstimmend durch die gesamte Heilsgeschichte ziehen:

- Dass es in der ganzen Schrift nur den einen, universalen Gott gibt, Schöpfer des Himmels und der Erde;
- den Gott, der durch und durch heilig ist und der Ausschließlichkeit beansprucht;
- der zugleich gnädig ist, voller Barmherzigkeit und Liebe.
- Dass dieser Gott Sünde nie duldet und immer wieder Zeichen des Gerichts setzt, durch die er auf eine letzte Gerechtigkeit hinweist, die am Ende siegen wird.
- Zugleich, dass er ein die Menschen suchender, erwählender, geduldiger und barmherziger Gott ist, der Rettung immer nur auf Grund seiner Gnade schenkt und dessen Gnade nie verdient werden kann.

Andererseits sieht jemand, der heilsgeschichtlich denkt, aber auch, dass Gott die Freiheit hat, zu unterschiedlichen Zeiten Unterschiedliches zu verheißen, zu verlangen und zu tun. Ein kleiner Gang durch die Offenbarungsgeschichte macht das klar:

- Am Anfang schafft Gott sich eine Menschheit und offenbart sich Einzelnen in ihr.

- Er erwählt Abraham und schafft aus ihm sein Volk Israel als einzigartig erwähltes Volk unter allen Völkern.
- Er handelt in diesem Volk in unübersehbar sinnenfälliger Weise, indem er Wunder tut, Hilfe schenkt und Gericht übt. Und er redet zu diesem Volk durch Propheten und inspirierte Menschen.
- Er gibt diesem Volk ein Gesetz, das nicht nur im alten Vorderen Orient seinesgleichen sucht, sondern als Moralgesetz bis heute der ‚Urmeter' für sittliches Verhalten schlechthin ist. Er gibt in Israel spezifische Anordnungen für das Zusammenleben als Volk, für die irdische Strafgesetzgebung und – bis ins Einzelne gehend – für den Kultus Israels in Stiftshütte und Tempel.
- Er spricht durch die Propheten in spezifische Situationen Israels und seiner Nachbarvölker hinein, weist zugleich aber immer wieder in apokalyptischen Visionen auch auf künftige Entwicklungen mit der Weltgeschichte hin, die weit über damalige Vorgänge in Israel hinausgehen.
- Er inspiriert Dichter und Weise zu Werken, die der Gestaltung des gemeinschaftlichen und individuellen geistlichen Lebens in Israel Ausdruck geben und zeigen, wie ein Alltag aussieht, der von der Ehrfurcht vor Gott geprägt ist. Keine der Hochkulturen der Antike hat glaubensmäßig auch nur annähernd etwas Gleichwertiges hervorgebracht.
- Dieses Handeln und Reden Gottes wird aber gewissermaßen durch den beständigen und zunehmend anschwellenden Misston einer steten Ungehorsams- und Abfallsgeschichte Israels gegen seinen Gott begleitet. Prophetische Warnungen, zeichenhaftes Strafhandeln Gottes und schließlich in mehreren Etappen die Zerstreuung Israels unter alle Völker sind die Folge.
- Doch Gott redet, handelt und erwählt weiter. Er, der dreieine Gott, kommt in seinem Sohn, dem versprochenen Messias und Retter, in Israel auf die Erde, spricht sein abschließendes Wort, vollbringt sein endgültiges Heilswerk und lässt es nun nicht nur in Israel, sondern weltweit unter allen Völkern als sein Heilsangebot verkünden.
- Er setzt Israel als irdisches Gottesvolk für einen von ihm bestimmten Zeitraum beiseite und erwählt und schafft sich – nun im übertragenen Sinn – ein neues „Volk" aus allen Völkern: die Gemeinde.
- Zugleich kündigt er an, wie er am Ende alles – in Gestalt von Heil oder Gericht – unter die Herrschaft Gottes des Sohnes und des Vaters bringen wird.

Es lohnt sich also, bei einer Bibelaussage jeweils genau hinzuschauen, in welchem Zusammenhang der Offenbarungsgeschichte man sich gerade befindet. Die Zeiten sind unterschiedlich, die Adressaten sind unterschiedlich – und ob die jeweiligen Inhalte unterschiedlich oder gleich sind, hängt vom jeweils offenbarten Willen Gottes ab. Was Gott im Rahmen seines Volkes Israel praktiziert haben will, muss nicht in jedem Punkt dasselbe sein, was nach seinem Willen in der christlichen Gemeinde gelten soll. Gott ist souverän in dem, was er zu unterschiedlichen Zeiten und gegenüber unterschiedlichen Personengruppen zusagt und verfügt. Er ist frei, zu bestimmten Themen exakt das gleiche zu unterschiedlichen Zeiten der Heilsgeschichte zu sagen und anzuordnen. Und frei, zu anderen Themen für sein alt- und sein neutestamentliches Volk jeweils ganz Unterschiedliches zu geben oder gelten zu lassen.

Das steht dann auch nicht im Konflikt miteinander. Wenn im Fußball andere Spielregeln gelten als im Handball, ist das kein Widerspruch. Und wenn in Deutschland die Autos rechts fahren und in England links, ist das eine nicht richtiger oder schlechter als das andere, sondern es sind unterschiedliche Verkehrsregeln für unterschiedliche Länder. So ist das auch in der Heilsgeschichte. Was für den alttestamentlichen Staat Israel gilt, muss nicht genau so für die universale christliche Gemeinde gelten. Aber es kann genauso gut sein, dass Gott in bestimmten Punkten von Christen genau dasselbe will wie von Mose und von Abraham.

Wer das erkennt, sieht dann auch ein, dass er sich aus der Bibel nicht einfach das herauspicken darf, was ihm gerade passt; sondern dass er fragen muss, was Gott selbst für ihn und seinen heilsgeschichtlichen Kontext gegeben bzw. vorgegeben hat – möglicherweise im deutlichen Unterschied zu dem, was einst im ‚Paradies' oder im alten Israel gegolten hat und was irgendwann am Ende in der neuen Schöpfung gelten wird! Wer heilsgeschichtlich denkt, unterscheidet also die Zeiten. Er beachtet Entwicklungen. Er berücksichtigt die jeweiligen Adressaten. Und er versteht alles in der Bibel jeweils an seinem Platz, ohne irgendwelche Bibelaussagen vernachlässigen oder verbiegen zu müssen.

Was jeweils gilt, entscheidet nicht die Willkür des Menschen, sondern der souveräne Wille Gottes. Wer heilsgeschichtlich mit der Bibel umgeht, verzichtet bei der Auslegung und Anwendung der Bibel auf einen selbst gemixten Cocktail. Er lässt die Bibel so gelten, wie sie jeweils gemeint ist, und gibt Gott darin die Ehre.

3. Sabbat oder nicht?

Wer die ganze Bibel zwar gelten lassen will, aber nicht heilsgeschichtlich denkt, kommt bei der Bibelerklärung zu verwirrenden Ergebnissen oder zu willkürlichen Umdeutungen. Er lässt alles stehen, versteht aber die jeweilige Zuordnung biblischer Aussagen nicht. Am Ende hat er ein großes Gemisch von Gesetz und Gnade, von dem was für Israel und dem was für die christliche Gemeinde gilt. Er kann kaum noch erklären, wie das alles zueinander passen soll. Vielleicht kommt er zu der adventistischen Position: Er sieht die alttestamentlichen Speiseregeln, nimmt sie als für Christen verbindlich – und muss entsprechend viele Aussagen im Neuen Testament relativieren, die deutlich andere Akzente setzen. Über kurz oder lang lebt er wieder unter dem Gesetz, das ihm das Neue Testament aber gerade nicht aufladen wollte (Apg 15,10f.28f; Gal 5,1ff).

Ein Beispiel dafür ist das Sabbatgebot. Das Neue Testament gewährt hier große Freiheit: „Der eine hält einen Tag vor dem anderen, der andere aber hält jeden Tag ‹gleich›. Jeder aber sei in seinem eigenen Sinn völlig überzeugt." (Röm 14,5). Und: „So richte euch nun niemand wegen Speise oder Trank oder betreffs eines Festes oder Neumondes oder Sabbats" (Kol 2,16). Im Alten Testament hatte das noch ganz anders geklungen! Dort hieß es klipp und klar: „Beachte den Sabbattag, um ihn heilig zu halten [...] Du sollst an ihm keinerlei Arbeit tun ..." (5Mo 5,12.14). Wer auch nur Brennholz auflas am Sabbat, verwirkte sein Leben (4Mo 15,32ff). In ganz bestimmter Weise wurde im mosaischen Gesetz das Vorbild der Ruhe Gottes nach Vollendung der sechs Schöpfungstage (2Mo 2,2f) auf die wöchentliche Sabbatheiligung angewendet, wie sie dem Volk Israel geboten war.

Aber Jesus und die Gottesoffenbarung des Neuen Bundes bringen hier einen neuen Akzent. Nach wie vor ist der Sabbat eine gute Sache für den Menschen: „Der Sabbat ist um des Menschen willen geschaffen worden und nicht der Mensch um des Sabbats willen" (Mk 2,27). Offenbar braucht der Mensch regelmäßig einen Ruhetag zum Auftanken. Nicht nur, weil er sonst seine Kräfte erschöpft und irgendwann im Burnout landet. Sondern auch, weil die Wenigsten zu den Glücklichen gehören, die genug Zeit finden, während der ganzen Woche Tag und Nacht über das Gesetz des Herrn nachzusinnen (Ps 1). Von daher ist es eine gute Gewohnheit, einen Tag pro Woche zu haben, an dem man zu Gottesdiensten zusammenkommt (Lk 4,16; Hebr 10,25). Aber dieser Tag muss in der christlichen Gemeinde nicht mehr unbedingt der Samstag sein. Jeder Tag ist gleich gut geeignet als Ruhe- und Feiertag (Röm 14,5). Das kann – in Erinnerung an den Tag der Auferstehung Jesu – der erste Tag der Woche sein, also der Sonntag, der zum Teil schon in den frühen christlichen Gemeinden gehalten wurde (Apg 20,7; 1Kor 16,2). Es ist aber natürlich auch kein Problem, wenn sich jemand – in Israel oder irgendwo sonst – entscheidet, den Samstag als Ruhetag zur Ehre Gottes und zum Wohl der Menschen zu gestalten. In einem islamischen Land wird sich eine kleine christliche Gemeinde vermutlich am Freitag zu ihrem Gottesdienst versammeln, weil dort an diesem Tag allgemein die Arbeit ruht. Und wer bei uns einen Beruf hat, in dem er gelegentlich am Sonntag arbeiten muss, wird gut daran tun, darauf zu achten, dass er den Ruhetag, den er dann irgendwann in der Woche hat, nicht nur zum Einkaufen, Putzen oder Renovieren des Hauses verwendet, sondern zur Regeneration und zur Gemeinschaft mit Gott. Grundsätzlich sind dazu, neutestamentlich gesehen, alle Tage gleich gut.

Nie aber kann es im Sinne Jesu sein, wenn die Feiertagsgestaltung von gesetzlicher Strenge und Regelwerk bestimmt ist. Gegen solch eine pharisäische Sabbatpraxis hat Jesus sich gewehrt und für die Messianische Zeit eine neue Freiheit verkündet (Mk 2,23 bis 3,6). Das bewusst wahrzunehmen und von der alttestamentlichen Praxis unterscheiden zu können, heißt, heilsgeschichtlich zu denken. Wer heilsgeschichtlich denkt, achtet darauf, was von Gott her zu welcher Zeit für wen und in welcher Weise gilt. Und er setzt dann in der Praxis die Akzente so, wie Gott sie setzt.

So wurden übrigens in dieser Frage schon in der Reformationszeit die Akzente gesetzt. Das Augsburger Bekenntnis von 1530 sagt in Artikel 28: „Denn es irren diejenigen sehr, die meinen, es sei die Ordnung des Sonntags anstelle des Sabbats [heils]notwendig eingeführt worden. Denn die Heilige Schrift hat den Sabbat abgetan und lehrt, dass alle Zeremonien des alten Gesetzes nach der Eröffnung des Evangeliums unterlassen werden können. Und dennoch, weil es notwendig gewesen ist, einen gewissen Tag zu verordnen, damit das Volk wusste, wann es zusammenkommen soll, hat die christliche Kirche dazu den Sonntag verordnet; und an dieser Veränderung um so mehr Gefallen und Willen gehabt, weil die Leute dadurch ein Beispiel christlicher Freiheit hatten, dass man wusste, weder die Beachtung des Sabbats noch eines anderen Tages sei [heils]notwendig."

4. Neue Offenbarung gefällig?

„Nachdem Gott vielfältig und auf vielerlei Weise ehemals zu den Vätern geredet hat in den Propheten, hat er am Ende dieser Tage zu uns geredet im Sohn", sagt der Hebräerbrief (1,1). Wird das so weitergehen? Redet Gott immer neu? Veraltet sein Wort periodisch? Gibt es gelegentlich ein *update*, das die Bibel wieder zeitgemäßer macht? Sollen wir uns darauf einrichten, dass Gott wie in der Vergangenheit gelegentlich neue Offenbarung bringt? Könnte es sein, dass jemand zu Recht auftritt und sagt: „Jesus hat für seine Zeit und die Zeit danach neue Akzente gesetzt. Aber jetzt spricht Gott ganz neu zu uns. Hier ist Gottes Wille für heute"?

In manchen Kreisen scheint der Hunger nach aktuellen Prophetenworten so groß zu sein, dass man den Eindruck gewinnen könnte, das alte Bibelwort werde zwar noch respektiert, aber eher wie ein Museumsstück. Die Bibel wird als irgendwie veraltet oder ergänzungsbedürftig eingestuft. Sekten wie die „Kirche Jesu Christi der Heiligen der letzten Tage [Mormonen]" sind bereits dadurch entstanden, dass man der Bibel ein weiteres Offenbarungsdokument an die Seite gestellt hat – in diesem Fall das Buch Mormon. Die Adventistenbewegung verehrt als ihre Gründerin Ellen White. Sie hat der Bibel zwar kein weiteres heiliges Buch an die Seite gestellt, hat aber ihre persönlichen Deutungen, Urteile und Prognosen mit einem so hohen prophetischen Anspruch versehen, dass ihre Nachfolger diese himmlischen Weisungen bis heute kaum auf den Prüfstand zu stellen und zu korrigieren wagen. Die römisch-katholische Kirche hat der Bibel als verbindliche Auslegung die Tradition der Konzilsbeschlüsse und („unfehlbaren") päpstlichen Lehrentscheidungen an die Seite gestellt, die sie als gottgegeben einstuft.

Noch viel weiter geht der Islam. Diese jüngste monotheistische Religion verdankt ihre Entstehung geradezu der Überzeugung, dass mit dem Auftreten Mohammeds im 7. Jahrhundert der endgültige Prophet Gottes gekommen sei. Mohammed meinte sicherlich, dass er den gleichen Gott wie die Juden und Christen verkünden würde, aber er war überzeugt, dass er die Reihe der Propheten abschließen würde – zu denen er auch Jesus/Isa als einen respektierten Vorläufer von sich selbst zählte. Erst als er merkte, dass die Juden und Christen in Arabien seinen Anspruch nicht akzeptierten und seine Botschaft im Widerspruch zur Bibel sahen, fing er an, sie zu verfolgen. Zugleich erklärte er den Koran als die wahre, abschließende Offenbarung, die Bibel aber als ein verfälschtes, irrendes Buch.

Auch in solchen Fragen könnte ein biblisch-heilsgeschichtliches Denken Klärung bringen. Wer die Heilsgeschichte versteht, weiß, dass nach dem Reden Gottes durch Jesus und seine Apostel keine neue Gottesoffenbarung mehr zu erwarten ist. Zwar kündigt Jesus an, dass im Vorfeld seiner endzeitlichen Wiederkunft „prophetische" Gestalten auftreten und messianische Ansprüche anmelden werden. Aber sie sind falsche Propheten: „Viele werden unter meinem Namen kommen und sagen: *Ich* bin der Christus [...] Falsche Propheten werden aufstehen und werden viele verführen" (Mt 24,5.11). Die Warnung macht vorsichtig gegenüber neuen Offenbarungsträgern mit prophetischem Anspruch.

Aber spricht das Neue Testament nicht auch nach Jesus noch von Propheten? Zweifellos gab es in den Gemeinden der Apostelzeit Menschen mit prophetischer Begabung (Apg 11,27; 13,1; 1Kor 12,10; 1Thes 5,20). Allerdings unterscheidet die Bibel zwischen Propheten und Propheten, zwischen solchen, die neue verbindliche Offenbarung bringen, und solchen, bei denen diese ‚prophetischen' Äußerungen daraufhin zu prüfen sind, inwieweit bestimmte dieser Gedanken und Visionen von Gott gewirkt sein könnten.

Die Bibel nennt in 4. Mose 12,6-8 einerseits „Propheten", zu denen Gott undeutlich in Gesichten, Träumen und dunklen, gleichnishaften Eindrücken spricht. Im gleichen Atemzug unterscheidet sie von ihnen Mose, dem sich Gott umfassend und „von Mund zu Mund" in aller Deutlichkeit anvertraut. Was Mose bringt, ist Gottes klare Offenbarung, sein Wort des Alten Bundes. Bei dem aber, was die erstgenannten „Propheten" bringen, muss die Spreu vom Weizen gesondert werden. Und schlimmstenfalls erweisen sich ihre Botschaften als Lügenprophetie.

Ähnlich ist es auch im Neuen Testament: Da ist Jesus, der als Gegenstück zu Mose der Überbringer der neuen Gottesoffenbarung ist (5Mo 18,15; 34,10; Apg 3,19-24). Er steht nicht nur in einer Reihe mit den Propheten des Alten Bundes, sondern er bringt – analog zu Mose – eine neue Offenbarung, den neuen Bund (Lk 22,20; Hebr 8,6ff). Jesus vertraut dieses wahre Offenbarungswort Gottes seinen Aposteln an (Joh 17,6ff.14.17) und verheißt ihnen seinen Geist, der ihnen diesbezüglich die volle Wahrheit erschließen wird (Joh 14,26; 16,13). Entsprechend spricht das Neue Testament von „Aposteln und Propheten", durch die Gott in aller Klarheit sein Wort als Offenbarung des Neuen Bundes kundtut (Eph 3,3-5). Sie sind von Christus eingesetzt um das Fundament zu legen, auf dem die gesamte christliche Gemeinde aufgebaut werden soll (Eph 4,11; 2,20). Ihre Botschaft ist keine über Jesus hinausgehende neue Offenbarung, vielmehr ist das Wort dieser „Botschafter an Christi Statt“ (2Kor 5,20; Lk 10,16) Teil der Christusoffenbarung.

Davon zu unterscheiden ist das vermeintliche oder tatsächliche Charisma der „Prophetie“ in den Gemeinden, für das Paulus in 1Kor 14 mit apostolischer Autorität Ordnungen aufstellt. Es hat nicht-autoritativen Charakter, kommuniziert kein verbindliches Gotteswort und bedarf im Einzelfall jeweils der Prüfung (Röm 12,6; 1Kor 12,10; 14,29). Es steht also nicht schon von vornherein fest, ob Gottes Geist hier jemandem etwas aufs Herz gelegt hat. Trotzdem soll auch dieses Charisma nicht verachtet werden (1Thes 5,20). Schlimmstenfalls erweist sich solch eine „Weissagung“ als falsche Prophetie (1Jo 4,1). Während Gottes Wort in Ewigkeit bleibt (Jes 40,8; Mt 24,35), wird diese unsichere Art von Prophetie einmal von Gott weggetan werden, wenn das Vollkommene[3] kommt (1Kor 13,8.10).

Die Christusoffenbarung des Neuen Bundes ist heilsgeschichtlich aber das unüberbietbar letzte Wort Gottes. Es gilt, solange diese Erde steht. Hat Gott zuvor durch besondere Menschen gesprochen, spricht er nun abschließend durch seinen Sohn, in dem er auf die Erde kommt (Mt 16,13-17; Lk 20,9-15; Hebr 1,1ff). Durch die Apostel Christi offenbart Gott seinen zuvor verborgenen Heilsplan für die christliche Gemeinde und „vollendet“ so das Wort Gottes (Kol 1,25f). Auf diesem ein für allemal gelegten Grund, der durch Jesus und seine Apostel sowie Propheten gelegt ist (1Kor 3,11; Eph 2,20), baut die christliche Gemeinde, bis Jesus wiederkommt. Eine zusätzliche Offenbarungsgestalt ist nicht zu erwarten. Deshalb verkündet die christliche Gemeinde das Wort von Christus, erwartet sein Wiederkommen am Ende der Gemeindezeit und fügt seiner Offenbarung nichts hinzu (Mt 24,35-44; Apg 1,8-11; Offb 22,12-20).

Wer immer sonst noch mit messianischem Anspruch auftreten wird, entlarvt sich dadurch als Antichrist (1Jo 2,18; 2Jo 7; 2Thes 2,1-4). Angesichts dieser realen Gefahr braucht die christliche Gemeinde Christen mit „geübten Sinnen“ (Hebr 5,14), die Durchblick haben. Wer heilsgeschichtlich denkt, ist damit vor allen möglichen pseudoprophetischen und pseudomessianischen Verführungen geschützt. Er steht irgendwelchen Offenbarungsansprüchen nicht hilflos gegenüber. Sondern er weiß

---

[3] Nicht ganz klar ist von 1Kor 13,10-12 her, ob dort die Vollendung gemeint ist, wenn davon die Rede ist, dass einmal das „Vollkommene“ kommt, und wir dann Gott so klar erkennen, wie er uns heute schon erkennt; oder ob in Anlehnung an 4Mo 12,6-8 mit dem „Vollkommenen“ die unvergleichlich größere Klarheit gemeint ist, die das offenbarte Wort Gottes gegenüber den undeutlichen ‚Prophezeiungen‘ aufweist.

mit guten Gründen: Die Christusoffenbarung ist unüberbietbar. Sie ist das letzte Wort Gottes. Sie reicht bis zum Ziel.

5. Der Zeitgeist als ethische Norm?

Die Frage danach, was heilsgeschichtlich für heute gilt, ist auch praktisch von großer Bedeutung, wenn es um gültige Maßstäbe für ethisches Verhalten geht. In immer neuen Variationen stellt sich die Alternative, ob uns Gottes Wille oder der Zeitgeist bestimmen soll.

Zum einen besteht die Gefahr, dass Menschen die Heilsgeschichte Gottes durch eigene Fortschrittskonstruktionen ersetzen. Sie sagen etwa, „die Natur" befinde sich in einem stetigen Fortschrittsprozess, in dem der vom Menschen produzierte Zeitgeist die jeweils gültigen Normen setze. Der kämpferische Atheist und Evolutionsbiologe Richard Dawkins[4] ist davon überzeugt, dass nur dieser Zeitgeist Maßstab für ein ethisches Verhalten sein könne. Für ihn entwickelt sich im Zuge der Evolution der Zeitgeist immer höher und bildet einen Verhaltenskodex aus, der zunehmend mehr Vorteile, mehr Freiheiten und mehr Befriedigung für den Einzelnen bringe. Ethische Entgleisungen wie die rücksichtslosen Massenmorde von Stalin und Hitler werden natürlich nicht dem im „Kampf ums Dasein" geformten Zeitgeist zur Last gelegt; vielmehr hätten – so wird gewunden argumentiert – bei Hitlers und Stalins Taten deren religiöse Erziehung nachgewirkt; denn immer, wenn gute Menschen böse Taten begehen, sei dafür die Religion verantwortlich. Die Bibel könne nicht die Grundlage für ein humanes Ethos sein. Sie sei zwar „nicht systematisch böse", aber „grotesk" (S. 327).

Um dies zu begründen, geht Dawkins so vor: Wenn das Alte Testament von menschlichem Fehlverhalten berichtet (z.B. von Lots Angebot an die Sodomiten, seine Töchter zu schänden, oder dem Inzest der Lot-Töchter mit ihrem Vater), wird dieses Fehlverhalten Gott angekreidet. Es zeige, wie unethisch das Alte Testament und sein Gott sei. Wenn umgekehrt die Bibel vom Gericht Gottes über menschliche Sünden spricht, gilt dieses selbstverständlich als inhuman. Der Gott des Alten Testaments sei unethisch: „ein kleinlicher, ungerechter, nachtragender Überwachungsfanatiker; ein rachsüchtiger, blutrünstiger, ethnischer Säu-

---

[4] R. Dawkins, *Der Gotteswahn*, 4. Aufl., Berlin 2007, 575 Seiten; darin das Kapitel über Ethik, S. 327-388. Innerhalb eines Jahres wurde das Buch zu einem Weltbestseller mit Millionenauflage.

berer; ein frauenfeindlicher, homophober, rassistischer, Kinder und Völker mordender … Tyrann" (S. 45). Wenn Jesus von Nächsten-, ja Feindesliebe spricht, gesteht Dawkins zwar zu, dass sich bei ihm ein gewisser ethischer Fortschritt zeige. Aber das Dogma vom stellvertretenden Sühnetod Christi beweise, dass auch das Neue Testament zutiefst inhuman denke. Denn Sühne für Sünde sei unethisch. Allein der sich fortentwickelnde Zeitgeist könne Maßstab für Humanität und die gerade geltende Sittlichkeit sein.

Im Grunde fehlt der Ethik hier jedes Fundament. Die Bibel wird verzeichnet; offenbarungsgeschichtliche Entwicklungen werden übersehen: etwa dass sich Gott im Alten Testament im Rahmen eines irdischen Volkes offenbart, das dem Bösen auch mit Kriegen wehrt; dass er im Neuen Testament aber diese Funktion den verschiedenen Staaten überlässt, die mit Justiz-, Polizei- und Militärgewalt dem Bösen Grenzen setzen sollen, während er für die christliche Gemeinde nur noch eine zeichenhafte Gemeindezucht mit heilspädagogischer Absicht anordnet, eine letzte Klärung von Gut und Böse aber dem abschließenden Weltgericht Gottes vorbehält.

Bei dem neuen Zeitgeist-Optimismus setzt der Mensch selbst immer neu eine ihm passende Nützlichkeits- und Befriedigungsethik. Man kann gespannt sein, wie für Dawkins eine „Ethik" um das Jahr 2050 aussehen wird, wenn sich angesichts der demographischen Entwicklung die Mehrheit der Bevölkerung in den westlichen Staaten im Rentenalter befinden wird[5]: Welche „Werte" wird der Zeitgeist dann gelten lassen, wenn die Minderheit der im Erwerbsleben stehenden jüngeren Menschen die Alten mit ihren hohen Sozial- und Rentenkosten nicht mehr nützlich oder tragbar empfinden werden, und den Alten irgendwann ihr „Methusalemkomplott"[6] gegen die Diskriminierungen durch die Jüngeren nichts mehr nützt; und wenn der Zeitgeist dann – wie sich das heute schon in der Euthanasiedebatte gelegentlich andeutet – über die Endlösung der Altenfrage nachsinnt! Ob sich dann im Kampf der Generationen einfach der Stärkere durchsetzt, wie es vermeintlich immer schon das erfolgreiche Evolutionsprinzip war?

Eine Ethik des Zeitgeistes ohne Gott birgt Risiken ohne Ende! Bei dem Ersatz der Heilsgeschichte Gottes durch eine menschliche Entwick-

---

[5] Nach Herwig Birg, *Trends der Bevölkerungsentwicklung*, Frankfurt 2000, S. 29f, stehen im Jahr 2050 in Deutschland 37,8 Millionen Menschen über 60 Jahre nur noch 30,5 Millionen Einwohner zwischen 20 und 60 Jahren gegenüber.

[6] Vgl. Frank Schirrmacher, *Das Methusalem-Komplott*, 3. Aufl., München 2004, 220 Seiten.

lungsgeschichte des Zeitgeistes könnte am Ende eine Unheilsgeschichte stehen, in der sich das endzeitliche Überhandnehmen der Ungerechtigkeit (Mt 24,12) manifestiert.

Zum anderen besteht auf ethischem Gebiet die Gefahr, dass selbst Christen mangels einer heilsgeschichtlichen Sicht so denken und leben, als würden die ethischen Normen des Neuen Testaments heute nicht mehr gelten. Übersehen wird, dass die Maßstäbe, die Gott für die christliche Gemeinde des Neuen Bundes gegeben hat, für die gesamte Gemeindezeit gelten – bis Christus wiederkommt.

Von eher liberalen Christen werden die Werte neutestamentlicher Ethik dann sachkritisch abgewertet und durch vermeintlich bessere Maßstäbe ersetzt. So verfassten Theologiestudierende und einige Professoren des Fachbereichs Evangelische Theologie der Universität Frankfurt vor einer Reihe von Jahren zum Abschluss einer Studienwoche zum Thema Religiosität und Sexualität einen Brief, wie Paulus ihn vermeintlich heute schreiben würde („Paulus den geliebten Geschwistern in Höchst, Gnade und Friede zuvor!").[7] Zum Thema Ehe (1Kor 7) wurden „Paulus" folgende Worte in den Mund gelegt: „In der damaligen Situation hielt ich Heiraten für gut und Nichtheiraten für besser. Aber das war, weil ich damals noch daran glaubte, dass die Wiederkunft Jesu Christi bald kommen würde. Da das aber, wie ihr und ich nun gesehen haben, nicht der Fall war und wir so von Gott her nicht mehr unter Zeitdruck stehen, können wir uns anders verhalten. Wenn ich damals vom Heiraten schrieb, dann habe ich nicht an Standesamt und Traualtar gedacht, sondern an den gemeinsamen und erklärten Willen zur Partnerschaft. Mir wäre es heute erst recht lieber, wenn Ihr Euch einig würdet zusammenzukommen, um miteinander zu schlafen, dass Ihr das tut ohne den Staat oder die Kirche für so etwas Intimes zu bemühen …" Der neoliberale Reformeifer steigert sich dann noch beim Umschreiben von 1. Korinther 6: „Was ich über Hurerei damals schrieb, das habe ich nicht gegen die Prostituierten geschrieben, sondern gegen die Männer, die sie im Namen der Freiheit meinten ausbeuten zu können. Ich habe inzwischen aber auch dazugelernt. Heute möchte ich dem einst Geschriebenen zufügen, dass auch der Körper der Prostituierten heilig ist." Und natürlich muss dann auch die biblische Bewertung homosexueller Praktiken (Röm 1,26ff) dem heutigen Zeitgefühl entsprechend neu gefasst

---

[7] Die folgenden Zitate sind u.a. abgedruckt in: H. Stadelmann, „Biblisch Denken", *Bibel und Gemeinde*, 91 (1/1991), S. 10f.

werden: „Übrigens kam mir zu Ohren, dass Ihr einige Stellen meiner Briefe nutzt, um von Homosexuellen mehr zu fordern als von jedem oder jeder anderen – in der Annahme, Ihr wäret besser ... Zu meiner Zeit waren homosexuelle Beziehungen häufig Ausdruck eines einseitigen Machtverhältnisses. Heute scheint mir das ganz anders. Wenn also zwei Männer oder zwei Frauen miteinander leben und sich aus gemeinsamer Überzeugung körperlich lieben wollen, kann dagegen nichts eingewandt werden. Nehmt sie als geliebte Geschwister an ...“

Was von theologisch liberalen Christen unter bibelkritischem Vorzeichen vorgemacht wird, wird in der Regel dann leider um ein, zwei Jahrzehnte zeitversetzt von progressiven Evangelikalen nachgemacht. Natürlich nicht mit bibelkritischer Begründung – was dem eigenen Gewissen gegenüber schwieriger zu verantworten und auch schlechter zu vermitteln wäre, sondern mit entsprechender Umdeutung biblischer Stellen. Deren Aussageabsicht wird im Ergebnis dann in ihr Gegenteil verkehrt.

So gibt es im evangelikalen Bereich heute die Organisation „Zwischenraum“ und ihre Mitbegründerin Valeria Hinck, die dafür plädieren, gelebte Homosexualität von Männern und Frauen auch in evangelikalen Kreisen zu akzeptieren. In ihrem Buch *Streitfall Liebe* geht Frau Hinck weit über ein Plädoyer für mehr Verständnis gegenüber den inneren Spannungen gläubiger Homosexueller hinaus. Sie versucht diese Spannungen zu lösen, indem sie alle biblischen Aussagen, die sich gegen homosexuelle Handlungen aussprechen, relativiert. Zwar beteuert die Autorin – was man ihr als Ausdruck ihres subjektiven Empfindens abnehmen möchte, dass sie sich an die Maßstäbe der Bibel gebunden wisse[8]. Zugleich verweist sie aber darauf, dass ja auch andere Gegenstände und nicht nur homosexuelle Praktiken im alttestamentlichen Gesetz als „Gräuel“ vor Gott bezeichnet würden, wie etwa Schweine- oder Hasenfleisch essen – und damit hätten wir heute ja auch kein Problem mehr.[9] (Wieder wird hier ein Mangel an heilsgeschichtlichem Denken zum Ausgangspunkt für eine weitergehende Umdeutung der Schrift!) In Bibelstellen wie 3Mo 18,22; 20,13; Röm 1,26f; 1Kor 6,9f; und 1Tim 1,10 gehe es nicht um homosexuelles Lieben an sich, sondern nur um bestimmte Sexualpraktiken bzw. „äußerst unerfreuliche Auswüchse“ im Zusammenhang mit vielleicht ja sogar von Heterosexuellen praktizierten (!) homosexuellen Handlungen.[10]

---

[8] Valeria Hinck, *Streitfall Liebe*, Internetausgabe (www.zwischenraum.net/pdf/00_Streitfall_Liebe_Gesamtfassung.pdf), S. 9.

[9] Ebd., S. 14.

[10] Mehrfach erwähnt, ebd., S. 15-19.

Teils liegt das Problem hier in einer von einem bestimmten Erkenntniswunsch geleiteten Interpretation, bei der sich die Auslegerin des Textes und dessen, was er geflissentlich noch sagen darf, bemächtigt und nur noch eine bestimmte Bedeutung zulässt (frei nach Friedrich Nietzsches Interpretationsmotto „Der Wille zur Macht interpretiert"[11]). Teils ergibt sich das Problem aber zugleich aus einem Defizit an heilsgeschichtlichem Verstehen der Bibel – sowohl was das Verhältnis von Altem und Neuem Testament betrifft, als auch hinsichtlich der Geltung neutestamentlicher Anweisungen über ihre kulturelle Ursprungssituation hinaus.

6. Gilt das NT noch zum Thema Gemeinde?

Diese Art von Problemen gibt es aber nicht nur, wenn es um ethische Fragen geht, sondern auch, wenn die Geltung neutestamentlicher Gemeindeordnungen zur Debatte steht. Die Ordnung der christlichen Gemeinde ist nicht beliebig. Das Neue Testament schildert nämlich nicht nur, wie Gemeinde damals war, sondern gibt auch vor, wie Gemeinde sein soll und sein kann.[12] Man kann sie nicht einfach den Wünschen und Ideologien der jeweiligen Zeit anpassen. Wie Jesus und seine Apostel Gemeinde gewollt haben, gilt verbindlich, bis die Zeit der Gemeinde abgelaufen sein wird und Jesus wiederkommt.

Diese heilsgeschichtliche Einsicht bewahrt vor Ideologieanfälligkeit. Gerade wir Deutschen sollten hier gewarnt sein, nicht zuletzt durch die Ereignisse in den 1930er Jahren. Damals wollten die ‚Deutschen Christen' die Kirche dem ideologischen Anspruch des Nationalsozialismus anpassen. Ein Tiefpunkt war die Sportpalastkundgebung in Berlin vom 13. November 1933. Hier wurde gefordert, die Kirche solle in ihren Reihen den Arier-Paragraphen durchsetzen, alle „fremdblütigen" Christen und vor allem Judenchristen in besonderen Gemeinden zusammenfassen, sich von allem „Undeutschen" wie dem Alten Testament und

---

[11] Friedrich Nietzsche, *Der Wille Zur Macht: Versuch einer Umwertung aller Werte, = Nachlaß Bd.III*, hg. Peter Gast, Stuttgart 1964 [12. Aufl. 1980], S. 487. Dazu H. Hempelmann, „‚Der Wille zur Macht interpretiert': Grundsätze postmoderner, nachmetaphysischer Hermeneutik nach Friedrich Nietzsche", in H. Stadelmann, Hg., *Den Sinn biblischer Texte verstehen*, Gießen 2006, S. 227ff.

[12] Siehe dazu das Kapitel „Die Bibel als Kraft und Norm im Gemeindebau", in: H. Stadelmann, *Evangelikales Schriftverständnis*, 2. Aufl., Hammerbrücke 2006, S. 293-326 (insbesondere S. 310ff).

„jüdischer Lohnmoral" reinigen, eine „heldische Jesus-Gestalt als Grundlage eines artgemäßen Christentums" einführen, an Stelle „der zerbrochenen Knechtsseele" den „stolzen Menschen" setzen, der sich „dem Göttlichen in sich" verpflichtet fühlt, und so eine „wahrhaft völkische Kirche" schaffen, „die allein dem Totalitätsanspruch des nationalsozialistischen Staates gerecht wird". Zu Recht antwortete damals die Bekennende Kirche mit der Barmer Theologischen Erklärung, in der festgestellt wird, dass Christus das eine Wort Gottes sei, das wir zu hören hätten, dass sich die christliche Kirche mit ihrem Glauben wie mit ihrem Gehorsam, mit ihrer Botschaft wie mit ihrer Ordnung allein als sein Eigentum bekennt und die Gestaltung ihrer Botschaft und ihrer Ordnung (!) nicht dem Belieben oder dem Wechsel der jeweils herrschenden weltanschaulichen Überzeugungen überlassen könne (Art. I und III). Damit war in der Evangelischen Kirche erstmals auch der Gemeindeordnung quasi Bekenntnisrang zugesprochen worden.

Trotzdem erhebt sich immer wieder die Versuchung, die Ordnung der christlichen Gemeinden dem Geschmack der Zeit anzupassen. Ein Beispiel ist die Einführung des Frauenpastorats, insofern dafür immer wieder auch gegen den Wortlaut bzw. in Umdeutung neutestamentlicher Texte argumentiert wurde. Teils scheute man sich nicht, mit direkt bibelkritischer Akzentuierung widerständige Schriftaussagen in Frage zu stellen – bis in freikirchliche Kreise hinein[13]: Paulus habe zwar „die sozialen Konsequenzen der eschatologischen Gabe des Geistes prinzipiell erkannt, mit ihrer Durchsetzung in der Praxis allerdings einige Mühe (gehabt)"; das zeigten schon Stellen wie Gal 3,26ff; 1Kor 7 und 11,2ff (S. 28). Noch problematischer seien Schriftaussagen wie 1Tim 2,11ff und 1Kor 14,33ff, die nicht von einem Apostel stammen könnten, vielmehr als „nachpaulinische Entwicklungen" sowie als „Rückfall" und „höchst bedauerliche Konzessionen an den alten Adam" angesehen werden müssten (S. 30 und 31).

Eher evangelikal geprägte Christen suchten andere Wege, um das gleiche Ziel zu erreichen. Eine dieser Strategien war, die entsprechenden Anordnungen nur als zeitbedingt für die neutestamtliche Situation gelten zu lassen, für heute aber mit notwendigerweise neuen Gemeindeordnungen zu rechnen. Selbst ein verdienter Bibelausleger wie Werner de Boor war der Meinung, die von Paulus im 1. Korintherbrief ausgespro-

---

[13] Vgl. dazu G. Wagner / I. Wieser, „Das Bild der Frau in der biblischen Tradition", in: *Theologisches Gespräch*, Nr. 3-4 und 5-6 (1980), S. 18-33; daraus obige Zitate mit Seitenangaben jeweils in Klammern.

chene Einschränkung „Die Frau schweige in der Gemeinde" sei nur vor dem Hintergrund zu verstehen, dass zu neutestamentlicher Zeit Frauen generell in der Öffentlichkeit keine leitenden Funktionen hätten erfüllen dürfen. Daraus erkläre sich die Zurückhaltung des Neuen Testaments für bestimmte Dienste von Frauen in den damaligen Gemeinden. Heute, wo Frauen im Beruf alle Positionen offen stünden, dürfe die zeitgemäße Gemeinde Frauen gerade keinerlei Restriktionen auferlegen, was Lehren und Leiten betrifft. Schließlich wolle das Neue Testament nur, dass man Rücksicht auf die jeweilige Zeit nehme.[14]

Nun stimmt schon die Voraussetzung de Boors nicht: Schon die Erwähnung einer Geschäftsfrau, der Purpurhändlerin Lydia in der Apostelgeschichte, sollte vorsichtig machen gegenüber der Behauptung, Frauen hätten in der Antike keine öffentlichen Tätigkeiten ausgeübt (Apg 16,14). Im übrigen gab es selbst im Frühjudentum eine beliebte Königin wie Salome (76-67 v.Chr.) sowie zahlreiche Priesterinnen und Hohepriesterinnen in römisch-hellenistischen Kulten.[15] Das Neue Testament ging hier einen ganz eigenen Weg (vgl. die in Röm 16,1-15 erwähnten aktiven Frauen) – weder so restriktiv gegenüber der Mitwirkung von Frauen wie die Synagoge, noch so offen für leitende Funktionen wie viele antike Kulte. – Aber offenbar ging es in dieser Diskussion nicht darum, durch kulturhistorische Untersuchungen umso exakter zu verstehen, was die neutestamentlichen Texte zur Sache sagen und anordnen, um diese Aussagen schriftgemäß anwenden zu können. Vielmehr kann man sich des Eindrucks nicht erwehren, dass hier mit der ‚Zeitbedingtheit' neutestamentlicher Aussagen argumentiert wurde, um die Gültigkeit entsprechender Gemeindeordnungen des Neuen Testaments zu relativieren.

Grundsätzlich muss dem gegenüber aber zu bedenken gegeben werden, dass sich Gemeindeordnungen des Neuen Testaments nicht einfach durch das Fortschreiten des Zeitgeistes erübrigen. Sie müssen vielmehr zunächst so verstanden werden, wie sie in ihrem Kontext – mit ihrer Zeit oder auch einmal gegen ihre Zeit – tatsächlich gemeint waren. Und dann wollen sie so, wie sie gemeint sind, sachgemäß auf neue Kontexte ange-

---

[14] W. de Boor, *Der erste Brief des Paulus an die Korinther*, 2. Aufl., Wuppertal 1973, S. 248. – Ähnlich plädierte Präses Christoph Morgner, auf der Mitgliederversammlung des Evangelischen Gnadauer Gemeinschaftsverbandes 1993 für eine verstärkte Einbeziehung von Frauen in den Verkündigungs- und Leitungsdienst unter Relativierung dem entgegen stehender neutestamentlicher Aussagen mit dem Argument: „Würde Paulus für eine Zeit, in der Frauen ihr Abitur ablegen, Professoren- und Ministerämter bekleiden, Ähnliches schreiben?" Zitat in *idea Spektrum*, 8/1993, S. 8.

[15] S. dazu mit Einzelbelegen H. Stadelmann, *Evangelikales Schriftverständnis*, S. 339f.

wandt werden.[16] Wie das Neue Testament das Gemeindeleben ordnet, gilt für die gesamte Zeit der Gemeinde – vom Pfingsttag bis zur Wiederkunft Jesu.

Genau an dieser Stelle sollten aus heilsgeschichtlichen Gründen aber auch alle diejenigen ins Nachdenken kommen, die wohlmeinend – etwa auf Grund der Verfallstheorie („ruin of the church") von John Nelson Darby – seit mehr als 150 Jahren mit der Vorentscheidung leben, man solle gar nicht erst versuchen, die neutestamentliche Gemeindeordnung umzusetzen.[17] Plötzlich tun dann ganz bibeltreue Christen etwas, was sonst nur bibelkritische Theologen tun – allerdings aus völlig anderen Gründen: Sie sagen, dies und jenes stünde zwar als Ordnung bzw. Anordnung Gottes im Neuen Testament, könne aber für uns heute so nicht mehr gelten! Obwohl Darby heilsgeschichtlich dachte und wesentliche Elemente der sogenannten „Heilszeitentheologie" (Dispensationalismus) entwickelt hat[18], hatte er eine ganz eigene Sicht hinsichtlich der Gültigkeit der neutestamentlichen Gemeindeordnungen.[19]

Entscheidend ist für ihn der nicht mehr rückgängig zu machende Ruin der apostolischen Gemeinden des Anfangs, wie er sich zum Ende der Apostelzeit zeige. Bis dahin habe es die eine wahre Kirche („Church") gegeben, wie sie sich etwa in Apg 2 oder 1Kor 12 jeweils als der wahre Leib Christi auf Erden zeige. Diese eine wahre Kirche sei zwar auch durch gelegentliche Irrlehrer angefochten gewesen, aber noch nicht ruiniert worden. Nach dem Tod des Paulus sei die Kirche von Wölfen im Schafspelz übernommen worden (in Apg 20 angekündigt) und habe sich zum „großen Haus" entwickelt, in dem wahre und falsche Christen ver-

---

[16] Man nennt dies „Kontextualisierung" neutestamentlicher Gemeindelehre. Vgl. Paul G. Hiebert, *Kultur und Evangelium: Schritte einer kritischen Kontextualisierung*, Bad Liebenzell 2005; und Stefan Schweyer, *Kontextuelle Kirchentheorie*, Zürich 2007, S. 239-412.

[17] Diese Verfallstheorie wird fair und gut kritisiert von Arnd Bretschneider, *Heilsgeschichtliche Schriftauslegung: Die Bibel heilsgeschichtlich lesen, verstehen und anwenden*, Dillenburg 2006, S. 57-59.

[18] Vgl. Erich Geldbach, *Christliche Versammlung und Heilsgeschichte bei John Nelson Darby*, 2. Aufl., Wuppertal 1972. Darbys Ansatz wurde von C. I. Scofield (1843-1921) u.a. zum ‚Dispensationalismus' weiterentwickelt: C. I. Scofield, *Legen wir die Bibel richtig aus?*, Wetzlar 1974; *The Scofield Reference Bible*, Oxford 1909; siehe auch Ch. C. Ryrie, *Dispensationalism Today*, Chicago 1965 (seither viele Auflagen).

[19] Die folgende Kurzdarstellung der Gemeindesicht Darbys orientiert sich an dem Aufsatz aus seiner reifen Zeit „What the Christian has Amid the Ruin of the Church", *The Collected Writings of J.N. Darby [= CW]*, hg. W. Kelly, Bd. 14, Reprint, Winschoten / NL 1971, S. 272-300 (darin insb. S. 274-295). Vgl. auch ganz ähnlich *CW*, Bd. 1, S. 144-153 (in: „On the Formation of Churches"); S. 169-186 (in: „Some Further Developments"); S. 272-274 (in: „Remarks on the State of the Church").

treten seien, weshalb die echten Gläubigen nur noch zur Absonderung aufgerufen werden könnten (2Tim 2,15-21). Rasch habe sich dann die Papstkirche entwickelt – und aus dieser seien dann mit und seit der Reformation zahlreiche Sekten („Sects" = Evangelische Kirchen und Freikirchen) entstanden. All diese Kirchen seien nicht die eine, wahre, mit dem Leib Christi identische Kirche des Anfangs, obwohl es in ihnen noch manche Glieder des unsichtbaren Leibes Christi gebe, die sich eigentlich von ihren Kirchen absondern sollten.

Die Kirche des Anfangs könne nun nicht wiederhergestellt werden. Jeder Versuch dazu würde nur eine neue Sekte begründen. Von daher schon könnten auch die neutestamentlichen Gemeindeordnungen nicht mehr angewendet werden. Außerdem gebe es keine Apostel mehr, die Älteste für örtliche Gemeinden wählen bzw. wählen lassen könnten, so dass es auch aus diesem Grund keine festen geistlichen Ämter bzw. geordneten Dienste mehr geben könne.[20] Und es gebe keine Gemeinden mehr im Sinne der geistlichen Herde des Neuen Testaments, in denen irgendwelche Ältesten „Hirten" sein könnten. Die wahren Gläubigen könnten sich also nur vom kirchlichen „Establishment" und den „Denominationen" trennen (ohne selbst eine neue Kirche zu bilden), sich auf der Basis der Einheit des Leibes Christi treffen, als Symbol der Einheit der wahren Kirche miteinander das Mahl des Herrn feiern und im Übrigen diejenigen im Sinne von 1Kor 16,15f und 1Thes 5,12f „anerkennen", die in guter Weise Wort- und Leitungsdienste tun.

---

[20] Überhaupt erstaunt, in welcher Weise Darby Gaben und geordnete Dienste gegeneinander ausspielt. Er betont, dass die vielfältigen Wortdienste nur mit Charismen, nicht mit Beauftragung (Ordination) zu einem festen Dienst („office") zu tun hätten. Diese Wortdienste könnten entsprechend ohne jede Einsetzung von jedem dazu Befähigten (außer von Frauen) örtlich und überörtlich ausgeübt werden. Er übersieht, dass von Anfang an der Gabengebrauch (in den Ordnungen Gottes) und besondere geordnete Dienste (in die bestimmte dafür begabte Menschen eingesetzt wurden) parallel existierten – und entsprechend zwar ein Charisma ohne Beauftragung, nicht aber die Beauftragung zu einem geordneten Dienst ohne Charisma möglich war. Er übersieht in der Folge, dass eine Reihe von Wortdiensten nicht nur als Ausübung von Charismen erfolgten, sondern im Rahmen von festen Diensten, zu denen man von Gott berufen und unter Handauflegung beauftragt wurde (vgl. Apostel [nur durch Christus eingesetzt], Evangelisten, Lehrer). Er übersieht, dass man schon im Judentum regelmäßig unter Handauflegung in einen Dienst eingesetzt wurde, und behauptet, dass es im Neuen Testament keine Einsetzung in den Ältestendienst unter Handauflegung gegeben habe (vgl. aber 1Tim 5,17-22). Er behauptet, dass die Wahl zum Ältesten nur durch Apostel erfolgen konnte, und übersieht, dass Paulus diese Ordnung der Wahl und Einsetzung von Ältesten und Diakonen gerade an der Schwelle zur nachapostolischen Zeit seinen Mitarbeitern Timotheus und Titus übertragen hat (1Tim 3,1-7; 3,8-15; 5,17-22; 2Tim 2,1ff; Tit 1,5-9).

Letztlich werden bei dieser Gesamtschau die neutestamentlichen Gemeinden so idealisiert, dass sie ein nie mehr umsetzbares Ideal darstellen. Übersehen wird dabei, dass Paulus die selbe Gemeinde, die er in 1Kor 12 als Leib Christi vor Ort charakterisiert, zuvor in 1Kor 1-4 angesichts ihrer Spaltungen in verschiedene Gruppen und ihrer fleischlichen Unreife heftig tadeln muss – und dass in dieser apostolischen Gemeinde selbst Inzest (1Kor 5), Hurerei (1Kor 6), Gelage beim Abendmahl (1Kor 11) und Zweifel an einer leiblichen Auferstehung der Toten (1Kor 15) vorkamen. Auf der anderen Seite werden die Gemeinden der nachapostolischen Kirchengeschichte so schwarz gemalt, dass keine Kontinuität mit der einen, heiligen, christlichen Kirche des Anfangs mehr denkbar erscheint. Und mangels der heilsgeschichtlichen Schau, dass nämlich die Gemeindeordnungen des Neuen Testaments für die gesamte Gemeindezeit gelten – von der Geburtsstunde der Gemeinde am Pfingsttag bis zur Entrückung der Gemeinde bei der Wiederkunft von Jesus – wird auch keine Reformation von Kirchen anhand dessen, was das Neue Testament über Gemeinde sagt, angestrebt. Übrig bleibt ein neutestamentliches Gemeindebild in Auswahl, je nachdem, was man persönlich als übernehmbar betrachtet und was nicht. Es könnte hilfreich sein, diese Denktradition von neuen heilsgeschichtlichen Voraussetzungen aus neu zu überdenken.

7. Was hätte den Juden erspart bleiben können ...?!

Heilsgeschichtliches Denken ist aber nicht nur für eine gesunde Gemeindelehre eine hilfreiche Voraussetzung. Noch stärker wirkt sich die jeweilige heilsgeschichtliche Sicht auf die Stellung zum jüdischen Volk aus. Wie viel Judenfeindschaft, wie viel Antisemitismus, wie viele schlimmen Judenpogrome hätten in der Kirchengeschichte verhindert werden können, wenn es eine heilsgeschichtliche Sicht von christlicher Gemeinde und Israel gegeben hätte!

Diese unglückselige Geschichte mit Bergen von Schuld gegenüber den Juden kann hier nur angedeutet werden. Kaum war die christliche Kirche privilegierte Religion und später Staatskirche geworden, kam es unter den Kaisern Konstantin, Theodosius I. und II. sowie Justinian zu immer strengeren Erlassen gegen die Juden: Kennzeichnung des Judentums als schädliche und gottlose Sekte; Verbot von Mission; Auferlegung zusätzlicher Abgaben; Verbot der Heirat zwischen Juden und Christinnen; Verbot, christliche Sklaven zu haben; schließlich Verbot von Synagogenneubauten und Entzug des Rechts, Staatsämter zu bekleiden.[21]

Hintergrund für den um sich greifenden Antijudaismus war die sogenannte Substitutions- bzw. Enterbungstheorie, die nach und nach von Kirchenvätern wie Justin, Origenes, Eusebius, Chrysostomus, Augustin und anderen zur kirchlichen Normalposition entwickelt wurde.[22] Sie besagte, dass die Kirche Israel als Gottes Volk dauerhaft ersetzt bzw. „beerbt" habe und es für Israel als Volk der Christusmörder keine Verheißung mehr gebe. Einzelne Juden könnten sich zwar taufen lassen und so Christen werden. Aber eine Zukunft für Israel als Volk Gottes gebe es nicht – und erst recht keine biblisch begründete Zukunft für Juden im Land Israel! In dieser Sicht waren sich die Katholische wie die Orthodoxe Kirche einig; und auch Luther und Calvin haben sie übernommen. Dass es zusätzlich zu systematischen Judenverfolgungen im Rahmen der Kreuzzüge kam und in der spanischen Inquisition Tausende von Juden und Maranen (d.h. äußerlich zum Katholizismus konvertierte Juden, die insgeheim dem Judentum verbunden blieben) ihr Leben auf dem Scheiterhaufen lassen musste, dass es Jahrhunderte lang zu immer neuen Vertreibungen von Juden aus christlichen Ländern und Städten kam, dass man zahlreiche Berufsverbote gegen Juden erließ, sie in Ghettos steckte, zeitweise lediglich einem einzigen Sohn einer jüdischen Familie erlaubte, zu heiraten und Kinder zu haben, das Eigentum von Juden immer wieder konfiszierte und den Pöbel Judengassen und Synagogen niederbrennen ließ, gehört zu den dunkelsten Kapiteln in der Geschichte des Abendlandes und der sogenannten Christenheit.

Erst bei den Puritanern und den Pietisten brach sich die Sicht Raum, dass es die biblisch begründete Hoffnung gibt, dass Gott am Ende sein Volk Israel wieder sammeln und ins Heilige Land bringen werde, und dass Israel sich dann als Volk zu Jesus als seinem Messias bekehren werde, was wiederum einen großen Segen für den Rest der Welt mit sich bringen werde.[23] Aus der heilsgeschichtlichen Sicht, dass es nach Jes

---

[21] Siehe die gut lesbare Darstellung bei W. Keller, *Und wurden zerstreut unter alle Völker: Die nachbiblische Geschichte des jüdischen Volkes*, Neuaufl., Wuppertal / Zürich 1993 [Erstaufl. 1966], S. 116-133.

[22] Vgl. dazu R. E. Diprose, *Israel aus der Sicht der Gemeinde*, Hammerbrücke 2001; M. J. Vlach, *The Church as a Replacement of Israel: An Analysis of Supersessionism*, [Dissertation], Wake Forest: Southeastern Baptist Theological Seminary, 2004.

[23] Näher ausgeführt und belegt in H. Stadelmann, „Die Juden ‚hertzlich lieben': Johann Jacob Rambach und die Zukunft des jüdischen Volkes", in: Berthold Schwarz / H. Stadelmann (Hg.), *Israel, Judentum und Kirche im Brennpunkt: Beiträge zur Israellehre aus Geschichte*

66,5ff, Hes 36/37 und Röm 11,15-27 (sowie ähnlichen Stellen) zu einer endzeitlichen Wiederherstellung und Bekehrung Israels als ganzes Volk kommen solle, speiste sich diese Hoffnung.

Immer wieder war heilsgeschichtliche Theologie die Anwältin einer Schau, die sowohl für die christliche Gemeinde als auch für Israel einen dauerhaften Platz in Gottes Heilsplan sah. In der Tat: Welche Irrwege des Antisemitismus hätten der christlichen Kirche in ihrer Geschichte erspart bleiben können – und vor allem: welche unmenschlichen Diskriminierungen und Verfolgungen wären dem Volk der Juden erspart geblieben, wenn eine heilsgeschichtliche Sicht durchgehend den Glauben der Kirche bestimmt hätte!

Umso wichtiger ist, dass heute Christen beginnen, Gottes Heilsgeschichte zu verstehen. Gerade am Umgang der Christen mit den Juden zeigt sich, dass heilsgeschichtliches Denken kein Hobby einiger christlicher Grübler ist, sondern ein Thema von großer praktischer und geistlicher Bedeutung.

Und schließlich noch ein Thema:

8. Wie himmlisch darf jetzt schon die Erde sein?

Wer heilsgeschichtlich denkt, unterscheidet die Zeiten. Er schaut nicht nur, ob etwas in der Bibel steht, sondern für wen und für wann es gilt.

Diese einfache heilsgeschichtliche Regel scheint auch unter Christen nicht immer selbstverständlich zu sein. So ist in christlichen Gottesdiensten gelegentlich Musik zu hören, die zwar ganz irdisch klingt, deren Text aber die himmlische Zukunft vorwegnimmt. „Herr, im Glanz Deiner Majestät auf den Stufen vor Deinem Thron stehen wir und singen Dir Lieder“, heißt es da in einem neueren Anbetungslied, dessen Refrain sicherlich jeder Christ bedenkenlos mitsingen kann („Du, o Herr, bist die Quelle des Lebens …“). Nur, stehen wir heute tatsächlich schon umglänzt von göttlicher Herrlichkeit auf den Stufen vor Gottes Thron? Der Text ist Offb 4 und 5 nachempfunden. Dort wird eine bewegende himmlische Anbetungsszene vor dem Thron Gottes geschildert. Klar, dass die sin-

und Theologie, Frankfurt u.a. 2008 (im Erscheinen); vgl. P. Toon, *Puritans, the Millennium, and the Future of Israel: Puritan Eschatology 1600 to 1660*, Cambridge 1970 [Nachdr. 2002]; M. Friedrich, *Zwischen Abwehr und Bekehrung: Die Stellung der deutschen evangelischen Theologie zum Judentum im 17. Jahrhundert*, Tübingen 1988; H. Krauter-Dierolf, *Die Eschatologie Philipp Jakob Speners*, Tübingen 2005, S. 10ff.

gende Gemeinde in diesen Anbetungsjubel einstimmen möchte. Tatsächlich ist sie aber noch hier auf der Erde – nicht schon im Himmel auf den Stufen des göttlichen Throns! Sie gehört noch zur kämpfenden, unvollendeten Gemeinde hier auf Erden, nicht zur triumphierenden Schar der Vollendeten. Wenn Sie trotzdem im Lied vorwegnimmt, im Glanz der Gottesherrlichkeit auf den Stufen des himmlischen Throns zu stehen, entspricht dem keine aktuelle Realität. Was bleibt, ist vielleicht das Gefühl des Herausgehobenseins aus dem Alltag, vielleicht die Sehnsucht nach Gottespräsenz. Doch wenn die Musik verklingt, verebbt auch das Gefühl. Spätestens am Montag ist wieder irdischer Alltag – und Kritiker würden sagen, hier sei Religion nur psychologisch instrumentalisiert worden („Opium für das Volk"). Das aber ist keine gute Theologie. Am Ende schadet es dem Glauben. Seele und Geist, Gefühl und Realität werden verwechselt. Heilsgeschichtliches Nachdenken hätte das vermeiden lassen.

Ganz anders wäre das Resultat, hätte man das Lied gesungen: „Dass Du mich einstimmen lässt in Deinen Jubel, o Herr, Deiner Engel und himmlischen Heere: das erhebt meine Seele zu Dir, o mein Gott. Großer König, Lob sei Dir und Ehre!" Hier wäre die Theologie korrekt gewesen, auch in heilsgeschichtlicher Hinsicht. Der Sänger wüsste um seinen Standpunkt hier auf der Erde und würde ihn auch nicht verlassen. Aber er glaubt, dass sein schwaches irdisches Lob sich mit dem großen himmlischen Lob, das zu Gott dringt, verbindet – und diese Gewissheit ist erhebend für seine Seele und beflügelt den Lobpreis.

Speziell im enthusiastischen Christentum der charismatischen Bewegung kommt es gelegentlich zu Verwechslungen der heilsgeschichtlichen Gegebenheiten. Manchmal sind das Rückfälle in alttestamentliche Vorstellungen: Da wird mit Fahnen und Jesusmärschen „Land eingenommen", als wäre man das Volk Israel vor Jericho. Da wird guten Spendern schon mal irdischer Wohlstand in Aussicht gestellt, als sei der neutestamentlichen Gemeinde irgendwo das Land, in dem Milch und Honig fließt (samt gutem Cash-Fluss), verheißen.

Häufiger noch kommt es im Überschwang der Gefühle zu Vorwegnahmen künftiger Gottesherrlichkeit, deren Segnungen man kurzerhand für hier und heute verheißt. Auf welcher Großveranstaltung wird dann nicht zum x-ten Mal die große weltweite Erweckung prophezeit und die ruhmreiche Durchsetzung der Christusherrschaft proklamiert – natürlich immer von dem Ort ausgehend, in dem das Massenereignis gerade stattfindet! Übersehen wird dabei, dass die Bibel für die jetzige Zeit nirgends diese globale Erweckung ankündigt, sondern für das gegenwärtige Zeitalter einen zunehmenden Abfall und schließlich die große endzeitliche Verführung vorhersagt (Mt 24,3ff; 2Thes 2,3ff; 1Tim 4,1ff; 2Tim 3,1ff; u.ö.). Erst mit der Wiederkunft Jesu Christi wird es zur weltumfassenden Aufrichtung seines Segens- und Friedensreiches kommen (Dan 7,1-18; Offb 19 und 20). Wer dies unnüchtern übersieht, muss die Menschen in entsprechenden Veranstaltungen angesichts der unübersehbaren Realitäten immer wieder mit Rhetorik und Musik emotional so aufpeitschen, dass sich das großartige Neue zumindest erfühlen lässt – bis der Alltag es wieder schluckt und der Entzug die Sucht nach einem neuen Manipulationsstoß übergroß werden lässt.

Nicht zuletzt die Sehnsucht nach Gesundheit und Unsterblichkeit führt dazu, dass immer wieder die heilsgeschichtlichen Grenzen zwischen jetzt und dann verrückt werden. Hier wirkt sich aus, dass wir Menschen zum Leben geschaffen sind. Schöpfungsgemäß empfinden wir Leid, Krankheit und Tod als etwas Widernatürliches und Lebensfeindliches, auch wenn es seit dem Sündenfall unausweichlich zu unserer irdischen Realität gehört. Die Verheißung aus Offb 21,4: „der Tod wird nicht mehr sein, noch Trauer, noch Geschrei noch Schmerz wird mehr sein", lässt in uns tief empfundene Saiten der Zustimmung mitschwingen. Kein Wunder, dass derjenige Gehör und hoffnungsvollen Widerhall findet, der hier und jetzt Heilung und Leben verspricht. „Gott will keine Krankheit!"; „Wer glaubt, wird gesund!" – mit Verheißungen wie diesen sind spätestens seit dem Entstehen der Pfingstbewegung immer wieder Heilungsevangelisten durch die Länder gezogen. Speziell durch die der Dritten Welt, wo animistische Vorstellungen von Krankheit und Heilung – dass Krankheit nämlich immer spirituelle Ursachen habe und durch einen starken Schamanen behoben werden könne – flächendeckend den Boden für Wunderheiler bereiten! In einem idea-Interview (*ideaSpektrum* 38/2007, S. 21f) wurde der Pfingstevangelist Reinhard Bonnke gefragt, was ihn so sicher mache, schon im Vorfeld einer Evangelisation „Zeichen und Wunder" ankündigen zu können. Seine Antwort: „Heilungen sind Teil des Evangeliums. Wer die Heilungen abschneidet, amputiert den Körper des Evangeliums. […] Gott will nicht, dass Menschen krank sind … [Man] muss Krankheit nicht akzeptieren. Wir haben von Jesus den Auftrag, den Kampf gegen die Krankheit zu führen. Jesus hat den Kranken doch keine Blumen gebracht, er hat sie geheilt. Heilung ist Teil des Evangeliums." Einen Platz für Krankheit hat Bonnke nicht in seiner Theologie, selbst nicht bei alten Menschen – hier gesteht er lediglich ein

Nachlassen an Vitalität zu. Wenn es nach seiner Theologie geht, stirbt man am Ende als Gesunder. Immerhin, dass man am Ende stirbt, kann auch er nicht übersehen.

Hier ist heilsgeschichtlich etwas aus der biblischen Balance geraten. Natürlich kennt das Evangelium Heilungen. Sie sind Zeichen des in Christus schon in unsere Welt hereingebrochenen Gottesreiches (Mt 12,28; Lk 11,20; 17,20f). Durch das noch andauernde Zeitalter dieser in Sünde gefallenen Schöpfung zieht sich seit dem Kommen von Jesus wie eine Lichtspur der Anbruch des Reiches Gottes mit seinen Auswirkungen: Menschen, die an Jesus glauben, werden „neue Kreaturen" (2Kor 5,17), obwohl sie weiterhin als schwache, versuchliche und sterbliche Menschen auf dieser Erde leben (2Kor 5,1ff; Röm 8,22ff; Gal 5,16ff). Und als Vorweggabe der Vollendungsgestalt des Gottesreiches, wo es keine Krankheit und keinen Tod mehr geben wird (Offb 21,4f), schenkt Gott heute schon als Antwort auf den Glauben Heilungen von Krankheiten – wann und wo es ihm gefällt (Mk 16,20; Apg 14,3). Er kann Heilung aber auch versagen. Denn Krankheit und Tod gehören noch zur Realität der jetzigen Weltzeit (2Kor 12,7ff; 1Tim 5,23; Röm 14,8).

Zwischen dem ersten und dem zweiten Kommen Jesu ist es mit der Heilsgeschichte wie mit dem Stabwechsel bei einem Staffellauf: Noch läuft der erste Läufer weiter, aber schon ist der neue Läufer gestartet – und nun laufen sie parallel nebeneinander, während der Stabwechsel erfolgt. Wer das nicht beachtet, fällt – wenn es um das erneuernde und heilende Eingreifen Gottes geht – theologisch leicht auf der einen oder anderen Seite vom Pferd. Er tut so, als bliebe alles nur beim Alten – oder er meint, nun müsse schon alles neu sein.[24] Wer dagegen Heilsgeschichte versteht, weiß realistisch zugleich um das, was hier und heute noch nicht von Gott gegeben wird, und um das, was Gott schon jetzt schenkt. Er hat eine gesunde und zugleich verheißungsorientierte Theologie, die nicht der Nachhilfe durch menschliche Manipulationen bedarf.

---

[24] Hinsichtlich Heilung stellt diese Spannung – und mögliche kurzschlüssige Antworten – sehr gut dar: Roland Scharfenberg, *Wenn Gott nicht heilt: Theologische Schlaglichter auf ein seelsorgerliches Problem*, Nürnberg: VTR, 2006, 488 Seiten.

Kapitel 2

Gute Gründe:

Warum sich heilsgeschichtliches Denken aus unvoreingenommener Bibellektüre ergibt

Wer sich auch nur eine Stunde Zeit nimmt und die Bibel von vorne bis hinten aufmerksam durchblättert, kann die Tatsache nicht übersehen, dass sich da Heilsgeschichte entfaltet. Ihm wird zwar der Begriff ‚Heilsgeschichte' nicht begegnen, aber die Sache. Den Begriff hat erst ein Erlanger Theologieprofessor im 19. Jahrhundert geprägt, Johann Christian Konrad von Hofmann (1810-1877).[25] Er hat sich in seinen Büchern viel damit beschäftigt, wie sich die Geschichte von Gottes Offenbarung in den biblischen Schriften zusammenhängend und sinnvoll entfaltet. Er nannte dies „Heilsgeschichte" – aber auch „heilige Geschichte", bestehend aus „weissagender Geschichte" (= „Geschichte, die den künftigen Christus lehrt") und „Geschichte der Erfüllung" (= „Geschichte, welche den erschienenen Christus lehrt"), „Geschichte des Heils" und „göttliche Haushaltung".[26]

Doch schon lange vor von Hofmann konnte jedem Bibelleser leicht auffallen, dass die Bibel unterscheidbare Abschnitte in der Offenbarungsgeschichte beschreibt. Sie beginnt mit der Schöpfung. Die Urgeschichte und Vätergeschichte wird erzählt. Von der Berufung Abrahams an wird die Geschichte Gottes mit Israel im Einzelnen entwickelt. Innerhalb des jüdischen Volkes wird schließlich vom Kommen und Heilswerk von Jesus berichtet, von der Berufung seiner Apostel und vom Entstehen und Ergehen der christlichen Gemeinden. Das von Jesus und den Apostel verkündete Evangelium wird entfaltet und schließlich der weite Horizont von Gottes künftigem Heilshandeln bis hin zur Erschaffung eines neuen Himmels und einer neuen Erde offenbart. Heilsgeschichte hat es

---

[25] A.J. Greig, „A Critical Note on the Origin of the Term Heilsgeschichte", in: *Expository Times*, 87 (1975/76), S. 118f.

[26] Diese Begriffe finden sich alle in seinem Werk *Weissagung und Erfüllung im alten und neuen Testamente*, Bd. 1, Nördlingen 1841.

also mit der ganzen Vielfalt der fortschreitenden Offenbarung Gottes zu tun, die zum Heil des Menschen und der Schöpfung geschieht, in Folge von Sünde aber auch die Kehrseite des Unheils und göttlichen Gerichts annehmen kann. Heilsgeschichtliche Theologie zeichnet diese Offenbarungsgeschichte nach, zeigt, wie Gottes Offenbarung in Raum und Zeit von der Bibel verstanden wird, und arbeitet insbesondere heraus, welche durchgehenden Linien sich in der Heilsgeschichte zeigen und wo es von Gott her Einschnitte und inhaltliche Neueinsätze gibt.

Heilsgeschichtliches Denken ist nicht irgendein heiliges Spekulieren über die Universalgeschichte. Auch kein Spekulieren, hinter welchen geschichtlichen – etwa politischen – Ereignissen Gott wohl in welcher Weise stecken mag. Heilsgeschichtliches Denken geht immer von der Bibel aus. Es buchstabiert nach, was die Bibel darüber sagt, wo, wie und warum Gott in der Geschichte – für die Menschen, an den Menschen und durch Menschen – gehandelt hat, handelt und handeln wird, um seinen Heilsplan zu seiner Ehre zu verwirklichen. Heilsgeschichtliches Denken stülpt der Bibel nicht irgendein Schema über. Sondern es zeichnet sorgfältig nach, was Gott jeweils tut und was nach seinem Willen jeweils für wen, in welcher Weise und für wie lange gilt. Wer die Bibel heilsgeschichtlich liest, wird also jeweils genau hinzuschauen haben! Und er wird, wenn er die Bibel nicht von vornherein gegen den Strich lesen und gründlich missverstehen will, sie unvoreingenommen von ihren eigenen Voraussetzungen her lesen müssen: nämlich dass Gott da ist und handelt und redet – auch wenn wir Menschen mit unseren auf das Diesseits begrenzten Sinnen das Göttliche als solches nicht einfach wahrnehmen können, sondern darauf angewiesen sind, dass Gott uns durch sein Offenbarungswort sein Reden vermittelt und sein Handeln deutet. Eben davon aber erzählt und spricht die Bibel.

Die Bibel ist nicht einfach ein Sachbuch, das aus systematisch aufbereiteten Themen besteht. Weil Gott redet und handelt, hat die Bibel von A bis Z etwas zu berichten. Wenn man im alten Israel seinen Glauben bekannte, hat man dies schon früh in der Form eines kleinen ‚heilsgeschichtlichen Credo' getan: „Sklaven waren wir beim Pharao in Ägypten. Der HERR aber hat uns mit starker Hand aus Ägypten herausgeführt, und der HERR tat vor unseren Augen große und unheilvolle Zeichen und Wunder an Ägypten, an dem Pharao und an seinem ganzen Haus. Uns aber führte er von dort heraus, um uns herzubringen, uns das Land zu geben, das er unsern Vätern zugeschworen hat" (5Mo 6,21ff; vgl. 26,5-9; Jos 24,2-13). Und auch im Neuen Testament sind Bekenntnisse nicht einfach thematische Abhandlungen, sondern sie reden von Gottes Heilshandeln in Raum und Zeit: „Denn ich habe euch vor allem überliefert, was ich auch empfangen habe: dass Christus für unsere Sünden gestorben ist nach den Schriften; und dass er begraben wurde und dass er auferweckt worden ist am dritten Tag nach den Schriften; und dass er Kephas erschienen ist; dann den Zwölfen [...] So predigen wir, und so seid ihr zum Glauben gekommen“ (1Kor 15,3ff.11). Gott handelt nach seinem in Heiligen Schriften niedergelegten Heilsplan in Raum und Zeit zu unserem Heil. Wer das versteht, beginnt, eine zentrale Grundvoraussetzung von Heilsgeschichte zu begreifen.

1. Die Auferstehung von Jesus – Zentrum und Schlüssel der Heilsgeschichte

Unvergesslich wird mir das Gespräch bleiben, das ich vor einigen Jahren mit einem Theologieprofessor führte. Am Nachmittag desselben Tages hatten wir auf einer Tagung, bei der es um den rechten Umgang mit der Bibel ging, schon einen heißen Disput über die Glaubwürdigkeit der Evangelien: ob Jesus tatsächlich von der Jungfrau Maria geboren worden sei; ob er wirklich vom Teufel in der Wüste versucht worden sei oder es den Versucher als Person vielleicht gar nicht gebe; usw. Der Professor hatte sowohl die Existenz des Teufels als auch die Jungfrauengeburt von Jesus in Frage gestellt. Jetzt, am Abend, saßen wir zusammen und unterhielten uns privat. Wir kamen auf Kreuz und Auferstehung Jesu zu sprechen. Er glaube an beides, betonte der Professor. „Ja, aber warum erledigen Sie denn nicht den Bericht von der leiblichen Auferstehung und dem leeren Grab mit den gleichen weltanschaulichen Vorentscheidungen und überlieferungsgeschichtlichen Argumenten, wie Sie es bei anderen Berichten in den Evangelien tun, die von übernatürlichen Dingen erzählen?“, fragte ich. Die Antwort kam wie aus der Pistole geschossen: „Dann wäre ich kein Christ mehr!“ Der Professor spürte zu Recht: An der Auferstehung von Jesus und dem Glauben daran entscheidet sich alles!

Die Auferstehung ist der Brennpunkt der Heilsgeschichte. Ohne die Auferstehung wäre unser Glaube vergeblich (1Kor 15,14). Ohne dass Gott Jesus durch seine Auferweckung von den Toten als verheißenen Heilbringer bestätigt und seinen Kreuzestod als Sühneopfer beglaubigt hätte (Röm 4,25; Apg 5,30f; 10,37-41), gäbe es kein Evangelium. Auf den Ostermorgen läuft alles zu, von der Schöpfung an. Gott hat seine Geschöpfe zum Leben geschaffen; doch seit dem Sündenfall existiert eine Todeswelt. Dabei aber will es Gott nicht bleiben lassen. Der Ostermorgen ist – vor dem Hintergrund des Karfreitagsgeschehens: der vollbrachten Sühne für die Sünden am Kreuz – der Sieg des Lebens über den Tod. Und vom Ostermorgen her entfaltet sich alles. Hier wird ja nicht nur ein Toter wiederbelebt, zurück ins sterbliche Leben! Nein, mit Jesu Auferstehung bricht die Neuschöpfung an. Jesus hat „dem Tode die Macht genommen und das Leben und Unverweslichkeit ans Licht gebracht" (2Tim 1,10). Was am Ostermorgen begonnen hat, zieht eine Kettenreaktion des Lebens nach sich: die geistliche Auferstehung der Gläubigen zu einem neuen Leben; die leibliche Auferstehung der Menschen, die zu Jesus gehören, bei seiner Wiederkunft; die allgemeine Totenauferstehung zum Gericht; und den Anbruch des neuen Himmels und der neuen Erde (Röm 6,4; 1Kor 15,23ff; Offb 20,4–21,6). Mitten in unserer sterbenden Welt gibt es für uns sterbliche Geschöpfe den einen Fokuspunkt des Lebens, den Fixpunkt unserer Hoffnung, den Anbruch der Zukunft: die Auferstehung Jesu Christi von den Toten! Darauf bewegt sich die Heilsgeschichte zu. Von daher entfaltet sie sich in alle Ewigkeit.

Die Auferstehung als Zentralereignis der Heilsgeschichte zeigt uns zugleich deutlich, wie Gott in der Geschichte handelt. Er gibt nicht nur einige Ideen zum Nachdenken weiter; er berührt auch nicht nur Menschen innerlich und vermittelt ihnen eine Art Erleuchtung. Gott greift vielmehr wunderhaft in die Geschichte ein und spricht und handelt übernatürlich in Raum und Zeit. Beides gehört bei solchen Wundern zusammen: das übernatürliche Wirken Gottes und die geschichtliche Wirklichkeit. Das jenseitig Wunderhafte entzieht sich unserem Zugriff; man kann es nicht messen und reproduzieren. Für Gottes Wunderhandeln gibt es keinen chemischen Test. Menschliche Messmethoden sind für irdische Vorgänge gemacht. Die Wiederbelebung eines Menschen, etwa seine Reanimation nach einem Herzstillstand, können Mediziner im Einzelnen erklären. Nicht aber das göttliche Wunder der Auferweckung von Jesus in eine Auferstehungsleiblichkeit hinein, die nicht mehr an irdische Begrenzungen gebunden ist, mit der er plötzlich in verschlossenen Räumen erscheint, in göttlicher Lichtherrlichkeit und überirdischer Macht begegnet, aber zugleich für seine Apostel als der Jesus, den sie kannten, identifizierbar bleibt (Joh 20,24-29; Apg 9,3ff; 1Kor 15,35-49; Offb 1,12-18).

Und doch, selbst ein solches Wunderhandeln Gottes wie die Auferweckung von Jesus in verherrlichter Auferstehungsleiblichkeit wird uns von der Bibel als etwas Reales bezeugt, das sich wirklich in Raum und Zeit ereignet hat. Wunder, so unerklärlich sie innerweltlich auch sind, haben ihren irdischen Rahmen und ihre den Sinnen zugänglichen Manifestationen. Man kann auch sagen, sie haben einen „historischen Rand", den man untersuchen und über den man etwas sagen kann.[27]

Die Bibel legt größten Wert darauf, dass Jesus wirklich und leibhaftig auferstanden ist. „Der Herr ist wirklich auferweckt worden und dem Simon erschienen!" (Lk 24,34), sagen die Apostel. „Seht meine Hände und meine Füße, dass ich es selbst bin; betastet mich und seht, denn ein Geist hat nicht Fleisch und Bein, wie ihr seht, dass ich habe", sagt der Auferstandene zu seinen Jüngern (Lk 24,39). Der zweifelnde Thomas darf den auferstandenen Jesus anfassen, um von seiner Realität überzeugt zu werden – auch wenn ihm anschließend verdeutlicht wird, dass der Sicht- und Tastbeweis nicht schon zum Wesentlichen vorstößt, sondern es darum geht, an den auferstandenen Herrn zu glauben (Joh 20,27-29). Frauen haben am Ostermorgen nicht nur das leere Grab entdeckt, sondern sind dem auferstandenen Jesus begegnet (Mt 28,6-9). Auch Paulus argumentiert für die von Augenzeugen belegte Realität des Auferstandenen (1Kor 15,3-11): Jesus ist auferstanden am dritten Tag, wie es Gottes Verheißung entsprach; und er ist als Auferstandener erstens von Petrus, zweitens von den übrigen Aposteln, drittens von mehr als 500 Augenzeugen (die man zum Teil noch befragen kann), viertens von seinem Halbbruder Jakobus und fünftens von mir, Paulus, gesehen worden. Der auferstandene Herr ist real. Das Grab ist leer. Das Handeln Gottes bei seiner Auferweckung ist ein konkretes Geschehen in der Geschichte – so überweltlich der Herrlichkeitsleib des Auferstandenen als Anbruch der Neuschöpfung auch sein mag!

Und genau so real sind die geschichtlichen Folgen dieses Wunders der Auferweckung Jesu von den Toten: Die Apostel, die vorher um ihr Leben bangten und sich aus Angst vor den Gegnern einschlossen, bezeugen plötzlich am Ort des Geschehens, in Jerusalem, dass Jesus lebt und er der Messias ist – und dass sie sich eher umbringen lassen würden, als dieses reale Handeln Gottes zu verschweigen (Joh 20,19ff; Apg 4,18-20). Andere, die nach der Kreuzigung von Jesus völlig resigniert waren, werden zu frohen

---

[27] So H. Hempelmann, *Die Auferstehung Jesu Christi – eine historische Tatsache?*, 3. erweiterte Aufl., Wuppertal: R. Brockhaus, 2003, S. 15f (im Anschluss an Berthold Klappert); ders., „‚Wirklich auferstanden!' Zur Relevanz der historischen Rückfrage für das christliche Osterzeugnis", *Theologische Beiträge*, 37 (2/2006), S. 62-79. – Dazu, dass ungerechtfertigter Weise immer wieder vermeintliche Widersprüche zwischen den Auferstehungsberichten der Evangelien dafür herhalten müssen die Historizität der Osterereignisse zu bestreiten, vgl. Peter Mergler, „Widersprüche in den Auferstehungsberichten der Evangelien?", in: St. Holthaus / K.H. Vanheiden (Hg.), *Die Unfehlbarkeit und Irrtumslosigkeit der Bibel*, Hammerbrücke: JOTA, 2001, S. 159-168.

Zeugen des Auferstandenen (Lk 24,13-35). Und selbst ein Christenverfolger wie Saulus von Tarsus wird durch die Begegnung mit dem Auferstandenen zum Paulus und ist hinfort bereit, alles für diese hoffnungsvolle Realität einzusetzen (Apg 9; Phil 3,5-10). Für diese Fakten gibt es nur eine überzeugende Erklärung: dass Jesus tatsächlich auferstanden ist!

Die moderne Theologie hat sich mit der Vorstellung, dass Gott konkret in Raum und Zeit handelt, immer schwer getan. Zu sehr hat man sich auf das neuzeitliche Weltbild festgelegt, das alle geschichtlichen Vorgänge nur innerweltlich erklärt, d.h. für reales Geschehen immer nur innerweltliche Ursachen und ihre innerweltlichen Auswirkungen kennt und gelten lässt. Nur solches Geschehen gilt dann noch als (möglicherweise) wirklich passiert, das innerweltlich erklärbar ist. Man glaubt meistens zwar trotzdem noch an Gott als Hintergrund dieses natürlich erklärbaren Geschehens. Aber dies ist dann eine persönliche, gläubig-religiöse Interpretation rein irdisch denkbarer Vorgänge. Nur die persönliche Überzeugung, dass Gott hinter dem allen steht, wird als etwas angesehen, das Gott zu biblischen Zeiten wie auch heute innerlich in manchen Menschen wirkt. Vielleicht kann man sagen, dass dieses Rechnen damit, dass Gott tief im Menschen Glauben an ihn stiftet, für die moderne Theologie die einzige Form göttlichen Offenbarungshandelns darstellt, die man als wirkliches Eingreifen Gottes noch durchgehen lässt.

Der Glaube der modernen Theologie fußt also nicht auf Gottes Heilshandeln in Raum und Zeit, wie es die Bibel schildert, sondern der Glaube produziert selbst erst die Schau eines hintergründigen Handelns Gottes, das in den biblischen Geschichten dann in romanhaft-mythologische Erzählungen umgedichtet wird – während vordergründig in Raum und Zeit alles immer nur natürlich und mit rechten Dingen zugegangen sein soll. Der moderne Mensch ist in einem Weltbild gefangen, in dem alles abläuft, als ob es Gott nicht gäbe – und aus dem man alles ausscheiden muss, was nach Wunder und Eingreifen Gottes klingt. Wer trotzdem von Gottes Reden und übernatürlichem Handeln in unserer Welt spricht, dem wird ein mythologisches Denken unterstellt.

Als „Mythos“ gilt dabei jede Redeweise, jede Darstellung oder Geschichte, die von Gottes konkretem übernatürlichem oder gar wunderhaftem Handeln spricht – das es für den modernen Theologen aber gar nicht geben kann. Er meint zu wissen, dass erstens auf der Erde alles nur ganz natürlich zugeht; dass zweitens alles, was prinzipiell nicht mehr natürlich erklärbar ist, auch nicht passiert sein kann; dass man drittens allenfalls glauben darf, dass hinter dem natürlichen Geschehen irgendwie Gott waltet, und man von daher viertens bei Wundergeschichten in der Bibel immer nur noch nach einer plausiblen Erklärung suchen muss, wie es zu dieser Geschichte (die so nicht passiert sein kann) kommen konnte und wie sie in die Bibel kam. Moderne Theologen (und wer immer so denkt wie sie) können daher in der Regel auch nichts mehr mit biblischer Heilsgeschichte anfangen.

Manche Vertreter dieser Theologie wollen auf den Begriff „Heilsgeschichte" allerdings nicht verzichten, deuten ihn aber einfach in ihrem Sinne um: „Heilsgeschichte" habe eben gerade nicht mit wirklicher Geschichte zu tun, sondern nur noch mit Geschichten. Biblische Heilsgeschichte sei ein Erzählkranz religiöser Geschichten – etwa wie ein guter Roman oder ein schönes Märchen, das ja auch seinen Wahrheitskern haben könne. Heilsgeschichte sei eine aus dem Glauben geborene Erzählung über Gottes „Handeln", die man aber nicht wörtlich nehmen dürfe.[28] Im Raum der realen Geschichte sei das alles nicht so gewesen, wie es in der Bibel geschildert werde. Modern-theologischer „Glaube" bekennt auch hier über die rein innerweltliche Realität hinaus, dass man Gott zutraut, irgendwie hinter den Dingen (die man als historisch plausibel durchgehen lässt) präsent zu sein. „Heilsgeschichte" wird so aber zur fiktiven Geschichtenwelt eines bekennenden Restglaubens des ideologisch in der Diesseitigkeit gefangenen Menschen. Leider nur ist dieser „Glaube" ein anderer als der biblische Glaube. Und die so verstandene „Heilsgeschichte" ist eine andere als die Offenbarungsgeschichte, von der die Bibel spricht. Man vertritt einen Offenbarungsglauben, dem das Wirklichkeitsfundament abhanden gekommen ist. Unter den Denkvoraussetzungen der Moderne tritt hier erneut „ein anderes Evangelium" (2Kor 11,4) zutage.

Als vor mehr als einem halben Jahrhundert der damals weltbekannte Theologe Rudolf Bultmann und seine Schüler die Ansicht vertraten, die Wundergeschichten des Neuen Testaments seien reine Mythologie, die Jungfrauengeburt, die leibliche Auferstehung, Himmelfahrt und sichtbare Wiederkunft Jesu seien bedeutungsvolle Geschichten, von denen man existentiell berührt werden könne, die sich so aber nie zugetragen hätten und nie zutragen könnten, erhoben bekennende Christen mutig dagegen Einspruch und forderten: „Kein anderes Evangelium!"[29]

---

[28] So war das Heilsgeschichtekonzept des bekannten Professors für Altes Testament, Gerhard von Rad; vgl. dazu H. Stadelmann, „Hermeneutische Erwägungen zur Heilsgeschichte", in ders. (Hg.), *Glaube und Geschichte: Heilsgeschichte als Thema der Theologie*, Gießen / Wuppertal: Brunnen / R.Brockhaus, 1986, S. 44-49.

[29] Vgl. R. Bultmann, „Neues Testament und Mythologie", in: H.W. Bartsch (Hg.), *Kerygma*

Wie berechtigt und nötig dieser Einspruch war, zeigt sich – wie wir gesehen haben – gerade an der Auferstehung Jesu. Sie macht deutlich, dass die Bibel ein anderes Verständnis von Heilsgeschichte hat als solche modernistische Theologie. Als Generalschlüssel zum Verständnis des offenbarungsgeschichtlichen Handelns Gottes zeigt das biblische Auferstehungszeugnis, dass alles darauf ankommt, dass sich Gottes an sich unfassbares Handeln tatsächlich konkret in unserer Welt ereignet hat und die Bibel wirklichkeitsgetreu darüber berichtet. Gottes Wunderhandeln hat mit Wirklichkeit zu tun. Es trägt sich in Raum und Zeit zu. Der Apostel Johannes fasst es in diese Worte: „Was von Anfang an war, was wir gehört, was wir mit unseren Augen gesehen, was wir angeschaut und unsere Hände betastet haben vom Wort des Lebens – und das Leben ist geoffenbart worden, und wir haben gesehen und bezeugen und verkündigen euch das ewige Leben, das bei dem Vater war und uns geoffenbart worden ist –; was wir gesehen und gehört haben, verkündigen wir auch euch …“ (1Jo 1,1-3). Ähnlich sagt der Apostel Petrus im Blick auf das Ereignis im Leben Jesu, das die Jünger auf die Auferstehungswirklichkeit vorbereiten sollte, nämlich die Verwandlung von Jesus auf dem Berg der Verklärung in eine Gestalt, die Gottes Herrlichkeit ausstrahlte: „Wir haben euch die Macht und Ankunft unseres Herrn Jesus Christus kundgetan, nicht indem wir ausgeklügelten Fabeln folgten, sondern weil wir Augenzeugen seiner herrlichen Größe gewesen sind“ (2Petr 1,16). Und Lukas stellt seinem Evangelium die Versicherung voran, dass die von ihm berichteten Worte und Taten Jesu historisch exakt recherchiert und sorgfältig dokumentiert wurden, damit der Glaube auf wirklichen Offenbarungstatsachen beruht: „Da es nun schon viele unternommen haben, einen Bericht von den Ereignissen zu verfassen, die sich unter uns zugetragen haben, wie sie uns die überliefert haben, die von Anfang an Augenzeugen und Diener des Wortes gewesen sind, hat es auch mir gut geschienen, der ich allem von Anfang an genau gefolgt bin, es dir, vortrefflichster Theophilus, [genau] der Reihe nach zu schreiben, damit du die Zuverlässigkeit der Dinge erkennst, in denen du unterrichtet worden bist“ (Lk 1,1-4).[30]

Mit diesem Verständnis gehen wir an die Heilsgeschichte heran: In

---

und Mythos, Bd. 1, Hamburg: Reich & Heidrich, 1948, S. 15-53. Dagegen Gerhard Bergmann, *Alarm um die Bibel*, Gladbeck: Schriftenmissionsverlag, 1963; ders., *Kirche am Scheideweg: Glaube oder Irrglaube*, Gladbeck: Schriftenmissionsverlag, 1970.

[30] Zur Tatsachentreue des Lukas, die er mit den großen Geschichtsschreibern der Antike ausdrücklich teilt, vgl. Armin Baum, „Lukas als antiker Historiker“, in: St. Holthaus / K.H. Vanheiden (Hg.), *Die Unfehlbarkeit und Irrtumslosigkeit der Bibel*, S. 145-158.

dieser Welt, in Israel, in Jesus Christus hat Gott konkret gehandelt. Und in dieser Welt sowie schließlich bis hin zur neuen Schöpfung wird Gott konkret seine Verheißungen erfüllen. Heilsgeschichtliches Denken ist der Gegenentwurf zu einem ‚Glauben', der die Bibel zu einem erbaulichen Märchenbuch macht. Heilsgeschichte zeichnet genau nach, was die Bibel über das jeweilige Offenbarungshandeln Gottes in der Welt sagt und wem sie gilt. Und sie lässt diese Offenbarung dann so gelten, wie es jeweils dem Selbstverständnis der biblischen Texte entspricht. So entsteht ein facettenreiches Verständnis der Bibel, ohne dass biblische Aussagen irgendwo verbogen oder vernachlässigt werden müssen.

In der Tat gibt es also gute Gründe heilsgeschichtlich zu denken; denn wer heilsgeschichtlich denkt, versucht zumindest ernsthaft, die Offenbarung Gottes durchgängig so zu verstehen, wie es den weltanschaulichen Grundvoraussetzungen und dem Selbstverständnis der jeweiligen biblischen Aussagen in ihrem Zusammenhang und mit ihrer überzeitlichen Gültigkeit entspricht. Dieses biblische Wirklichkeitsverständnis, das mit dem lebendigen Gott und seinem realen Eingreifen in Raum und Zeit rechnet, kann plausibel gemacht werden. Es kann aber (wie jedes ‚Axiom' in der Wissenschaft) nicht rein verstandesmäßig bewiesen werden. Gott und sein Handeln wird im Glauben erfasst oder im Unglauben verkannt bzw. abgelehnt. – Das große Bild dieser Heilsgeschichte Gottes ist wie ein Puzzle, getragen von der zuversichtlichen Überzeugung, dass am Ende alles zusammenpasst, wenn man jedes Puzzleteilchen exakt so wahrnimmt, wie es im biblischen Kontext gemeint ist, und man es entsprechend einordnet. Da herrscht dann kein allgemeines Einerlei, als müsste man alle Puzzleteilchen auf das gleiche Format zurechtstutzen; aber – so unterschiedlich die einzelnen Teile auch sein mögen – es passt am Ende alles zusammen.

2. Heilsgeschichte verläuft in Etappen (1): Das alte und das neue Zeitalter

Wer die Bibel aufmerksam liest, wird unschwer merken, dass es in der Offenbarungsgeschichte Gottes immer wieder markante Einschnitte gibt. Allein schon ein grober Überblick zeigt:

- Vor und nach dem Sündenfall (1Mo 3) herrschen grundlegend unterschiedliche Verhältnisse.
- Nach der Sintflut schließt Gott einen Bund mit seiner gesamten Schöpfung, der gilt, solange die Erde besteht (1Mo 9).

- Mit der Erwählung von Abraham als Stammvater des Volkes Israel (1Mo 12) tritt dieses besondere Volk in Erscheinung, dem verheißen ist, auf Dauer Gottes Volk zu sein (Hes 36,16–37,28; Röm 11; Offb 7,1-8).
- Mit diesem Volk schließt Gott mehr als 400 Jahre nach Abraham am Sinai einen gegenseitigen Bund, der aber nur für eine begrenzte Zeit gelten soll; danach soll er durch einen neuen Bund abgelöst werden (2Mo 19; Jer 31,31ff; Gal 3,15-25; Hebr 8,7-13).
- Während nun der alte Bund noch läuft, der ein Intermezzo in Gottes Heilsgeschichte darstellt, schließt Gott mit David und seinem messianischen Nachkommen einen besonderen Bund, der die Herrschaft des Messias auf ewig festschreibt (2Sam 7,8-16; Jer 33,14-22; Lk 1,31ff).
- Und er verheißt Israel für die messianische Zeit einen Neuen Bund (Jer 31,31-36; Röm 11,27; Hebr 12,22-24), an dem er schließlich auch Menschen aus allen Völkern, die an den Messias Israels glauben, Anteil geben will (Mt 26,28; 2Kor 3; Eph 2,11-14; Hebr 8).
- War zunächst nur Israel Volk Gottes (2Mo 19,5f; 5Mo 7,6ff), so sammelt sich Gott nun ein Volk aus allen Völkern: die Gemeinde, die aus an Jesus glaubenden Juden und Heiden besteht (Eph 3,3-6; 1Petr 2,9f; Offb 1,6). Deswegen gibt Gott aber Israel als sein besonderes Volk nicht auf (Apg 1,6; 3,19ff; Röm 11,1f.25-29).
- Und auch die Menschen und Völker außerhalb des Volkes Gottes geraten – einmal mehr, einmal weniger – in den Lichtkegel der Heilsgeschichte: Teils werden sie nur allgemein erwähnt, um die Sündhaftigkeit der gesamten Menschheit aufzuzeigen (1Mo 6f; Röm 1,18ff). Teils kommen sie als Nachbarvölker Israels – als seine Freunde und Feinde ins Blickfeld. Vor allem im Zusammenhang mit der Zerstreuung Israels unter alle Völker verschiebt sich der Fokus von Jerusalem auf die Metropolen der Nachbarvölker (z.B. Dan 1), und es brechen in heilsgeschichtlicher Perspektive die Zeiten der Nationen an (Hes 30,3; Lk 21,24b).
- Besonders in der biblischen Apokalyptik (Dan; Offb) wird nun deutlich, wie Gott auch in der Völkerwelt handelt und die Völkergeschichte zu ihrem Ziel bringt. Und am Ende, das die apokalyptische Geschichtsprophetie deutlich thematisiert (Mt 24; 2Thes 2; Offb 4-19), wird Jesus in eine in Auflösung begriffene Welt hinein als Herr, Richter und Vollender wiederkommen und seine Friedensherrschaft aufrichten (Offb 19,11ff; 20; vgl. Dan 7,14.18; 1Kor 15,22-27).

- Zielpunkt schließlich ist die neue Schöpfung und das ewige Gottesreich ([ebenfalls Dan 7,14.18]; Offb 11,15; 21-22; vgl. 1Kor 15,28).

Will man sich nicht gleich in heilsgeschichtlichen Einzelheiten verlieren, fällt zunächst auf, dass die Bibel ausdrücklich zwei große Abschnitte unterscheidet, wenn sie die universale Heilsgeschichte betrachtet: **den alten und den neuen Äon bzw. das alte und das neue Zeitalter** – man könnte auch sagen: die gegenwärtige Schöpfung und die zukünftige Neuschöpfung. Es gehört zum ABC heilsgeschichtlichen Denkens, beide unterscheiden und aufeinander beziehen zu können. Dem gegenwärtigen Zeitalter mögen andere „Zeitalter" in der Ewigkeit vorangegangen sein, aber die Bibel macht über sie keine inhaltlichen Angaben (vgl. 1Kor 2,7; 10,11b; Eph 3,9).

Und auch für die Zukunft spricht die Bibel von „den Äonen" (Lk 1,33; Hebr 13,8) oder gar von den künftigen „Zeitaltern der Zeitalter" (Röm 16,27; Eph 3,21; Offb 14,11; 22,5), sagt aber auch über diese Äonen inhaltlich nichts Näheres aus. Die Übersetzungen geben diese Stellen zu Recht meist mit „Ewigkeit" oder „in alle Ewigkeit" wieder, weil der Hebräer kein Wort für Unendlichkeit hat, sondern immer dann, wenn er gerade nicht irgendeine Zeitbegrenzung betonen will, den Begriff „Äon" in der Mehrzahl gebraucht, der schon in der Einzahl den längsten vorstellbaren Zeitraum bezeichnet.

Das gegenwärtige Zeitalter dieser geschöpflichen Welt fing einmal als sehr gute Schöpfung Gottes an (1Mo 1–2), wurde aber durch den Sündenfall zu einer nicht reparierbaren, vergänglichen und der Herrschaft der Sünde unterworfenen Welt. Seither gilt: „Das Schema dieser Welt vergeht" (1Kor 7,31b wörtl.). Der Teufel kann geradezu als „der ‚Gott' dieses Äons" bezeichnet werden (2Kor 4,4) – obwohl tatsächlich der allein wahre Gott „König der Zeitalter" ist (1Tim 1,17). Das gegenwärtige Zeitalter ist böse (Gal 1,4). Christen sollen sich in ihrem Verhalten diesem Äon nicht anpassen (Röm 12,2).

Doch schon die Propheten des Alten Testaments kündigten für die Zukunft eine völlig neue Ordnung der Dinge an: „Denn siehe, ich schaffe einen neuen Himmel und eine neue Erde. Und an das Frühere wird man nicht mehr denken, und es wird nicht mehr in den Sinn kommen" (Jes 65,17). Wenn die Reiche dieser Welt mit ihrer Verfallsgeschichte zu Ende gekommen sein werden, wird von Gott her der Menschensohn kommen und als neue Ordnung und auf Dauer die Gottesherrschaft errichten (Dan 7,14+18). Diese zukünftigen Dinge werden zu alttestamentlicher Zeit noch als ein großes Geschehen am Ende zusammengeschaut. (Im Zuge der fortschreitenden Offenbarung wird diese eschatologische Ordnung dann noch in ihre einzelnen Etappen ausdifferenziert).

Im Frühjudentum entsteht im Nachdenken über die alttestamentliche Apokalyptik dann vor diesem Hintergrund **die Lehre von den zwei Zeitaltern** als ein Aspekt jüdischer Theologie. Im (außerbiblischen) Henochbuch wird zwischen dem „gegenwärtigen Zeitalter" und dem „kommenden Zeitalter" unterschieden (Hen 71,15). Und im sogenannten 4. Esrabuch heißt es: „Der Höchste hat nicht ein Zeitalter gemacht, sondern zwei" (4Esr 7,50); und: „Dieses Zeitalter hat der Höchste für viele gemacht, das kommende Zeitalter aber für wenige" (8,1). Auch wenn das Frühjudentum mit der Vergänglichkeit und Begrenztheit des gegenwärtigen Zeitalters rechnet, halten manche frühjüdischen Apokalyptiker es doch für möglich, dass es in diesem gegenwärtigen Zeitalter mit dem Anbrechen der messianischen Zeit noch zu einer begrenzten Epoche kommen wird, in der auf der Erde ideale Zustände anbrechen werden (4Esr 7,28ff; Baruchapokalypse 40,3), bevor dann als Gottes neue Ordnung das künftige Zeitalter beginnt. Entsprechend der Mehrheitsmeinung im Frühjudentum aber bricht das neue Zeitalter [hebr. *olam haba* = der kommende Äon] mit dem Kommen des Messias an, womit das alte Zeitalter [hebr.: *olam hahu* = dieser Äon] abrupt zu Ende geht. Man bezieht sich dabei etwa auf die Zukunftsvision aus Daniel 7: Die (ohnehin auf dem absteigenden Ast befindlichen) Reiche dieser Welt werden am Ende durch das Kommen des Menschensohnes und der Gottesherrschaft beseitigt und ersetzt (Dan 7,13f; vgl. 2,44).

Erst dadurch, dass die neutestamentliche Offenbarung diese Zwei-Äonen-Lehre übernimmt, wird sie für den Glauben verbindlich. Jesus greift nämlich in seiner Verkündigung diese Lehre von den zwei Zeitaltern auf: „Wenn aber jemand gegen den Heiligen Geist reden wird, dem wird nicht vergeben werden, weder in diesem Zeitalter [griech.: *Äon*] noch in dem zukünftigen" (Mt 12,32). Zunächst unterscheidet Jesus die beiden Zeitalter, ganz ähnlich wie man das im Frühjudentum kannte. Das „Ende dieses Zeitalters" wird mit den Zeichen der Endzeit und mit seiner Wiederkunft eingeläutet werden (Mt 24,4-35 als Antwort auf die Frage der Jünger Jesu in V. 3). Mit dem Ende des Zeitalters wird das Gericht anbrechen (Mt 13,39ff.49f). Andererseits bringt Jesus „das kommende Zeitalter" mit der Auferstehung (Lk 20,35) und dem ewigen Leben (Mk 10,30) in Zusammenhang. Wäre das nun alles, was Jesus zu diesem Thema sagt, könnte man den Eindruck gewinnen, die beiden

Zeitalter würden einfach aufeinander folgen: Nachdem das eine Zeitalter zu Ende gekommen ist, bricht das andere an.

Aber Jesus sagt noch mehr und geht damit über alles hinaus, was das Frühjudentum im Blick hatte. In seiner Reich-Gottes-Verkündigung macht Jesus klar, **dass die Gottesherrschaft des künftigen Zeitalters mit seinem Kommen mitten im gegenwärtigen Zeitalter schon angebrochen, aber noch nicht vollendet ist**. Schon bei seinem ersten Auftreten hat Jesus proklamiert: „Tut Buße, denn das Reich der Himmel [bzw. Reich Gottes][31] ist nahe gekommen!" (Mt 4,17; Mk 1,15; vgl. Lk 4,43). Wenn er dann in seinem Dienst die Macht der Dämonen bricht und Besessene befreit, zeigt sich darin schon der Einbruch der Gottesherrschaft in diese gefallene Schöpfung: „Wenn ich aber durch den Geist Gottes die Dämonen austreibe, so ist also das Reich Gottes zu euch gekommen!" (Mt 12,28; vgl. Lk 11,20). Das Reich Gottes ist nicht einfach irgendwann, irgendwo zu erwarten, sondern in der Person Jesu schon jetzt als Realität gegenwärtig: „Das Reich Gottes ist mitten unter euch!" (Lk 17,20f). Entsprechend sind jetzt schon Menschen glücklich zu preisen, weil ihnen die Gottesherrschaft (hier und jetzt!) gehört (Mt 5,3). Jetzt schon leben „Söhne des Reiches" in dieser Welt (Mt 13,38) – und damit noch mitten in diesem Äon, der einmal im Gericht enden wird (V. 39f). Dann in der Zukunft wird aus dem Herrschaftsbereich Gottes alles Böse weggenommen (V. 41). Und erst danach wird das Reich Gottes in Vollendungsgestalt anbrechen, und die Gerechten werden leuchten im Reich ihres Vaters im Himmel (V. 43).

Schon durch diese Beispiele wird deutlich: **die Gottesherrschaft hat eine gegenwärtige und eine zukünftige Dimension**.

- Mit dem Kommen des Menschensohns (von dem in Dan 7,13f die Rede war) ist die Gottesherrschaft des künftigen Zeitalters schon jetzt in diesen vergänglichen Äon eingebrochen Sie manifestiert sich in seinen Heilstaten und leuchtet in größter Klarheit am Ostermorgen als dem Anbruch der Neuschöpfung mit ihrer Auferstehungsherrlichkeit auf.
- Und trotz dieses Einbrechens des neuen Äons und der damit ver-

[31] Das „Reich der Himmel", wie Matthäus es nennt, ist nichts anderes als das „Reich Gottes", wie es bei Markus und Lukas genannt wird. Matthäus schreibt an jüdische bzw. judenchristliche Leser. Und Juden waren es gewohnt, den Gottesnamen so oft wie möglich durch andere Begriffe wie „Himmel" zu ersetzen, um möglichst nie das 2. Gebot zu übertreten („Du sollst den Namen des HERRN, deines Gottes, nicht zu Nichtigem aussprechen", 2Mo 20,7).

bundenen Gottesherrschaft in dieses Zeitalter sind der neue Himmel und die neue Erde nicht einfach schon da, sondern sie bleiben Hoffnungsgut, das erst nach der Zeit der Gemeinde und nach dem messianischen Friedensreich in Erfüllung gehen wird.

- Noch beten die Jünger Jesu um das Kommen der Gottesherrschaft („Dein Reich komme …!“ Mt 6,10). Noch belehrt Jesus seine übereifrigen Zeitgenossen, die mit dem unmittelbaren Anbruch der (künftigen messianischen) Gottesherrschaft rechnen, und bereitet sie auf eine längere Zwischenzeit vor, bis es so weit ist (Lk 19,11). Noch ist nicht die Zeit, dass der Menschensohn wiedergekommen ist, um Gericht zu halten; noch treten die „Gesegneten Gottes“ das Erbe des Reiches Gottes nicht an (Mt 25,31.34). Noch ist das endzeitliche messianische Festmahl in der vollendeten Gottesherrschaft nicht da (Lk 13,28f). Noch hat die große Scheidung nicht stattgefunden, dass die einen mit Abraham und den Vätern im Reich der Himmel feiern werden, während andere, denen dieses Reich einmal angeboten war, gerichtet in der äußersten Gottesferne existieren werden (Mt 8,10-12).
- Aber nochmals: So wahr es ist, dass wir in dieser Zukunft – im kommenden Zeitalter, in der Vollendung der Gottesherrschaft, in der Neuschöpfung – noch nicht angekommen sind, so wahr ist es zugleich, dass die Zukunft mit Jesus schon begonnen hat.

Mit Jesus ist das Reich Gottes Realität und entfaltet sich in diesem Zeitalter und dann im kommenden Zeitalter in unterschiedlichen Ausprägungen, die man unterscheiden muss.

- Johannes der Täufer und Jesus in seiner Erstverkündigung haben das Reich Gottes angekündigt (Mt 3,2; 4,17).
- Im Heilswirken Jesu beginnt es sich zu realisieren (Mt 12,28; Lk 11,20; 17,20f).
- Die von Jesus angekündigte Gemeinde ist eine weitere Ausprägung der Herrschaft des dreieinigen Gottes (Kol 1,13; Apg 20,24-25; 28,31).
- Am Ende kommt Jesus als der Herr aller Herren und König aller Könige wieder und richtet für eine Zeit sein Segens- und Friedensreich auf dieser Erde auf (Mt 25,34; Offb 11,15; 19,11-16; 20,1ff).
- Schließlich, nach der letzten Rebellion der sündigen Schöpfung gegen die Herrschaft Gottes und seines Messias wird es zum Endgericht über diese Erde und zum vollen Anbruch der Neuschöp-

fung – des neuen Himmels und der neuen Erde – kommen (Offb 20,7ff; 21,1ff). Damit ist dann das ewige Reich da und setzt sich im neuen Zeitalter allein fort bis in alle Ewigkeit (Dan 2,44; 7,14.27; vgl. 1Kor 15,24-28).

Im Überblick kann man sagen: Mit den zwei Zeitaltern ist es wie mit einem Staffellauf. Der erste Läufer (das gegenwärtige Zeitalter einer dem Tod verfallenen Schöpfung) läuft noch immer; aber der neue Läufer (die Realität des künftigen Zeitalters) ist schon angelaufen. Jetzt laufen beide nebeneinander her. Doch zur rechten Zeit wird der erste Staffelläufer stehenbleiben – und nur noch der neue läuft weiter. Seit dem ersten Kommen von Jesus ist die Endzeit angebrochen: „Es ist die letzte Stunde" (1Jo 2,18; Hebr 1,2). Und ‚Endzeit' ist nichts anderes als der Zeitraum, in dem die zwei Zeitalter parallel laufen – also der alte Äon noch ausläuft, während der neue Äon schon angelaufen ist, ohne bereits voll realisiert zu sein.

Wer diese heilsgeschichtliche Lehre von den zwei Zeitaltern begriffen hat, hat die Grundstruktur der Theologie des Neuen Testaments verstanden. Gerade für die Theologie des Paulus ist die Gleichzeitigkeit von alter und neuer Schöpfung in der Epoche zwischen dem ersten und zweiten Kommen Jesu grundlegend wichtig. Immer wieder weist der Apostel darauf hin, dass mit Jesus „**jetzt schon**" die Heilswirklichkeit angebrochen ist, dass sie aber zugleich „**noch nicht**" vollendet ist. Jetzt schon ist der Tag des Heils (2Kor 6,2). Jetzt ist der lange verborgene Heilsratschluss Gottes offenbart (Röm 16,25f; 1Kor 2,7; 2Tim 1,9f). Zugleich aber entfaltet sich die Verwirklichung des Heilsratschlusses Gottes in einer bestimmten Ordnung (1Kor 15,23ff). Das „Jetzt-Schon" und das „Noch-Nicht" stehen einander immer wieder deutlich gegenüber:

- Einerseits ist das „Ende der Zeitalter" schon auf uns gekommen (1Kor 10,11); andererseits steht „das Ende" noch aus (1Kor 15,24).
- Einerseits ist jetzt schon die „Fülle der Zeit" eingetreten (Gal 4,4) und die „neue Schöpfung" schon angebrochen (2Kor 5,17); andererseits aber ist die neue Welt immer noch zukünftig (Eph 1,21; 2,7).
- Einerseits ist jetzt schon der „Tag des Heils" (2Kor 6,2); andererseits ist aber noch die Zeit des „Stückwerks", der „dann aber" das Hoffnungsgut der Vollendung gegenüber steht (1Kor 13,10ff).
- Einerseits ist die Gemeinde schon aus dem gegenwärtigen „bösen Äon" gerettet (Gal 1,4); andererseits lebt sie aber noch in dieser Welt (Tit 2,12) und kann ihr – soll es aber nicht – noch unterworfen sein (Kol 2,21).

- Einerseits sind die Glaubenden jetzt schon gerechtfertigt (Röm 5,1); andererseits warten sie aber noch auf die endgültige Rechtfertigung im Gerichtsurteil Christi (Gal 5,5; 2Kor 5,10; vgl. Joh 5,24 mit der Verheißung, dass es für Gläubige nicht mehr um das Gericht geht, bei dem es um ewiges Leben oder ewigen Tod geht).
- Einerseits sind die Gemeindeglieder schon Bürger des Himmels (Phil 3,20); andererseits aber immer noch Bürger auf dieser Erde (2Kor 5,6).
- Einerseits haben wir schon das neue Leben (2Kor 2,16); andererseits waren wir noch auf das Erbe des ewigen Lebens (Gal 6,8).
- Einerseits sind wir schon erlöst (Eph 2,5); andererseits warten wird noch auf die Erlösung unseres Leibes (Röm 13,11).
- Einerseits sind wir schon mit Christus auferstanden (Röm 6,4); andererseits warten wir noch auf unsere Auferstehung bei der Wiederkunft Jesu (1Kor 15,23).

Durchgängig zeigt sich die Überlappung des jetzigen und des zukünftigen Zeitalters. Das „Jetzt-Schon“ ist durch Christus verwirklicht, zugleich aber ist das „noch nicht“ Erfüllte durch ihn garantiert. Wer diese Spannung zwischen „Jetzt schon“ und „Noch nicht“ auflöst, versteht die Heilsgeschichte nicht. Er fällt auf der einen oder anderen Seite vom Pferd. Überbetont er das „Jetzt schon“, wird er zum Schwärmer. Überbetont er das „Noch nicht“, macht er das Heilswerk Christi klein und verkennt, dass die gute Herrschaft Gottes mitten in einer Welt der Sünde und des Todes schon angebrochen ist.

3. Heilsgeschichte verläuft in Etappen (2): Die Zeit des Gesetzes, die Zeit der Gemeinde und der Abrahamsbund

Eine weitere heilsgeschichtliche Grundunterscheidung, die sich beim Lesen des Neuen Testaments aufdrängt, ist die zwischen der christlichen Gemeinde und dem alttestamentlichen Bundesvolk Israel. Wohlgemerkt, zu **unterscheiden** sind beide – nicht aber in jeder Hinsicht strikt zu **scheiden**! Natürlich fällt auf, dass die Gemeinde genau so wie das alte Israel „ein auserwähltes Geschlecht, die königliche Priesterschaft, das heilige Volk, das Volk des Eigentums“ genannt werden kann (1Petr 2,9; 2Mo 19,6). Vielleicht, so meinen einige, wird deshalb die Gemeinde an einer

Stelle in übertragener Weise „das Israel Gottes" genannt (Gal 6,16). Doch ist diese Auslegung unsicher: Paulus könnte hier am Ende des Galaterbriefes mit dem „Israel Gottes" auch einfach die echten evangeliumsgläubigen Judenchristen – im Unterschied zu den Judaisten mit ihrer Beschneidungsforderung (V. 12ff) – gemeint haben.

Tatsächlich gehört ja jetzt schon ein „Rest aus Israel" zur christlichen Gemeinde, nämlich die an Jesus als ihren Messias gläubigen Juden. Die „Übrigen" der Juden sind gegenüber dem Evangelium jetzt noch verhärtet (Röm 11,1-7).

Zugleich hat Gott das Evangelium jetzt Menschen aus allen Völkern angeboten – über den Kreis Israels hinaus. Wer immer aus den Heidenvölkern nun zum Glauben an Jesus kommt, wird in den Wurzelgrund der Verheißungen „eingepfropft", die Gott schon dem Abraham als dem Vater aller, die durch den Glauben gerechtfertigt werden, gegeben hat (Röm 11,16ff; 4,9-25). Das Ergebnis ist, dass Heiden, die vorher ohne den Messias „ausgeschlossen vom Bürgerrecht Israels und als Fremde gegenüber den Bündnissen der Verheißung, ohne Hoffnung und ohne Gott in der Welt" lebten (Eph 2,12), nun durch den Glauben an Jesus, den Messias, mit den ebenfalls messiasgläubigen Juden in eine neue Einheit zusammengebracht wurden (Eph 2,6.13f.16; vgl. 3,6) mit dem Ergebnis, dass die Entfremdung nun aufgehoben ist und sie „Mitbürger mit den Heiligen und Hausgenossen Gottes" geworden sind (V. 19).

Und für die Zukunft besteht die Hoffnung, dass dann, wenn „die Vollzahl der Heiden (in die Gemeinde) eingegangen" sein wird, die Verhärtung der Mehrheit des jüdischen Volkes aufgehoben werden wird und sie den wiederkommenden Jesus als ihren Retter erkennen und so als ganzes Volk errettet werden (Röm 11,25-27). Da werden sich die Linien Israels und der Gemeinde dann schneiden – wofür vielleicht ja auch ein Symbol ist, dass das „neue Jerusalem" in der Vollendung auf seinen Toren die Namen der zwölf Stämme Israels und auf den Grundsteinen seiner Mauern die Namen der zwölf Apostel des Lammes Gottes geschrieben haben wird (Offb 21,12.14).

Israel und die Geretteten aus allen Völkern sind also nicht prinzipiell zu scheiden, aber sehr wohl dauerhaft zu unterscheiden (vgl. auch schon Offb 7,4-12).

Trotzdem fällt auf, dass es der Bibel nie in den Sinn käme, das alttestamentliche Bundesvolk Israel als „Kirche" oder „Gemeinde" zu bezeichnen, wie dies leider in der Kirchengeschichte immer wieder vorgekommen ist. So galt Jahrhunderte lang die Geschichte Israels als Teil 1 der „Kirchengeschichte“. Die Geschichte dieses erwählten Volkes wurde zu einer Unterabteilung der Kirchengeschichte – während andererseits viele der alten Kirchenväter (wie Justin, Origenes, Augustin u.a.) erklärten, dass die christliche Kirche dauerhaft an die Stelle Israels getreten sei und für das Volk Israel (als Volk der Christusmörder!) keine Verheißung, sondern nur noch der Fluch übrig bliebe. Eine Frucht dieser Substitutionstheorie waren Jahrhunderte der Judenverfolgungen. Das Volk Israel wurde so in doppelter Weise seiner einzigartigen Sonderstellung in der Heilsgeschichte beraubt – ein Irrtum, den schon seit dem 17. Jahrhundert die Puritaner und Pietisten zu korrigieren begannen und der spätestens seit dem Holocaust überall theologisch an Boden verliert. **Die Bibel unterscheidet hier sorgfältig zwischen dem Israel des Alten Bundes und der christlichen Gemeinde, ohne dass dies auf Kosten Israels geht**. Deutlich und sorgfältig unterschieden stellt das Neue Testament Kontinuität und Diskontinuität hinsichtlich des alten und neuen Gottesvolkes heraus.

Zum einen wird **der Neueinsatz** ganz deutlich gemacht, **der aus Gottes Sicht mit dem Entstehen der neutestamentlichen Gemeinde gegeben ist**. Mit dem von den Aposteln verkündigten Evangelium von Jesus wird ein „Geheimnis“ offenbart, „das ewige Zeiten hindurch verschwiegen war, jetzt aber geoffenbart und durch prophetische Schriften nach Befehl des ewigen Gottes zum Glaubensgehorsam an alle Nationen bekanntgemacht worden ist“ (Röm 16,25b-26). Konkret geht es bei diesem Geheimnis um den einen Aspekt des Evangeliums, nämlich dass universal sündige Menschen aus dem Volk der Juden wie aus allen Völkern zum Glauben gerufen und durch den Glauben in eine völlig neue Heilskörperschaft eingegliedert werden, die Gemeinde. Der Epheserbrief entfaltet dies in großer Klarheit und Ausführlichkeit (Eph 2). Und damit keiner über den heilsgeschichtlichen Neueinsatz im Unklaren bleibt, betont Paulus gleich anschließend noch einmal: Ihr habt „von der Verwaltung (Ökonomie) der Gnade Gottes gehört, die mir im Hinblick auf euch gegeben ist. Mir ist durch Offenbarung das Geheimnis kundgetan worden ..., das in anderen Geschlechtern den Söhnen der Menschen nicht kundgetan, wie es jetzt seinen heiligen Aposteln und Propheten durch den Geist geoffenbart worden ist: Die Nationen sollen nämlich Miterben und Miteinverleibte sein und Mitteilhaber der Verheißung in Christus Jesus durch das Evangelium [...]. Mir, dem allergeringsten von allen Heiligen ist diese Gnade gegeben worden, den Nationen den unausforschlichen Reichtum des Christus zu verkündigen und ans Licht zu bringen, was die Verwaltung des Geheimnisses sei, das von den Zeitaltern her in Gott, der alle Dinge geschaffen hat, verborgen war, damit jetzt den Gewalten und Mächten in der Himmelswelt durch die Gemeinde die mannigfalltige Weisheit Gottes kundgetan werde" (Eph 3,2-10).

Mit der christlichen Gemeinde tritt also etwas völlig Neues ins Dasein, das so im Alten Testament noch nicht angekündigt war. Dass einmal der endzeitliche Heilbringer kommen werde, dass der verheißene Gottesknecht für die Sünden seines Volkes leiden werde, ja selbst dass am Ende der Tage einmal die Heidenvölker zum Zion pilgern werden – all dies hatten die alttestamentlichen Propheten schon angekündigt (Jes 9,5f; 53,4f; 2,1ff; 19,23ff). Im Blick war aber immer nur das eine Volk Gottes, Israel, an dessen Segen u.U. auch einmal Heidenvölker teilhaben dürfen. Jetzt aber hat Gott ein neues Kapitel in der Heilsgeschichte aufgeschlagen und als neues Gottesvolk (Tit 2,14; 1Petr 2,10) den „Leib Christi" geschaffen.

Das ursprüngliche Gottesvolk Israel ist deswegen zwar nicht abgeschafft (wie die folgenschwere Substitutionstheorie der Kirchenväter und in ihrem Gefolge die Orthodoxie, der Katholizismus und die Mehrzahl der reformatorischen Kirchen es vertreten haben). Israel ist mehrheitlich als Gottesvolk für eine Weile beiseite gesetzt – während zunächst nur ein „Rest" aus Israel zum Glauben an Jesus als den Messias findet und zusammen mit den Gläubigen aus allen Völkern die Gemeinde Jesu bildet (Röm 11,1-7). Allerdings wird es nach Gottes Plan wieder zur „Annahme" Israels als Gottes Volk kommen, wenn Israel Jesus bei seiner Wiederkunft als ganzes Volk als Messias erkennt und anerkennt und so nun „ganz Israel gerettet" sein wird (Röm 11,15.25ff). Diese Bekehrung Israels wird sich als ein universaler Segen auswirken (vgl. Röm 11,12.15). Doch halten wir zunächst fest: **Zwischen dem ersten und zweiten Kommen Jesu spielt in der Heilsgeschichte die (aus an Jesus gläubigen Juden und Heiden bestehende) christliche Gemeinde die Hauptrolle**.

Zum anderen ist unübersehbar, **dass für diese Gemeinde nach Gottes Heilsoffenbarung nun nicht einfach das alttestamentliche Gesetz gilt**, sondern eine neue, von Gott gegebene Ordnung. Bei aller Kontinuität ist auch hier ein deutlicher Einschnitt in der Heilsgeschichte gegeben.

Zwar knüpft die Gemeinde in doppelter Weise an den **Bund Gottes mit Abraham** an:

1. Wie Abraham allein durch den Glauben gerechtfertigt wurde, gehören auch zur neutestamentlichen Gemeinde nur Menschen, deren Leben Gott um Jesu willen als recht ansieht, weil sie an sein stellvertretendes Sterben glauben (1Mo 15,6; Röm 4,3ff).
2. Und wenn Abraham verheißen wurde, dass in ihm „alle Geschlech-

ter auf Erden gesegnet" werden sollen (1Mo 12,3), stellt es zumindest eine wesentliche Erfüllung dieser Verheißung dar, dass mit dem Messias Jesus das Heil von den Juden aus in alle Welt ging und so die universale Gemeinde entstand (Joh 4,22.42; Gal 3,6-9).

Der Bund Gottes mit Abraham ist also nicht irgendwann hinfällig geworden. Er ist vielmehr ein „ewiger Bund" (1Mo 17,7), einseitig von Gott geschenkt mit Bundesbedingungen, für die Gott allein gerade steht: Bei der Bundesschlusszeremonie, bei der die Bundespartner nach altorientalischem Vorbild zwischen zerteilten Tierhälften durchgehen mussten (nach dem Motto: „Wenn ich die Bundesbedingungen nicht halte, soll es mir gehen wie diesem getöteten Tier"), fällt Abraham in Tiefschlaf, und allein Gott schließt den Bund samt Land- und Volksverheißung (1Mo 15,7-18; vgl. auch in 1Mo 17 die immer wiederholte einseitige Verheißung Gottes „Ich will … [das und das tun, geben, machen]"). Der einzelne Israelit konnte sich zwar aus dem Bund Gottes mit Israel ausklinken, wenn er das Bundeszeichen der Beschneidung verweigerte (1Mo 17,14), aber den Bund Gottes mit Abraham, dass Israel sein Volk sei und diesem Volk das Land Kanaan gehören solle, machte er damit nicht hinfällig. Entsprechend gebraucht das Neue Testament das Bild vom Ölbaum: Zwar können manche der ursprünglichen Zweige aus diesem Ölbaum (vorübergehend) ausgebrochen werden, aber Gott kann sie auch wieder einpfropfen; jedenfalls widerruft er sein Bundesgeschenk nicht (Röm 11,15-24 u. 29).

Ganz anders verhält sich das mit **dem Gesetzesbund**, der am Sinai zwischen Israel und Gott geschlossen und später vor dem Einzug ins verheißene Land bestätigt wurde (2Mo 19,5-8; 24,3ff; 5Mo 5,2-33): Dieser Bund war auf Gegenseitigkeit geschlossen. Israel nahm als Bundesbedingungen insgesamt 613 Gebote und Verbote auf sich. Und kaum war der Bund geschlossen, wurde er von Israel auch schon gebrochen – man denke nur an den Tanz um das goldene Kalb (2Mo 32). Von daher verwundert es nicht, **dass Paulus den Gesetzesbund als ein für Israel geltendes Intermezzo in Gottes Heilsgeschichte darstellt**:

1. Nach dem Evangelium ist das Gesetz kein Weg, auf dem man vor Gott gerecht werden könnte (Gal 2,16; 3,10f).
2. Die Rechtfertigung des Menschen durch Jesus baut nicht auf das Gesetz, sondern auf den Zusammenhang von Glaube und Verheißung auf, wie er sich bei Abraham zeigt (Gal 3,6-14).
3. Das Gesetz ist 430 Jahre nach dem auch weiterhin gültigen Abrahamsbund „zwischenhinein gekommen", um die Sündhaftigkeit

und damit Erlösungsbedürftigkeit der Menschen deutlich werden zu lassen und sie so auf das Kommen des Erlösers vorzubereiten (Gal 3,15-19; Röm 5,20).

4. Nachdem Christus, der Erlöser, gekommen ist, sind christusgläubige Menschen nicht mehr unter dem Gesetz (Gal 3,23ff; 4,1-4). „Christus ist des Gesetzes Ende [bzw. Ziel]" (Röm 10,4).
5. Deshalb muss das mosaische Gesetz den Heidenchristen nicht mehr auferlegt werden (Apg 15,5.10f.19ff.28f). Und auch messianische Juden wie die Apostel Petrus und Paulus sehen vom Evangelium her keine Veranlassung mehr, entsprechend dem jüdischen Gesetz zu leben; sie können sich zwar als Juden gegenüber ihren Volksgenossen aus Gründen der missionarisch-kulturellen Anpassung gesetzeskonform verhalten (vgl. Apg 16,3), dürfen aber nicht das gesetzesfreie Evangelium verleugnen oder ihren heidenchristlichen Brüdern gegenüber erneut im Gesetz begründete Abgrenzungen vornehmen (Gal 2,14 [vgl. Apg 10]; 5,1ff; 1Kor 9,20ff). Sie stehen jetzt unter dem „Gesetz" der messianischen Zeit (1Kor 9,21) und müssen sich über alttestamentliche Feiertage, Zeremonial- und Speisegesetze keine Gedanken mehr machen (Kol 2,16f.20ff) – außer wenn es gilt, im eigenen Verhalten aus Liebe auf das Gewissen anderer Rücksicht zu nehmen (Röm 14; Apg 15,19-21).

So wird auch hier deutlich: In der Heilsgeschichte gibt es durchgehende Linien, aber zugleich auch markante Neueinsätze. **Die christliche Gemeinde ist solch eine neue Etappe in der Heilsgeschichte – deutlich unterschieden von Israel als dem auf ewig erwählten irdischen Volk Gottes, zugleich aber auch vielfältig mit ihm verbunden**:

- sei es durch Hineinnahme in die Segensverheißung der Glaubensgerechtigkeit des Abrahambundes,
- sei es durch die Zusammensetzung der Gemeinde aus messiasgläubigen Juden und Heiden,
- sei es durch grundlegende künftige Gemeinsamkeiten, wenn Israel auch als Volk Jesus als Messias erkennt.

Zugleich aber ist der Gemeinde das mosaische Gesetz nicht gegeben, sie bildet kein irdisches Staatswesen mit der Verbindung von Staats-, gar Strafgesetzen und Religion. Und wenn sie sich in Form von Staatskirche samt Heiligen Kriegen, Ketzerhinrichtungen und Kompromittierung der Glaubens- und Gewissensfreiheit doch wie ein national-religiöses Gottesvolk gebärdet und sich dabei mit dem alttestamentlichen Gottesvolk verwechselt hat, ist ihr dieses ihrem Wesen widersprechende Tun nie gut bekommen.

Auch wenn christliche Gemeinden meinten, in Verkennung der für sie geltenden heilsgeschichtlichen Ordnung Gesetz und Evangelium vermischen zu sollen, haben sie damit das Licht des Evangeliums, das sie in die Welt tragen und mit ihrem Glauben und mit ihrer Ordnung bezeugen sollten, nur verdunkelt. Gerade weil wir als christliche Gemeinde bzw. als Christen immer noch zwischen dem ersten und zweiten Kommen von Jesus stehen, wäre es dringend nötig, dass wir heilsgeschichtlich gut verstehen, wer wir sind, was von Gott her für uns gilt und wie wir von unserem Standort in der Offenbarungsgeschichte aus die gesamte Offenbarung Gottes in seinem Wort einordnen und verstehen können. Spätestens wenn es um das rechte Verständnis von Gemeinde geht, zeigt sich, dass Heilsgeschichte kein Hobby für spekulationsfreudige Endzeitspezialisten ist, sondern heilsgeschichtliche Erkenntnis zur eisernen Ration dessen gehört, was ein seiner Identität bewusster Christ eigentlich wissen sollte.

4. Heilsgeschichte verläuft in Etappen (3): Heilsgeschichtliche Übergänge, das Ende der Gemeindezeit und das messianische Friedensreich

In der Heilsgeschichte gibt es **immer wieder Übergangszeiten** zwischen den einzelnen Epochen. Hier geht es ja um geschichtliche Prozesse und nicht um abgezirkelte Konstruktionen auf dem Reißbrett. Das war schon an der Nahtstelle zwischen der Zeit des Gesetzes und der Zeit der Gemeinde so.

Als Jesus als der verheißene Messias auf diese Erde kam, war damit die messianische Gemeinde nicht schon gleich da. Er kam „in sein Eigentum" (nämlich in das Volk Gottes Israel), auch wenn „die Seinen" ihn dort – zumindest mehrheitlich – nicht aufnahmen (vgl. Joh 1,11). Jesus lebte als Jude unter den Juden (Gal 4,4) im Heiligen Land – und so auch seine ersten Nachfolger. Zugleich aber brachte Jesus seinen Nachfolgern neue Offenbarung von Gott, die sie auch annahmen und bewahrten (Joh 17,6-17). Dazu gehörte die Ankündigung, dass er seine Gemeinde bauen werde (Mt 16,18). Und so legte Jesus die Grundlagen für das neue messianische Gottesvolk: durch seine Lehre als der neuen messianischen Torah; durch die Erwählung der zwölf Apostel analog zu den zwölf Stammvätern des Volkes Israel; durch seinen Heilstod am

Kreuz, seine Auferstehung und die Sendung seines Geistes. Spätestens mit dem Pfingsttag kann man davon sprechen, dass in Jerusalem eine Gemeinde entstanden war, der durch Evangeliumsverkündigung, Glaube und Taufe Tausende von Menschen – zuerst aus Israel, dann auch aus den Heidenvölkern – hinzugefügt wurden.

Seither läuft die Epoche der Gemeinde. Und sie wird laufen, bis Jesus wiederkommt. Das Evangelium, zu dessen Verkündigung die Jünger Jesu in alle Welt gesandt sind (Mt 28,18ff), wird weltweit unter allen Völkern gepredigt – „dann wird das Ende kommen" (Mt 24,14). Dieses „Ende" kommt aber wieder nicht mit allem Neuen von heute auf morgen. Auch hier wird es eine Übergangszeit geben. Die Weltmission der christlichen Gemeinde wird irgendwann dazu führen, dass die Gott allein bekannte „Vollzahl der Heiden" zum Heil gelangt sein wird (Röm 11,25). Dann wird Jesus als der Retter kommen, und das Volk Israel wird ihn als Messias erkennen und als seinen Retter anerkennen (Röm 11,26; vgl. Jes 59,20; Sach 12,3-10; 14,2ff). Aber Israel als Volk wird nicht erst dann plötzlich wieder ins Blickfeld der Heilsgeschichte rücken. Wenn die „Zeiten der Nationen erfüllt sein werden", wird Israel wieder die Souveränität über das ihm im Abrahamsbund verheißene Land bekommen: „Jerusalem wird zertreten werden von den Nationen, bis die Zeiten der Nationen erfüllt sein werden" (Lk 21,24b). Von der Prophetie in Hes 37,1-14 her legt es sich nahe, dass es sich hier um aufeinander folgende geschichtliche Prozesse handeln wird: erst wird Israel aus der weltweiten Zerstreuung in sein Land gesammelt und nimmt als Staatswesen wieder Gestalt an; dann erst kommt es zu der verheißenen geistlichen Erneuerung des Volkes. So erstaunt es nicht, dass Gottes Heilshandeln mit seinem irdischen Volk Israel wieder anläuft und Israel in seinem Land in Gnade und Gericht die Erfüllung von Prophezeiungen zu erleben beginnt, während sich die Zeit der Gemeinde zu Ende neigt.

Das zweite Kommen Jesu ist der Zielpunkt, auf den die Gemeindezeit zuläuft. Damit bildet die Wiederkunft von Jesus einen markanten Einschnitt in der Heilsgeschichte. Betrachtet man die neutestamentlichen Aussagen zur Wiederkunft Jesu chronologisch – also in der Reihenfolge, in der sie offenbart wurden, ergibt sich folgendes Bild[32]:

---

[32] Ich will im Folgenden nicht versuchen, die einzelnen Aussagen des Neuen Testaments über die Wiederkunft Jesu in ein vorgegebenes System einzusortieren – obwohl solch eine Lehrsystematisierung als zweiter Schritt durchaus ihre Berechtigung hat. Eine chronologische Anordnung gibt dem Leser aber eine Chance, die Entfaltung der Offenbarung Gottes zu diesem Punkt Schritt für Schritt zu verfolgen. Auch die Apostel und die Chris-

1. Gegen Ende seines irdischen Wirkens hatte Jesus seine Zuhörer wiederholt darauf angesprochen, dass der Anbruch der endzeitlichen Gottesherrschaft nicht unmittelbar bevorstünde, sondern bis zum Kommen bzw. Wiederkommen des Herrn eine längere Zeitspanne liegen werde, die es geistlich zu nutzen gilt (Lk 12,35-40; 19,11ff).
2. Zu Beginn der Passionswoche fragten die Jünger dann, welche die Vorzeichen für sein Kommen und das Weltende seien (Mt 24,3). Und Jesus antwortete, dass zunächst die „Endzeitwehen" über diese Welt gehen und das Evangelium weltweit verkündigt werden müsse, dass dann eine nie dagewesene letzte Notzeit anbrechen werde, die Gott um seiner Auserwählten willen verkürzt – und dann werde der Menschensohn mit großer Kraft und Herrlichkeit wiederkommen und seine Auserwählten weltweit sammeln (Mt 24,4-31). Wann das sein werde, wisse niemand außer Gott; die Jünger sollten also jederzeit bereit sein (Mt 24,36ff [vgl. insgesamt auch Lk 21,5-36]).
3. Einige Tage später ermutigte Jesus seine Jünger im Rahmen seiner Abschiedsreden bei der Einsetzung des ersten Abendmahls mit dem ergänzenden Hinweis, dass es in Gottes ewigem Haus viele Wohnungen gebe, dass er jetzt hingehen würde, um diese für sie vorzubereiten, und dass er dann wiederkomme, um sie zu sich zu holen (Joh 14,2-3).
4. Nach seiner Auferstehung unterwies Jesus seine Jünger zunächst 40

---

ten in den Gemeinden zur apostolischen Zeit hatten ja nicht die Raster vorgegebener Lehrsysteme, denen die biblische Sätze und Halbsätze zugeordnet werden konnten. Sie kannten im besten Fall den jeweiligen Stand der bis dahin erfolgten Offenbarung zu diesem Thema und konnten neue Aspekte jeweils vor dem Hintergrund bereits erfolgter Offenbarung verstehen. – Erwähnt sei hier nur kurz, dass es heute vor allem drei Lehrsysteme zum Thema Wiederkunft Jesu gibt: a. Die Nachentrückungslehre (Posttribulationismus), d.h. die Auffassung, dass die Entrückung nach der endzeitlichen Trübsalszeit stattfinde und es daher nur ein Wiederkommen Jesu gebe. Die Gläubigen würden durch die Trübsalszeit hindurch bewahrt. Dies war die klassische Entrückungslehre. – b. Die Vorentrückungslehre (Prätribulationismus), d.h. die Auffassung, dass mit einem zweigeteilten Wiederkommen Jesu zu rechnen sei: ein erstes geheimes Kommen Jesu zur Entrückung der Gläubigen vor der Trübsalszeit; und dann etwa sieben Jahre später das Wiederkommen Jesu mit Macht und Herrlichkeit zum Triumph über die antichristlichen Mächte und zur Errichtung seines Friedensreiches. Diese Lehre kam im Wesentlichen durch J.N. Darby in der ersten Hälfte des 19. Jahrhunderts auf. – c. Die Herausentrückungslehre (Meditribulationismus) als ein Kompromiss zwischen den beiden erstgenannten Auffassungen: In der antichristlichen Trübsalszeit wird zwar aufgrund bestimmter Bibelstellen noch mit dem Vorhandensein und dem Bewahrtwerden von Christen gerechnet, aber vor der letzten Eskalation der Dinge werde Christus seine Gemeinde entrücken und dann einige Zeit später zum Sieg über die antichristlichen Mächte wiederkommen. Dies ist eine erst in Folge der Vorentrückungslehre entstandene Position.

Tage lang über die Dinge des Reiches Gottes (Apg 1,3), so dass am Ende nur noch die Frage übrigblieb, wann genau Gott sein Reich für Israel aufrichten werde (Apg 1,6-7). Auch hier wies Jesus die Neugier bzgl. des Zeitpunktes ab, verwies die Jünger aber mit seinen letzten Worten auf die große Aufgabe der Weltmission, seine Zeugen zu sein bis an das Ende der Erde (Apg 1,7f). Unmittelbar nach seiner Himmelfahrt erfuhren die Jünger, dass er eben so wiederkommen werde, wie er jetzt von ihnen weg aus der Sichtbarkeit in den Himmel weggenommen wurde (Apg 1,10f).

5. Einige Jahre später verdeutlicht Paulus in einem seiner frühesten Briefe einige zusätzliche Aspekte: nämlich dass es auch für die christlichen Gemeindeglieder gilt, auf die Wiederkunft Jesu als dem Retter vor Gottes Zorngericht zu warten (1Thes 1,10); dass Jesus begleitet von Zeichen großer Macht (Befehlssignale, Stimme des Erzengels, Posaune Gottes) vom Himmel herabkommen und die Gläubigen – seien es die dann gerade lebenden oder die vorher schon verstorbenen – dem wiederkommenden Herrn wie zur Begleitung eines siegreich einziehenden Feldherrn[33] von der Erde in den Luftraum entgegengehen werden, um von diesem Zeitpunkt an auf ewig bei Jesus zu sein (1Thes 4,15-17). Über den Zeitpunkt der Wiederkunft Jesu zu spekulieren, lohne nicht, sagt Paulus unter Anspielung auf das schon bekannte Jesuswort vom plötzlichen Kommen wie ein Dieb in der Nacht (1Thes 5,1f; vgl. Mt 24,42ff). Wichtig sei nur, geistlich wach und bereit zu sein und voller Hoffnung und ohne Angst dem Wiederkommen Jesu entgegen zu sehen; denn Gott habe seine Kinder zum Heil und nicht zum Zorngericht bestimmt (1Thes 5,4-10).
6. Wenig später muss Paulus den Thessalonichern noch einmal schreiben. Die Wiederkunft Jesu werde eine Umkehrung der Verhältnisse bringen: Die jetzt verfolgten Christen würden dann Befreiung finden, während sich über ihren Verfolgern das Gericht Gottes entlädt

---

[33] Wörtlich, 1Thes 4,17: „Dann werden wir, die Lebenden und Übriggebliebenen zugleich mit ihnen emporgerissen werden in Wolken, zur Einholung des Herrn in die Luft; und werden so für immer mit dem Herrn zusammen sein." – Den aus vielen deutschen Übersetzungen nicht gleich ersichtlichen Gedanken des griech. Grundtextes, dass es bei der Wiederkunft Jesu wie bei dem Einzug eines siegreichen Feldherrn in eine zu unterwerfende feindliche Stadt zugehen wird, bei der ihm eine Gesandtschaft der Vertreter der Stadt zu seiner „Einholung" entgegengeht, um ihn bei seinem triumphalen Einzug in die Stadt zu begleiten, könnte an die apokalyptische Vision von Sach 14 anknüpfen: Dort werden zuerst alle Völker zum Kampf gegen Jerusalem gesammelt (V. 2); daraufhin zieht der Herr gegen sie aus, wobei seine Füße dann auf dem Ölberg stehen werden und er begleitet von allen Heiligen kommen wird (Vv. 3-5).

(2Thes 1,4-10). Dieser Tag der Wiederkunft des Herrn und all seine Folgen seien aber – entgegen den Prognosen einiger Spekulanten – jetzt noch nicht da, sondern vorher müsse der große Abfall von Gott und das Auftreten des Antichristen erfolgen, den Jesus bei seinem Kommen dann vernichten werde (2Thes 2,1-12).

7. Später dann berichtet Paulus in 1Kor 15,50-55 von einem von Gott offenbarten Geheimnis: dass „beim Schall der letzten Posaune" (wieder ein kriegerisch machtvolles Bild, das nach 1Thes 4 in den Zusammenhang der Wiederkunft Jesu gehört) sowohl die Toten unverweslich auferstehen, als auch die dann noch lebenden Gläubigen in einem Nu in Auferstehungsherrlichkeit verwandelt werden.
8. Im Philipperbrief fasst Paulus dann noch mal zusammen, dass wir ja eigentlich schon heute Bürger des Himmels sind und von dort her hoffnungsvoll die Wiederkunft Jesu erwarten, bei der er dann unseren vergänglichen Leib in einen unsterblichen Herrlichkeitsleib verwandeln wird (Phil 3,20-21).
9. Auch der Apostel Petrus spricht kurz vor seinem Tod das Thema der Wiederkunft Jesu an. Egal wie lange es noch dauern mag und was die Spötter auch zu der Verzögerung der Wiederkunft Jesu sagen mögen: die Zeit bis dahin ist Gnadenzeit, die plötzlich zu Ende sein wird, wenn der Tag seiner Wiederkunft plötzlich und unerwartet wie ein Dieb (vgl. Mt 24,29; 1Thes 5,2f; Offb 16,14ff) hereinbrechen und damit der Tag Gottes anbrechen wird, in dessen Rahmen das Ende dieser Welt kommt (2Petr 3,3-12).
10. Schließlich klingt das Thema der Wiederkunft Jesu wiederholt in der Johannesoffenbarung an: Gleich zu Anfang wird sein Kommen in den Wolken angekündigt, wobei im Anklang an Sach 12,10 darauf hingewiesen wird, dass alle ihn als den sehen und beklagen werden, den sie einst (am Kreuz) durchbohrt haben (Offb 1,7). In Offb 3,10-11 wird das baldige bzw. schnelle Kommen Jesu angekündigt, nachdem vorher der Gemeinde verheißen wird, dass Jesus sie vor der Stunde der Versuchung, die über den ganzen Erdkreis kommt, bewahren wird (= Anklang im Wortlaut an Joh 17,5, wo Jesus den Vater darum bittet, die Seinen nicht aus der Welt zu nehmen, aber vor dem Bösen zu bewahren). In Offb 16,15 wird – zur Zeit der sechsten „Zornschale", anlässlich derer alle irdischen Machthaber nach Harmagedon versammelt werden, und vor der Ankündigung des himmlischen „Es ist vollbracht!" bei der siebten Zornschale – die Verheißung eingeschoben: „Siehe, ich komme wie

ein Dieb (= Anklang an Mt 24,43f; 1Thes 5,2.4; 2Petr 3,10), selig ist wer wacht und seine Kleider bewahrt, dass er nicht nackt gehe und man seine Schande sehe!" Das Kommen Jesu selbst wird dann in Offb 19,6-21 geschildert, wo sein Kommen als „Herr aller Herren und König aller Könige" beschrieben wird, der auf dem weißen Ross des siegreichen Feldherrn zur Unterwerfung der antichristlichen Mächte kommt und die Mächte mit seinem bloßen Wort überwindet. – Am Ende der Johannesoffenbarung steht nochmals die Verheißung Jesu, bald (oder: dann schnell) zu kommen; und der Braut Christi wird als Antwort die Bitte in den Mund gelegt: „Komm!" bzw. „Amen, ja komm, Herr Jesus!" (Offb 22,17.20).

Überblickt man alle diese Hinweise auf das zweite Kommen Jesu, wird deutlich, dass dies der nächste ganz große Einschnitt in der Heilsgeschichte sein wird: Die in Endzeitwehen liegende Weltgeschichte geht ihrem Tiefpunkt zu – die Zeit der irdischen Gemeinde Jesu aber kommt zu dem Höhe- und Schlusspunkt der Vereinigung mit ihrem wiederkommenden Herrn. Es ist deutlich, dass nun etwas Neues anbrechen muss.

Das Neue – und damit: der nächste deutlich abgegrenzte Abschnitt in der Heilsgeschichte – ist nach der Darstellung der Johannesoffenbarung nun aber nicht schon die gänzliche Beendigung des jetzigen Zeitalters und die Neuschöpfung von Himmel und Erde, sondern **die Aufrichtung des messianischen Friedensreiches** auf dieser (noch immer vergänglichen, der Rebellion fähigen und dem Endgericht entgegengehenden) Erde. Dies wird in Offb 20,1-6 in aller wünschenswerten Klarheit geschildert.[34] Immer wieder seit den Tagen der Kirchenväter wurde Offb 20 zwar vergeistigt und als bildhafte Schilderung der Kirchengeschichte (oder zumindest: der letzten glorreichen Epoche der Kirchengeschichte) verstanden. Das wird dem Zusammenhang und Wortlaut von Offb 20 aber kaum gerecht:

- Offb 19 und 20 sind inhaltlich ganz eng verbunden. Schon von Kapitel 19,11 an finden wir eine ununterbrochene Reihe zusammenhängender Visionsberichte, die jeweils durch die Einleitungsformel „Und ich sah" verbunden sind (Offb 19,11.17.19; 20,1.4.11.12; 21,1). Die Schilderung des Tausendjährigen Reiches in Offb 20,1-10 aus dieser Reihe herauszunehmen hieße, den Gedankenfluss des Textes verkennen.

---

[34] Eine ausführliche Behandlung des messianischen Friedensreiches nach Offb 20 findet sich in H. Stadelmann, „Das Zeugnis der Johannesoffenbarung vom tausendjährigen Königreich Christi auf Erden", in: G. Maier (Hg.), *Zukunftserwartung in biblischer Sicht*, Gießen / Wuppertal: TVG Brunnen / Brockhaus, 1984, S. 144-160.

- Auch sonst zeigen sich deutliche Zusammenhänge: Kap. 19,11ff beschreibt die Wiederkunft von Jesus, wobei in V. 15 deutlich die messianischen Verheißungen aus Ps 2,9, Jes 11,4 und 63,1ff anklingen, der wiederkommende Jesus also als der geschildert wird, der zur Erfüllung seiner messianischen Aufgaben kommt. Wenn dann in V. 16 gesagt wird, dass er als „König der Könige und Herr der Herren" kommt, wird dies in Offb 20 aufgegriffen und das königliche Herrschen des Gekommenen beschrieben.
- Zudem sprechen Vv. 19-20 von dem „Tier" und dem „Pseudopropheten" als den Schlüsselpersonen der teuflisch-endzeitlichen Verführung und endzeitlichen Rebellion. Genau diese werden von dem wiederkommenden Christus beseitigt und lebendig in den Feuersee geworfen. Und an eben diese Motive knüpft Offb 20 an und spricht von der Auferstehung der endzeitlichen Märtyrer, die dem „Tier" die Anbetung verweigerten und umgebracht wurden (20,4): Sie werden lebendig und regieren mit Christus tausend Jahre. Offb 20 muss also sachlich und chronologisch nach der antichristlichen Zeit und dem Wiederkommen Jesu samt dem Gericht über das „Tier" angesetzt werden.
- Auch Offb 20,10 greift auf 19,19f zurück: Nach der letzten Rebellion am Ende des messianischen Reiches (Vv. 7-10) wird nun auch der Satan, der für tausend Jahre gebunden und aus dem Verkehr gezogen war, in den Feuersee geworfen, „wo schon das Tier und der Pseudoprophet sind".

Es wird deutlich: Die Beschreibung des messianischen Friedensreiches von Offb 20,1-6 bezieht sich auf eine Zeit nach der Wiederkunft Jesu und vor dem Endgericht. Und wenn dies der Text sagen will, nimmt heilsgeschichtliches Denken das ernst und biegt seine Aussageabsicht nicht aus dogmatischen Gründen um.[35] Die Lehre vom messianischen

---

[35] Es verwundert immer wieder, wie offen manche Theologen zwar zugeben, dass der biblische Text von einem künftigen messianischen Reich spricht, die Sache dann aber doch ablehnen. So stellt der ehemalige Hannoveraner Bischof Eduard Lohse vor dem Hintergrund der Erwartung eines messianischen Zwischenreichs in der jüdischen Apokalyptik (4Esra 7,28-31; Syr. Baruchapokalypse 29,3-30,1; vgl. ebd. Kap. 36-40; Henochbuch 91,12ff; Sibyllinen III.652ff) zwar fest: „Die in Offb 20 ausgesprochene Erwartung des Tausendjährigen Reiches kann nur von den ihr zugrunde liegenden jüdischen Vorstellungen her verstanden werden"; fährt dann aber fort: „Sie kann aber nicht verbindlicher Inhalt christlicher Lehre und Verkündigung sein"; E. Lohse, *Die Offenbarung des Johannes*, NTD, 3.Aufl., Göttingen: V&R, 1971, S. 105. Ganz ähnlich schreibt schon zu Beginn des 20. Jahrhunderts J. Weiß: „Solange der Glaube an die Inspiration der

Friedensreich auf dieser Erde darf auch nicht deswegen abgelehnt oder umgedeutet werden, weil sie sonst nicht oft im Neuen Testament angesprochen wird (vgl. Mt 19,28; Lk 1,32f; Apg 1,6f; 3,18-21; 1Kor 15,23-28) und nur an dieser einen Stelle nähere Entfaltung findet. Denn, wie oft muss etwas in der Bibel gesagt sein, bis es einmal wahr ist?

Es soll an dieser Stelle gar nicht viel zu den Inhalten des messianischen Friedensreiches gesagt werden; denn es geht hier vornehmlich einfach darum zu betonen, dass das Tausendjährige Reich eine neue heilsgeschichtliche Epoche ist, die sich an die Wiederkunft von Jesus anschließt. Nur so viel sei erwähnt:

- Nach Offb 20,1-3 wird das messianische Friedensreich damit eingeleitet, dass der wiedergekommene Christus schlicht einen seiner Engel damit beauftragt, den Satan für 1000 Jahre zu binden und im Abgrund zu verschließen. Deutlicher kann nicht gesagt werden, wie machtlos die bösen Mächte sind, verglichen mit dem „König aller Könige" – aber auch wie vollständig der Satan im messianischen Friedensreich ausgeschaltet sein wird (vgl. in 20,7f.10 seine endgültige Entmachtung und Beseitigung im ewigen Feuersee). Einen solchen Zustand hat es im Lauf der Kirchengeschichte nie gegeben.
- Offb 20,3.8 setzt voraus, ohne dies näher zu entfalten, dass „Nationen" in das Messiasreich eingegangen sein werden.
- Dann sind da solche, die zu Beginn des Millenniums auf Thronen Platz nehmen und denen von Gott das Gericht übergeben wird. Dies könnten die in Offb 3,21 genannten Überwinder sein, vor allem aber die „24 Ältesten" – möglicherweise die Repräsentanten des alten und neuen Gottesvolkes (12 Patriarchen/12 Apostel).[36]
- Weiterhin werden in Offb 20,4 zum einen die Märtyrer der Endzeit hervorgehoben, die auferstehen und im messianischen Reich dabei sein werden; aber auch[37] die Bekenner der antichristlichen Zeit, die

---

Bibel zu Recht besteht, hat auch diese Meinung ihr theoretisches Recht, und es ist eine großartige, aber gesunde Inkonsequenz der Kirche gewesen, dass sie den Chiliasmus [= die Lehre vom Tausendjährigen Reich; HSt] einfach abgelehnt hat, obwohl er so viel Schriftgrund hat wie nur irgend eine Kirchenlehre"; J. Weiß, *Die Offenbarung des Johannes*, Die Schriften des NT, Bd.II, Göttingen: V&R, 1908, S. 675.

[36] Nach Offb 5,9f singen die 24 Ältesten das „neue Lied" – und dieses Lied spricht von den durch das Blut des Lammes Erkauften aus allen Stämmen, Sprachen und Völkern, die Gott zu einem „Königtum und Priestern" gemacht hat und die „königlich auf der Erde herrschen" werden. Damit könnte angedeutet sein, dass – repräsentiert durch die 24 Ältesten – die Heiligen des Alten und Neuen Bundes an der Christusherrschaft teilhaben werden.

[37] Der griech. Grundtext macht klar, dass neben den in Offb 20,4a genannten Märtyrern in 20,4b eine zweite Gruppe von Bekennern im Blickfeld ist. V.4b wird im Griech. mit

Gott durch diese Zeit hindurch bewahrt hat (evtl. eine Anspielung auf die Versiegelten aus Israel und den Völkern während der letzten Phase der Endzeit, Offb 7,4ff; 9,4f).

- Dass es am Ende des messianischen Friedensreiches zu einem letzten Aufstand kommt, bei dem „Gog und Magog" und die „Völker von den vier Enden der Erde" gegen „die geliebte Stadt" ziehen (Offb 20,7ff), macht mehreres deutlich: 1. Es zeigt, dass dieses messianische Reich tatsächlich noch auf dieser alten sündigen Erde stattfindet, die – kaum ist der Teufel los! – wieder zur Rebellion gegen Gott und seinen Messias neigt. Damit ist klar: Selbst die idealsten Umstände – nämlich eine lange Zeit, in der der Teufel nichts zu melden hat – machen diese sündige Schöpfung nicht heil. Es bleibt nur das Endgericht und der Neuanfang der Neuen Schöpfung! 2. Die ganz selbstverständliche und beiläufige Erwähnung der „geliebten Stadt" macht deutlich, dass – ganz entsprechend der alttestamentlich-messianischen Reichshoffnung – das messianische Reich sein Zentrum im Heiligen Land und der Stadt Jerusalem hat. 3. Das endzeitliche Auftreten von „Gog und Magog", die am Ende des Millenniums gegen das Heilige Land ziehen (Offb 20,8-10), erinnert an die Weissagung Hesekiels (Kap. 38–39). Von der Ereignisabfolge bei Hesekiel her könnte sich entsprechend der Gedanke nahelegen, dass dann auch die nationale Sammlung, geistliche Erweckung und Vereinigung Israels unter der Herrschaft des Messias, von der Hes 37 spricht, mit der Vorgeschichte, dem Anbruch und den Inhalten des messianischen Reiches zu tun haben, von dem Offb 20,1-6 redet. Manche Ausleger würden dann auch noch von der Ereignisabfolge her Hes 40–48 als Bild der Gottesstadt verstehen, von der dann analog Offb 21 und 22 als dem neuen Jerusalem sprechen würden, während andere Ausleger den Tempel, von dem Hes 40–48 spricht, eher im Tausendjährigen Reich ansiedeln. Doch wirft diese Überlegung viele ungelöste Fragen darüber auf, in welcher Form eine alttestamentliche Verheißung ihre Erfüllung finden kann.[38]
- Wie immer dies auch sei: Gemäß Offb 20,11ff folgt dem messia-

„und diejenigen [maskulin], die" (*kai hoitines*) eingeleitet; ginge es hier nur um die in V. 4a genannten Seelen der Märtyrer, müsste der zweite Versteil mit *kai haitines* („und diejenigen [feminin])" beginnen.

[38] Vorsichtige Abwägungen zur Zukunft des Tempels (auch des Tempels von Hesekiel 40-48) und des Opferdienstes finden sich bei Jacob Thiessen, *Israel und die Gemeinde*, Hammerbrücke: Jota, 2007, S. 135-144.

nischen Friedensreich und seinem dramatischen Ende das Weltgericht (der „Jüngste Tag“) sowie der Anbruch der Neuschöpfung (Offb 21 und 22). Liest man 1Kor 15,22-28 in diesem Zusammenhang, wird deutlich: Im Anschluss an die Wiederkunft Jesu wird er als König herrschen bis zu dem Endpunkt, wenn alle widerstrebenden Mächte unterworfen sein werden und auch der Tod besiegt sein wird. Danach wird Jesus Gott, dem Vater, die Herrschaft zurückgeben, und Gott wird damit beim Anbruch der Neuen Welt in seiner ihm unterstellten Schöpfung – als Retter oder Richter – „alles in allen“ sein.

Das messianische Reich ist damit eine deutlich abgegrenzte Epoche in Gottes Heilsgeschichte.

5. Ertrag

Es war nicht die Absicht dieses Kapitels, die gesamte Heilsgeschichte im Einzelnen in ihren durchgehenden Linien und offenbarungsgeschichtlichen Neueinsätzen zu entfalten. Das Kapitel wollte zeigen: Es gibt gute biblische Gründe dafür, heilsgeschichtlich zu denken.

Das heißt unter anderem, wer mit dem realen Eingreifen Gottes in die Geschichte und seinem konkreten Handeln in Raum und Zeit rechnet, hat die Bibel auf seiner Seite. Die Heilige Schrift ist nicht einfach eine mythologische Sammlung religiöser Ideen. Sondern sie spricht von Gottes Hineinwirken in die Geschichte, seinem Reden, Erwählen und Handeln mit Menschen und Völkern.

Sie gibt uns einerseits Anlass, damit zu rechnen, dass hinter allem Geschehen Gott als der wirkende oder zulassende, schaffende oder erhaltende, segnende oder richtende allmächtige und allwissende Gott steht. Aber so im Hintergrund handelt Gott nur als der verborgene Gott („*deus absconditus*“, wie das in der Theologiegeschichte hieß). Und es ist in einer sündigen Welt nicht immer ersichtlich, inwiefern Gott hinter den Dingen steht.

Deshalb zeigt uns die Bibel andererseits Bereiche auf, in denen sie uns Gottes Handeln ausdrücklich offenlegt. Diesen Teil der Offenbarungsgeschichte nennen wir Heilsgeschichte. In ihr wird uns gezeigt, dass, wie und (oft auch) wozu Gott in bestimmter Weise gehandelt und seinen Willen offenbart hat – gleich, ob das nun Einzelne oder Völker betrifft. Gott greift ein, und er handelt nach seinem Plan, den er uns in der Heilsgeschichte durch sein Wort erkennen lässt.

Wenn die Bibel uns nun Gottes Heilsgeschichte erschließt, macht sie deutlich, dass diese sich nach Gottes Plan in unterscheidbaren Etappen entfaltet.

- Es ist unverkennbar, dass die Heilige Schrift davon ausgeht, dass die gesamte Schöpfung und damit auch der Mensch vor dem Sündenfall unter anderen Bedingungen lebten als diesseits von Eden.
- Ebenso klar ist, dass die Bibel die jetzigen irdischen Zustände nicht ins Unendliche fortschreibt, sondern davon ausgeht, dass diese Geschichte einmal ein Ende hat, dass es ein Endgericht und dann eine Neuschöpfung mit neuem Himmel und neuer Erde geben wird.
- Aber auch die Zeit zwischen Sündenfall und Endgericht – also „das gegenwärtige Zeitalter" – stellt kein Einerlei dar. Die Bibel zeichnet da nicht alles gleich; sie zeigt uns vielmehr – bei allen durchgehenden Linien, denen es nachzuspüren gilt – deutliche Einschnitte, mit denen Gott die jeweiligen Bedingungen in der Heilsgeschichte ändert, woraus sich dann unterscheidbare Etappen in der Heilsgeschichte ergeben. Solche markanten Einschnitte werden zumindest an folgenden Punkten erkennbar: 1. mit der Erwählung Abrahams und dem bedingungslos gültigen Bund Gottes mit ihm; 2. mit dem Gesetzesbund zwischen Israel und Gott am Sinai; 3. mit dem Kommen von Jesus und dem Hereinbrechen des künftigen Zeitalters in dieses Zeitalter in seiner Person sowie mit der Stiftung seiner Gemeinde als neue Heilskörperschaft, für die andere Regeln als das alttestamentliche Gesetz gelten; 4. mit der Wiederkunft von Jesus und dem sich anschließenden messianischen Friedensreich vor dem Endgericht und der Neuschöpfung ist wieder solch ein Einschnitt und eine erkennbar eigenständige Epoche gegeben.

Dass es zwischen diesen Etappen bei allen Unterschieden auch immer wieder deutliche Zusammenhänge gibt, haben wir an vielen Einzelpunkten gesehen.

So wird deutlich: Wer über Heilsgeschichte nachdenkt, baut nicht frei nach Fantasie mit religiösen Bauklötzen. Vielmehr gibt ihm die Bibel allen Grund, differenzierte Entwicklungen, Zusammenhänge, Einschnitte, Neueinsätze und Geltungsmuster im Offenbarungshandeln Gottes für verschiedene Menschen, Menschengruppen und Völker im Zuge der Heilsgeschichte wahrzunehmen. Hier lohnt es sich, genau hinzuschauen, wenn man die Bibel verstehen und nicht missverstehen will.

Um heilsgeschichtlichem Denken gerecht zu werden, lassen sich folgende Mindeststandards benennen:

1. dass mit dem realen Eingreifen Gottes in die Welt für Vergangenheit, Gegenwart und Zukunft gerechnet wird, so wie es die Bibel tut;
2. dass Heilsgeschichte nicht mit Spekulation über das Handeln des verborgenen Gottes in der Universalgeschichte verwechselt wird oder mit romanhaften frommen Geschichten über das „Handeln Gottes" in der Welt, die lediglich aus einem inneren religiösen Berührtsein entspringen, denen aber sonst keine geschichtliche Wirklichkeit entspricht;
3. dass man das gegenwärtige Zeitalter einer in Sünde gefallenen, vergänglichen Welt weder mit dem Zustand vor dem Sündenfall, noch mit den Gegebenheiten der Neuschöpfung verwechselt;
4. dass man andererseits weiß, dass seit Christus die Neuschöpfung schon mitten in dieser alten Welt angebrochen ist, und man zugleich sorgfältig unterscheiden kann, was damit heute schon neu ist, was dagegen noch den Bedingungen des gegenwärtigen Zeitalters unterliegt und was erst künftig grundlegend anders wird;
5. dass man erkennt, dass Gott sich mit der Berufung Abrahams auf ewig ein eigenes irdisches Volk, das Volk Israel, erwählt und ihm das Heilige Land zugesagt hat; und dass Gott durch alle Gerichte, Verhärtung und Zerstreuung hindurch zu diesem Volk steht und es am Ende wieder sammelt und geistlich wiederherstellt;
6. dass, wie schon Abraham verheißen ist, dieses Volk für alle Völker ein Segen sein soll und so das Heil in dem verheißenen Messias von den Juden zu den Völkern kommen wird;
7. dass der 430 Jahre nach dem Abrahamsbund gegebene und an Bedingungen geknüpfte Gesetzesbund die fortdauernde Gültigkeit des Abrahambundes nicht aufheben kann; dass vielmehr die Zeit des Gesetzes ein Intermezzo in Gottes Heilsgeschichte war, um die Menschen aus dem Volk Israel auf das Kommen des Messias und seine Erlösung vorzubereiten;
8. dass die Gemeinde Jesu Christi als das neue geistliche Gottesvolk eine ganz neue Heilskörperschaft darstellt, bestehend aus an Jesus als den Messias gläubigen Juden und Heiden, für die nicht mehr die Ordnungen des alttestamentlichen Gesetzes gelten, sondern die neue Ordnung des Neuen Bundes, die teils den Ordnungen des Alten Bundes entspricht, teils aber auch ganz anders ist; dass Jesus

diese Gemeinde gewollt und mit seiner Menschwerdung, der Erwählung seiner Apostel, seiner Lehre einschließlich Abendmahlseinsetzung und Taufbefehl sowie grundlegend durch sein Heilswerk (Sühnetod, Auferstehung, Himmelfahrt, Geistausgießung) ermöglicht hat; dass die Zeit der Gemeinde sich vom ersten Kommen Jesu bis zu seiner Wiederkunft erstreckt, sie für diese Zeit auf der Grundlage der durch Christus und seine Apostel gebrachten Offenbarung lebt und entsprechend auch keine neue normative Offenbarung zu erwarten hat;

9. dass mit dem Wiederkommen von Jesus ein messianisches Friedensreich auf dieser Erde beginnt, in dem Gottes Heilsabsichten mit Israel und der Gemeinde zum Wohl der Völker vollständig sichtbar werden, ohne dass damit aber der gefallene Zustand dieser Welt aufgehoben würde;
10. dass am Ende Gott alle seine Geschöpfe zur Verantwortung ziehen, als Gerettete oder Unterworfene seiner Herrschaft unterstellen und einen neuen Himmel und eine neue Erde schaffen wird.

Sicherlich ist man, wie wir (siehe Kap. 3) noch sehen werden, im Laufe der Kirchen- und Theologiegeschichte nicht immer zu einheitlichen Erkenntnissen über die Heilsgeschichte oder gar nur zu glücklichen Ergebnissen beim Nachdenken über Kontinuität und Diskontinuität in der Geschichte der Offenbarung Gottes gekommen. Da mag es auch Wege und Irrwege gegeben haben. Aber gut ist, dass Christen es immer wieder versucht haben zu verstehen, wie die Linien der Offenbarung Gottes laufen und was er jeweils wann und für wen will.

Wer kein heilsgeschichtliches Verständnis hat, läuft Gefahr, die Bibel nur wie einen Steinbruch zu gebrauchen, aus dem man sich willkürlich den einen oder anderen Stein zusammensucht, der einem gerade nützlich erscheint, um sein Erkenntnisgebäude zu bauen oder eine Grundlage für sein Tun zu bekommen. Anderes lässt man links liegen. Wer aber heilsgeschichtlich denkt, versucht zumindest, die biblischen Linien und die Geltung göttlicher Offenbarung so nachzuzeichnen, wie sie von Gottes Offenbarungsabsicht her jeweils gemeint waren und gemeint sind.

Heilsgeschichtliches Denken findet in der Bibel selbst seine Anhaltspunkte. Wer die Bibel verstehen will, sollte heilsgeschichtlich denken.

Kapitel 3

Lehren aus der Geschichte:

Heilsgeschichtliche ‚Mosaiksteine' finden, sammeln und zusammensetzen

„Was du ererbt von deinen Vätern hast, erwirb es, um es zu besitzen" (Goethe, Faust I, Szene 1)

In den ersten beiden Abschnitten dieses Buches wurde bereits deutlich: Ob ein Christ heilsgeschichtlich die Bibel auslegt und anwendet oder nicht, ist für die Lehre und die Praxis unter Christen ganz und gar nicht unwichtig! Im Gegenteil: Die eben dargestellten, teilweise aufrüttelnden Konsequenzen für die Praxis und die Anwendung von biblischen Wahrheiten demonstrierten an ausgewählten Beispielen, welche „Fehler" im praktisch gelebten Christsein gemacht werden können, würde man auf heilsgeschichtliche Auslegung der Bibel verzichten. Diese Beispiele könnten noch beliebig erweitert werden – auf viele andere Bereiche des christlichen Glaubens bezogen.

Bisher ist aber noch nicht umfassend erläutert worden, 1. *welche Art der heilsgeschichtlichen Auslegung* biblisch angemessen und biblisch ableitbar ist, und 2. was denn im Detail diese biblisch abgeleitete heilsgeschichtliche Bibelauslegung *beinhaltet* bzw. welche *Konsequenzen* sich für das richtige Verständnis der Bibel ergeben. Außerdem soll nicht verschwiegen werden, dass es 3. eine Anzahl von anerkannten (auch bibeltreuen) Theologen und Bibellehrern gibt, die *eine differenzierte heilsgeschichtliche Auslegung* – ganz gleich welcher Prägung und Herkunft – im Blick auf das Verstehen der Heiligen Schrift *ablehnen*, zumindest diese Vorstellung stark relativieren oder nur sehr eingeschränkt zulassen.

Diese drei Problemfelder werden noch zu behandeln sein. Die folgende „Spurensuche" in Kap. 3 trägt zur Klärung bei, da wir lernen, wie Christen vor unserer Zeit über „heilsgeschichtliches Bibelverständnis" dachten, also welche Entdeckungen in zurückliegenden Jahrhunderten aufgrund des Bibelstudiums gemacht wurden. Daraufhin soll in Kap. 4 zielgerichtet aus den biblischen Einzelbeobachtungen abgeleitet werden, was als heilsgeschichtliches Gesamtpanorama geglaubt werden kann.

1. Spurensuche in der Vergangenheit

Heilsgeschichtliches Denken und heilsgeschichtliches Verstehen der Bibel haben sich im Laufe der Geschichte auf unterschiedliche Weise entfaltet. Vielfältige und voneinander unterschiedene Konzepte von Heilsgeschichte kamen und gingen. Immer wieder bemühten sich Gläubige darum, Gottes Heilswirken, seine „großen Taten", seinen Heilsplan verstehen zu lernen. Wieso machten sie sich solche Mühe? Nun, weil Glaube und die Gottesbeziehung nicht geschichtslos verstanden wurden. Christen sind keinen Mythen oder Fabeln gefolgt (2Tim 4,4; 2Petr 1,16; 1Joh 1,1-2).

Der jüdisch-christliche Glaube wurzelt im Mutterboden des tatsächlichen, fortschreitenden Handelns Gottes in Raum und Zeit. Dieser Geschehensverlauf des Heilshandelns Gottes geschah und geschieht nach einem göttlichen Heilsplan, der in der Bibel offenbart vorliegt. Aus den Ereignissen der Menschheitsgeschichte selbst können keine eindeutigen Schlüsse gezogen werden. Die Offenbarung Gottes in der Bibel ist nötig, um solche Ereignissen deuten zu können. Die Beziehung des Menschen zu Gott und umgekehrt die Beziehung Gottes zum Menschen ist im Unterschied zu den Weltreligionen geschichtsbezogen und geschichtsverankert, also nicht mythisch oder mythologisch zu verstehen.

Dieses grundsätzliche Bewusstsein der Geschichtsverankerung brachte Christen dazu, das Heilshandeln Gottes in der Menschheitsgeschichte nach biblischem Vorbild zu gliedern. Einzelne Bestandteile und Einsichten eines solchen heilsgeschichtlichen Denkens wurden an die nächste Generation weitergegeben, oder sie wurden (oft von Minderheiten) aus früheren Epochen übernommen und gelegentlich umgestaltet. Manche Gedanken wurden auch wieder verworfen, anderes geriet in Vergessenheit.

Aus solchen unterschiedlichen Traditionszweigen erwuchs schließlich im Bemühen, den biblisch offenbarten Heilsplan Gottes zu verstehen, im 19. Jahrhundert eine Zusammenschau biblischer Aussagen, die „Haushaltungslehre" oder „Dispensationalismus" genannt wird und die in ihrer geordneten Darstellung maßgeblich auf John Nelson Darby zurückgeht. Davor, danach und parallel dazu breiteten sich andere Lösungsversuche aus, die ebenso darstellen wollten, wie die biblische Heilsgeschichte im Plan Gottes zu verstehen sein könnte. Der Dispensationalismus selbst erlebte als heilsgeschichtliches Modell bis in die Gegenwart hinein mehrere Veränderungen und Präzisierungen. Als ein Versuch, die biblische Heilsgeschichte zu erfassen, stellt er eine Glaubenslehre dar, die weder als ein starres System anzusehen ist, noch inhaltlich beliebig oder willkürlich sein kann. Letztlich kommt es auf die jeweils sachgerechte biblische Ableitung und Begründung an.

Wenn wir also das Ziel verfolgen, heilsgeschichtliche Bestandteile und Puzzlesteine innerhalb der Geschichte der Kirche ausfindig zu machen, dann müssen wir uns bewusst machen:

(1) Die heilsgeschichtlichen Modelle und Mosaiksteine, wie sie innerhalb der Kirchengeschichte aufzufinden sind, können an und für sich keine göttliche Autorität beanspruchen. Dennoch sind die Bemühungen, den Heilsplan Gottes in der Bibel zu verstehen und für die jeweilige Gegenwart anwendbar zu machen, anerkennenswert. Dabei sind gelegentlich – wenn wir den biblischen Maßstab anlegen – die Grenzen von frommer oder geschichtsphilosophischer Spekulation im Unterschied zur offenbarten Wahrheit deutlich überschritten. Religiöses Wunschdenken kann durchaus der Vater der Gedanken bei solcher Bibelauslegung gewesen sein. Das hat unterschiedliche Ursachen, die hier nicht erörtert werden können. Diese Tatsache mag uns befremden, doch sollte sie den Wert der heilsgeschichtlichen Auslegungsbemühungen nicht grundsätzlich schmälern. Allerdings sollte sie zur nüchternen Wachsamkeit aufrufen, weil nicht alles Gold ist, was glänzt, nicht alles biblisch ist, was fromm daherkommt.

(2) Die rudimentären Einsichten und Erkenntnisse heilsgeschichtlicher Bibelauslegung haben an und für sich nichts direkt zu tun mit der Lehre des Dispensationalismus, wie er seit dem 19. Jahrhundert populär geworden und wie er heute bekannt ist. Der Dispensationalismus ist ein heilsgeschichtliches Modell neben anderen, gewiss aber ein weit verbreitetes Modell, das unterschiedliche Vorläufer hatte und das zum Verstehen der „großen Taten Gottes" innerhalb der Menschheitsgeschichte und der noch ausstehenden Zukunft beitragen kann, wie es die biblische Offenbarung Gottes bezeugt. Dennoch – und das gilt es wahr- und ernstzunehmen – gibt es andere heilsgeschichtliche Lösungsansätze, die zu vergleichen und zu prüfen sind.

(3) Heilsgeschichte ist in der Offenbarung Gottes gegründet, in sei-

nem Handeln und Reden, und damit in der Auslegung strikt bibelbezogen, nicht irgendwie spekulativ aus dem Ablauf der Menschheits- oder Kulturgeschichte herauszufiltern.

(4) Außerdem sollten wir beachten, dass der Bereich Lehre von der Endzeit insgesamt zu den letzten Gedankenkreisen gehörte, deren sich der Protestantismus nach der Reformation schließlich ernsthaft annahm, um auch diese Lehren aus der römisch-katholischen Überfremdung zu lösen. Deshalb ist es nicht verwunderlich, wenn bis heute eine relative Konfusion und Vielfalt hinsichtlich der christlich-heilsgeschichtlichen Endzeitlehre herrscht.

Haben wir uns diese Prämissen bewusst gemacht, wollen wir nun den Einsichten und Erkenntnissen heilsgeschichtlicher Bibelauslegung nachspüren. Es soll darum gehen, einige wegweisende heilsgeschichtliche Beobachtungen kennen zu lernen, aus denen Christen für ihren Glauben Schlüsse ziehen können. Das, was die Glaubensvorfahren uns heute an heilsgeschichtlichen Impulsen vererbt haben, kann und soll ausgewertet werden. Das Gute aus der Fülle des Überprüften soll für den Glauben und die Lehre behalten und bewahrt werden, sofern es inhaltlich durch die Heilige Schrift bestätigt werden kann.

1.1. Tausend Jahre „heile Welt"!?

Die apostolische Christenheit nach Pfingsten (Apg 2), vor allem unter der Federführung des Apostels Paulus, verbreitete die ihnen von Gott offenbarte *Hoffnung auf die baldige Wiederkunft des Herrn* (Röm 13,11.12; Phil 4,5; 1Thes 4,13-19; Jak 5,8; Hebr 10,37) und die damit erwartete Vollendung (1Petr 4,7). Diese bevorstehende Wiederkunft Jesu spielte in der Verkündigung und Unterweisung eine wichtige Rolle. Die bewusste Bereitschaft, *bald* bzw. jederzeit dem Herrn Jesus zu begegnen, sollte (und soll auch heute noch) zu einem ethisch einwandfreien Lebenswandel *in Christus* motivieren (Röm 13,11-14). Die Naherwartung der Wiederkunft Jesu hat daher für jede Generation von Christen nichts an Dringlichkeit verloren (1Thes 5,1-11).

Dennoch hat das offensichtliche Ausbleiben der Wiederkunft Jesu unter den Christen des 2. Jahrhunderts zu Irritationen geführt (vgl. schon 2Petr 3,9). Aber das Wahrheitsspektrum, das Jesus selbst seinen Jüngern bezüglich seiner Wiederkunft zumutete, umfasste einerseits die Aufforderung zur Wachsamkeit angesichts der unerwarteten Wiederkunft und andererseits zugleich die lange Zeit des Wartenmüssens, bis dass er schließlich kommen würde (vgl. Mt 24,42ff. mit Mt 25,5.19 usw.). Dies scheint in der nachapostolischen Zeit nicht mehr so wahrgenommen worden zu sein.

In den Schriften der **Apostolischen Väter** und der frühchristlichen **Apologeten** finden wir Zeugnisse davon, dass Christen ungeduldig werden, weil sich die Vollendung herauszögerte (vgl. im Klemensbrief, um 96 n.Chr., 1Clem 23,3). Im **2. Klemensbrief** (erste Hälfte des 2. Jahrhunderts) wird daher an die Gläubigen appelliert, „Hoffnung zu fassen und geduldig auszuharren“ (2Clem 11,5). Doch der Dringlichkeitsaspekt und das plötzliche, jederzeit mögliche Erscheinen Jesu, wie sie in 1Thess. 5 zum Ausdruck kommen, wird nun durch die Ermahnung zum geduldigen Warten ersetzt (2Clem 12,1).

Die Schrift **Hirt des Hermas** (2. Jahrhundert) beurteilt die „Verzögerung“ als nützlich, da die Sünder dadurch noch die Chance zur Umkehr hätten (im Sinne von 2Petr 3,9) und damit noch am „Bauwerk“ der Gemeinde mitwirken könnten (vgl. Herm[v] III 5,5; Herm[s] IX, 14,2). In der apologetischen Verantwortung wird außerdem der ‚Welt‘ noch die Chance eingeräumt, vor ihrer endzeitlichen Zerstörung im Weltuntergang umzukehren (so **Aristides**, erste Hälfte des 2. Jahrhunderts, in seinem Schreiben an Kaiser Hadrian, Apol 16,5; ähnlich **Justin**, Apol II,6). Christen beten demnach nicht mehr vorrangig für die baldige Wiederkunft des HERRN (Offb 22,20), sondern sie bitten um einen Aufschub des Erscheinens Jesu und des Weltuntergangs um der Verlorenen willen. Akzente der Endzeithoffnungen beginnen sich zu verschieben.

In der zweiten Hälfte des 2. Jahrhunderts kam allerdings noch ein weiterer einflussreicher Faktor im Blick auf die christliche Hoffnung hinzu, der sich in der Auseinandersetzung mit dem **Montanismus** ergab. Die Montanisten (in vielen Lehrpunkten als Schwärmer und Irrlehrer erwiesen) verkündigten rigoros eine baldige Wiederkunft des HERRN und das nahe Weltende. Ihr Anspruch, geistinspirierte Prophetien Gottes auszusprechen, führte in Reaktion darauf zu einer anti-montanistischen Gegenbewegung in der katholischen Kirche. Die baldige Erscheinung Jesu und das Weltende wurden in der Gegenreaktion in weite Ferne gerückt. So datiert **Hippolyt** (gest. 235 n.Chr.) nun auf einmal das Weltende auf das Jahr 500, eine Anschauung, die zu seiner Zeit und danach ziemlich weite Verbreitung fand. So wurde bedauerlicherweise – um es im Bild auszudrücken – das Kind (die biblische Endzeithoffnung) mit dem Bade (den ungebührlichen Endzeitspekulationen) ausgeschüttet.

Innerhalb dieser Endzeiterwartungen der apostolischen und frühkatholischen Kirche spielte auch die verbreitete Hoffnung auf eine **irdische Herrschaft Christi** *vor* dem letzten Kampf mit dem Bösen und der *dann erst folgenden* ewigen Heilszeit eine nicht unbedeutende Rolle. Diese Vorstellung einer irdischen Heilszeit vor der Vollendung der Welt in Verbindung mit der Wiederkunft Christi wird **Chiliasmus** oder **Millennialismus/Millennarismus** genannt (griech. *chilioi* bzw. lat. *mille* = tausend). Diese Vorstellung eines **„Tausendjährigen Reiches"** basiert zu einem wichtigen Teil auf **Offb 20**.

Das Buch der Offenbarung verwendet viele alttestamentliche Motive. Im Blick auf das 20. Kapitel finden wir v.a. Motive aus Hes 37–48 sowie bestimmte Erwartungen einer irdischen Königsherrschaft des Messias verarbeitet, auch in Anlehnung an die Worte Jesu in den Evangelien. Es ist auffallend, dass v.a. **judenchristliche Kreise Kleinasiens** nach der Zerstörung Jerusalems die Aussagen aus Offb 20 als Grund zur Hoffnung auf eine irdisch-sichtbare Gottesherrschaft verstehen. Doch tragischerweise geriet die Johannesoffenbarung gerade auch durch Theorien in Verruf, die beispielsweise von einem als Irrlehrer verurteilten Judenchristen namens Kerinth (Ende des 1. Jahrhunderts) verbreitet wurden (vgl. Eusebius, Hist. Eccl. VII, 25,1-3). Die Vertrauenswürdigkeit der Endzeitaussagen in der Offenbarung wurde in Mitleidenschaft gezogen bzw. sie blieben umstritten.

Der ebenfalls aus Kleinasien stammende **Irenäus von Lyon** (135-202) entfaltete in seiner Bekämpfung der (christlichen) Gnosis eine ganz bestimmte endzeitlich-heilsgeschichtliche Geschichtsschau. Er sieht – gegen die Mythen der Gnosis gerichtet – eine reale irdische Heilszeit als Ort des Reifens der Gläubigen *vor* dem Anbruch der Ewigkeit kommen. Vehement lehnt er eine allegorische Umdeutung der Endzeiterwartungen, selbst die der Offenbarung ab. Die Auferstehung der Toten ist für ihn real, wie auch die folgende irdische Königsherrschaft Christi. Solche Lehren seien nicht als Allegorie oder als ein moralischer Appell misszuverstehen (vgl. Adv. Haer. V 35,2). Bei Irenäus wird die Kontinuität zwischen *Schöpfung*, heilsgeschichtlicher *Offenbarung* Gottes in Raum und Zeit und *Vollendung* der Welt stark hervorgehoben.

Als ein weiterer repräsentativer Zeuge des frühchristlichen Chiliasmus ist **Lactantius** (gest. nach 317) zu nennen. Er beschreibt ein Bild vom tausendjährigen Reich Christi vor der ewigen Herrlichkeit, in welchem er Motive der alttestamentlichen Prophetie, der Johannesoffenbarung und der griechisch-römischen Vorstellung eines „Goldenen Zeitalters" miteinander verbindet. Die Verfolgungssituation sowie das Leiden der Christen über die Jahrhunderte hinweg kommt in seiner Schilderung der sehnlichst erwarteten irdischen Herrschaft Christi besonders gut zum Ausdruck (Laktanz, Epit. 67).

Aurelius Augustinus (354-430) vertrat anfänglich noch den Chiliasmus, verwarf später jedoch diese Lehre (vgl. *De civitate Dei*, XX, 7). Seine „neue" Interpretation von Offenbarung 20 lautete folgendermaßen:

(1) Die heilsgeschichtliche Endzeit liegt nicht in der Zukunft, sondern sie hat mit Jesus Christus bereits begonnen, sie ist also *gegenwärtig*. (2) Die Entmachtung des Teufels ist nicht erst zukünftig, sondern sie hat bereits begonnen und sie wird ständig in der Gegenwart weiter vollzogen. Sie ereignet sich immer wieder. Sie ist kein politisches Geschehen, sondern sie vollzieht sich immer dann, wenn ein Sünder sich zum Evangelium bzw. zu Christus bekehrt. (3) Die tausendjährige Königsherrschaft Christi vollzieht sich in der Gegenwart, wobei die „tausend Jahre" nicht wörtlich, sondern als Qualitätsurteil verstanden werden, als Ausdruck einer besonderen Vollkommenheit. Diese Herrschaft Christi vollzieht sich teilweise bereits in der vorfindlichen Kirche, aber noch im Zustand des „Weizens neben dem Unkraut", unterschieden von dem ewigen Reich Gottes, das noch kommen wird (*Civ.Dei* XX, 9). (4) Die „erste Auferstehung" aus Offb 20 wird demgemäß nicht als zukünftig verstanden, sondern als ein gegenwärtiges Ereignis, das bei der Abkehr (Bekehrung) eines Menschen von der Sünde geschieht, im Gegensatz zur „zweiten Auferstehung", die als die eigentliche leibliche Auferstehung der Menschen von den Toten gedeutet wird (*Civ.Dei* XX, 10). (5) Teilweise mit Hilfe der allegorischen Schriftauslegung werden endzeitlich-heilsgeschichtliche Aussagen wie Offb 20 ins Seelenleben des Menschen verinnerlicht ausgelegt und weitgehend auf die Gegenwart bezogen.[39]

Damit sind die Weichen gestellt, wie im Laufe der nächsten Jahrhunderte, endzeitlich-heilsgeschichtliche Gesichtspunkte grundsätzlich interpretiert wurden.

Seit der sogenannten **Konstantinischen Wende** bzw. im Übergang vom 4. zum 5. Jahrhundert verliert die Hoffnung auf eine tausendjährige irdische Königsherrschaft Christi *vor* der ewigen Herrlichkeit ihre Anziehungskraft unter Christen. Das hat wenigstens drei Gründe: (1) Judenchristliche Impulse (mit der Erwartung einer irdischen Herrschaft des wiederkommenden Messias) wurden aus der fast nur noch aus Heiden-

[39] Innerhalb der Ostkirche (alexandrinische Theologie) hatte heilsgeschichtliches, v.a. endzeitlich-heilsgeschichtliches Denken aufgrund des Einflusses der allegorischen Schriftauslegung des Origenes kaum eine Chance auf Anerkennung.

christen bestehenden „katholischen Kirche“ (des Westens und des Ostens) verdrängt. (2) Das Ende der Bedrängnisse und Verfolgungen für die Christen seit Konstantin hat es mit sich gebracht, dass sich ihre Hoffnungen stärker auf die Gegenwart richteten. (3) Augustin (neben anderen) hat einen neuen Deutungsrahmen für die Heilsgeschichte und die Endzeit geliefert, der Jahrhunderte lang die Bibelauslegung und damit die Verkündigung der Kirche dominieren sollte, ohne dass sich nennenswerter Widerstand erhob.

Auffällig ist dennoch, dass es bis heute christliche Auffassungen gibt, die sich aus biblischen Gründen auf die eine oder die andere Weise in ihrer Endzeithoffnung an der Vorstellung von einem „Tausendjährigen Reich“ (Millennium) orientieren. Folgende Kategorien werden gegenwärtig zur besseren Unterscheidung verwendet:[40]

(a) Historischer Prämillennialismus

Christi Wiederkunft erfolgt zunächst für die Gemeinde *vor* dem „Millennium“, das durch dieses Kommen eingeleitet wird. Nach der tausendjährigen Herrschaft Christi, die vor allem in ihrer Bedeutung für die christliche Gemeinde gesehen wird, folgt das Gericht mit doppeltem Ausgang und die Neuschöpfung der Welt sowie die Ewigkeit.

(b) Dispensationalistischer Prämillennialismus

Christi Wiederkunft erfolgt auch hier für die Gemeinde *vor* dem „Millennium“. Allerdings wird hier besonders die Entrückung der Gemeinde betont und die Auferstehung allein der gläubig Verstorbenen. Eine allgemeine Auferstehung aller Menschen zum Gericht findet dann noch nicht statt. Nach der Entrückung der Gemeinde und den beginnenden Läuterungen der Juden, wird Israel wieder zum Leben erweckt und national erneuert. Das tausendjährige Gottesreich unter dem Messias-König Jesus wird für Israel eingeleitet. Nach der tausendjährigen Herrschaft Christi folgen der Endkampf mit Gottes Widersachern, die allgemeine Auferstehung aller Toten, das Gericht vor dem Thron Gottes und des Lammes mit doppeltem Ausgang (Himmel und Hölle) sowie die Neuschöpfung der Welt und die Ewigkeit bei Gott.

(c) Postmillennialismus

Christi Wiederkunft erfolgt *nach* dem „Millennium“. Die Gemeinde Jesu geht durch alle endzeitlichen irdischen Gerichtswehen hindurch bis

---

[40] Vgl. dazu u.a. Thomas Schirrmacher: „Sechs evangelikale Modelle der Endzeit im Vergleich“, in: Christian Hermann (Hg.): *Wahrheit und Erfahrung – Themenbuch zur Systematischen Theologie*, Bd. 3. Heiliger Geist, Kirche, Sakramente, Neuschöpfung, STM 18, Wuppertal 2006, S. 381-403.

zur Königsherrschaft, die sich schließlich durchsetzen wird. Diese Vorstellung wird geprägt durch Fortschrittsoptimismus und die Hoffnung, dass die Zustände auf der Erde am Ende immer besser werden. Nach dem Weltgericht bricht dann das Reich Gottes an, das als Chiffre für den „Himmel" verstanden wird.

(d) Amillennialismus

Christi Wiederkunft geschieht, ohne dass zukünftig tatsächlich ein tausendjähriges Reich erwartet werden würde. Das Reich Gottes wird bei etlichen Gläubigen dieser Position eher vergeistlicht und als gegenwärtig anwesend verstanden.[41] Irgendwann kommt dann der Tag des Herrn und das Gericht sowie die Scheidung der Menschen in solche für den Himmel und solche für die Hölle. Besondere heilsgeschichtliche Etappen werden im Amillennialismus i.d.R. endzeitlich nicht erwartet. Die biblischen Endzeitaussagen werden stattdessen häufig christologisch und existentialistisch oder nur als bildhafte Veranschaulichungen für geistliche Wahrheiten ausgelegt. Wirkliche Ereignisse einer biblischen Endzeitchronologie werden abgelehnt.

Diese vier chiliastischen Grundkonzepte prägen bis zur Gegenwart die konservativ-evangelikale Debatte. Im eher liberaltheologischen oder im landeskirchlich-konfessionellen oder im römisch-katholischen Bereich existiert fast ausschließlich die Auffassung des Amillennialismus.

1.2. Heilsgeschichtliche Impulse bis zur Reformation

Zusätzlich zu diesen Endzeithoffnungen haben Christen von Anfang an – wie frühchristliche Bekenntnistexte belegen[42] – heilsgeschichtlich geglaubt und gedacht. Die meist **dreigliedrigen kirchlichen Glaubensbekenntnisse** (Romanum, Apostolikum usw.), die bei der Unterweisung von erwachsenen Taufkandidaten innerhalb der Kirchen angewendet wurden, verdeutlichen: Christen glauben und denken von der Schöpfung Gottes her, haben Christus als den Weltheiland im Mittelpunkt und leben in Erwartung der endzeitlichen Vollendung der christlichen Hoff-

---

[41] Vgl. die nützliche Kurzzusammenfassung dazu bei W. J. Asselt: „Chiliasm and Reformes Eschatology in the Seventeenth and Eighteenth Centuries", in: A. van Egmond/ D. van Keulen (Hg.): *Christian Hope in Context,* Bd. 1, Studies in Reformed Theology 4, Meinema, Zoetermeer 2001, S. 11 (S. 11-29); eine relativ ausgewogene Diskussion der Millienniumsproblematik liefert M. J. Erickson in seinem Buch: *A Basic Guide to Eschatology. Making Sense of the Millennium* Grand Rapids: Baker, 1998.

[42] J.N.D. Kelly: *Altchristliche Glaubensbekenntnisse*, Göttingen 1972.

nung. Daraus ergibt sich ganz grundlegend das heilsgeschichtliche Schema: *Schöpfung – Erlösung – Vollendung bzw. Schöpfung – Sündenfall – Erlösung – Vollendung*.

Im Zentrum der Heilsgeschichte steht dabei die Herausrettung des Sünders aus dem Machtbereich des Teufels. An ihr entscheidet sich, ob der Mensch „unerlöst" oder „erlöst" ist, ob er im Zustand der widergöttlichen Finsternis oder im Licht der Erlösung lebt (2Kor 6,4; 1Thes 5,5; Kol 1,13; 1Petr 2,9). Die gottgewollte **heilsgeschichtliche Wende** mit dem Kommen Jesu Christi und die damit verbundene Unterscheidung eines Zustandes *vor* oder *nach Christus* spielte die entscheidende Rolle in der Interpretation des göttlichen Heilsplans und im Verstehen der biblischen Offenbarung. Folglich lässt sich beobachten, dass eine Zäsur zwischen den Büchern des *Alten* und denen *des Neuen Testaments*, zwischen dem alten Bund (genauer müsste vom Sinaibund gesprochen werden) und dem neuen *Bund* (durch Christus initiiert) immer schon unter Christen unterschieden wurde. Man könnte sagen, dass solche **Zäsuren** zwischen **vorher** und **nachher** ganz grundsätzlich „heilsgeschichtliche Kategorien" beschreiben.

In der Auseinandersetzung mit unterschiedlichen Irrlehren innerhalb der ersten Jahrhunderte, die sich mehrheitlich um die Bedeutung der Bibel und der kanonischen Schriften, um die Person Jesu als wahrem Gott und wahrem Menschen oder um die Bedeutung der Dreieinigkeit drehten, fungierten die **Glaubensbekenntnisse** der frühen Zeit zugleich als Modelle für die Ausformulierung von **Grundtexten zur Verteidigung des christlichen Glaubens**. Die heilsgeschichtliche Ordnung dieser Bekenntnisse blieb an dem Handeln Gottes in der Welt aufgrund der göttlichen Personen der Dreieinigkeit orientiert. Es ging um das Heils- und Geschichtswirken des Vaters, des Sohnes und des Heiligen Geistes (so beispielsweise in den Glaubensbekenntnissen von **Nicäa** aus dem Jahre 325 n.Chr. oder von **Konstantinopel** aus dem Jahre 451 n.Chr.).

Eusebius von Caesarea (um 260/264 bis 337/340) hatte selbst noch Christenverfolgungen kennengelernt. Mit Kaiser Konstantins Anfängen der Christianisierung des Römischen Reiches sah er nun einer neuen, blühenden Zukunft für das Christentum entgegen (Hist. Eccl. X, 3,1-3; 4,32f.). Eusebius erwartete eine fortschreitende göttliche Erziehung der Menschheit, die das Römische Reich, die Kirche und die Herrschaft Gottes so eng verbunden sah, dass die heilsgeschichtliche Hoffnung der Endzeit mit der Regierung Konstantins beinahe deckungsgleich zusammengedacht werden konnte (= „Reichseschatologie").[43] Insgesamt verstand Eusebius (und sein Nachfolger Hieronymus) die bisherige Menschheitsgeschichte in sieben Etappen eingeteilt: 1. Von Adam bis zur Flut, 2. von der Flut bis Abraham, 3. von Abraham bis Mose, 4. von Mose bis zum ersten Tempel, 5. vom ersten Tempel bis zur Einweihung des zweiten Tempels, 6. vom zweiten Tempel bis zum Kommen Jesu, 7. vom Kommen Jesu bis zur Gegenwart von Eusebius bzw. von Hieronymus.[44]

Augustins Umdeutung von Offb 20 haben wir bereits oben kennengelernt. Im Zusammenhang mit seiner teilweise allegorischen Schriftauslegung hinsichtlich der Endzeit muss auch verstanden werden, wie er die Heilsgeschichte insgesamt neu deutete. Augustin widersprach in seiner Schrift *De Civitate Dei* (etwa ab 413-426 n.Chr.) der eher euphorischen Auffassung des Eusebius. Denn der Euphorie der Konstantinischen Wende folgten die für die Kirche ernüchternden Verirrungen eines arianischen Kaisers namens Konstantius (Nachfolger von Kaiser Konstantin) und des Kaisers Julian, der die heidnischen Kulte wieder einführen wollte. Mit Theodosius wurde dann das Christentum Staatsreligion. Damit veränderte sich auch die Rolle, die die Kirche einnahm. Aus der verfolgten Kirche, weitgehend ohne Einfluss und weltliche Macht, wurde die zunehmend „herrschende Kirche", die nun ihrerseits damit begann, Andersgläubige zu verfolgen sowie machtpolitisch zu agieren. Doch 410 n.Chr. eroberten die Westgoten Rom, so dass auch politisch das Selbstbewusstsein der Römischen Kirche sowie des Römischen Reiches erschüttert wurden. Die Wahrheit war unausweichlich: Das Römische Reich konnte die „Barbaren" nicht aufhalten und damit auch den Weltfrieden nicht garantieren. Von Euphorie und einer Hoffnung auf die irdische Verwirklichung des Reiches Gottes war kaum eine Spur mehr zu finden.

Angesichts der veränderten historischen Situation (im Unterschied zur hoffnungsvollen „Wendezeit" des Eusebius), betonte Augustin unter Hinweis auf Mt 13,24-30, dass die Kirche unter der gegenwärtigen Herrschaft Christi immer noch den Charakter des „Kornfeldes" einnehme, das Unkraut zwischen dem Weizen zulasse, also noch nicht vollkommen sei.

---

[43] „Weltlich-politische Herrschaft" und die „Herrschaft Gottes in der Kirche" als deckungsgleich zu sehen, das lieferte ein Modell, auf das immer wieder in den darauf folgenden Jahrhunderten zur Gestaltung des Verhältnisses von weltlicher Obrigkeit und Kirche zurückgegriffen wurde.

[44] H. Stadelmann: „Hermeneutische Erwägungen zur Heilsgeschichte", in: *Glaube und Geschichte*, hg. v. H. Stadelmann, Basel/Gießen 1986, S. 70-71 (S. 32–87).

Augustins heilsgeschichtliches Konzept umfasst folgende Hinweise: Er unterscheidet zwei Herrschaften, die ***Civitas Dei*** (Herrschaft Gottes) im Unterschied zur ***Civitas terrena*** (irdische Herrschaft). Was jeweils zu der einen Herrschaft zu zählen ist und was zur anderen, das ist in seinen Aussagen nicht ganz einfach zu erfassen. Die Augustinus-Forschung ringt nach wie vor noch um eine präzise Definition.[45] So viel dürfte allerdings sicher sein: Der Unterschied zwischen beiden „Herrschaften" ist weder politisch noch sozial zu beschreiben, schon gar nicht mit Zeitkategorien wie „gegenwärtig-irdisch" und „zukünftig-himmlisch". Im Grunde wird die Zugehörigkeit zur jeweiligen Herrschaft durch die „Liebe" charakterisiert. Die Liebe zu Gott beschreibt die Zugehörigkeit zur *Civitas Dei.* Die *Selbstliebe* dagegen, die bis zur Verachtung Gottes führen kann und die sich nur um das eigene Ich dreht, beschreibt die Zugehörigkeit zur *Civitas terrena.* Diese beiden, auch heilsgeschichtlich bedeutsamen Kategorien neigen bedauerlicherweise dazu, eine Fülle an biblischen Aussagen gegen ihren Sinn zu simplifizieren und zu vereinheitlichen. Jedenfalls ist nach Augustin die Herrschaft Gottes endzeitlich zu verstehen, wobei die Dazugehörigen sich schon „jetzt" in der Gegenwart auf dem Weg des Heils befinden, doch erst das Weltgericht wird die endgültige *Civitas Dei* vollenden. Die „jetzt schon" zur *Civitas Dei* zu Zählenden auf ihrem Weg zur ewigen Vollendung, sind nicht eindeutig mit irgendeiner irdischen Körperschaft oder soziologischen Größe zu identifizieren (also auch nicht ohne weiteres mit der „Kirche" gleichzusetzen – Unkraut-Weizen-Charakter – vgl. *Civ. Dei* XX, 7). Kain, Babylon, Rom gehören daher nach Augustins Interpretation grundsätzlich eher zur *Civitas terrena*, während Abel, Israel, die Kirche eher zur *Civitas Dei* zu rechnen sind, wenngleich auch niemals im Sinne von deckungsgleichen Größen.

Daraus lässt sich schlussfolgern, dass es für Augustinus **heilsgeschichtlich ein Nebeneinander und zugleich ein Ineinander von zwei Herrschaftsbereichen** gibt. Das Nebeneinander wurde bereits mit dem Fall einiger Engel initiiert, führte zur Teilung der Menschheit seit dem Sündenfall Adams und setzt sich beispielsweise auch bei dem Brüderpaar Kain und Abel fort. Israel als alttestamentliches Gottesvolk brachte Aspekte der *Civitas Dei* neu zum Leuchten. Jesus Christus schwächte die *Civitas terrena* in entscheidendem Maße. Das Weltgericht wird die end-

[45] Die Deutungsgeschichte in der theologischen Forschung, was Augustin jeweils genau mit *Civitas Dei* bzw. mit *Civitas terrena* meinte, ist umfangreich. Darauf kann hier nicht eingegangen werden.

gültige Scheidung der unvereinbaren Herrschaftsbereiche vollziehen. Bis zu diesem endzeitlichen Eckdatum allerdings wird nach Augustins Überzeugung kein heilsgeschichtlich bedeutendes Ereignis mehr stattfinden, nur das Ineinander des irdischen und des göttlichen Herrschaftsbereichs auf der Pilgerschaft bis zur Ewigkeit wird aufrecht erhalten.

Andeutungsweise kennt Augustinus außerdem eine **Dreiteilung des Heilshandelns Gottes in der Geschichte** (*De Trinitate* IV, 4,7 usw.), die mit seiner Erwählungslehre und der Anschauung der beiden „Herrschaften" zusammen gesehen werden muss. Er führt die später immer wieder auftauchende Unterteilung „Vor dem Gesetz", „Unter dem Gesetz", „Zeit der Gnade" ein, wie sie beispielsweise auch **Gregor der Große** (540-604) oder im 17. Jahrhundert **H. Witsius** (1636-1708) vertraten.[46] Selbst die **sechstägige Schöpfungswoche** wird bei Augustin zum Sinnbild der Weltgeschichte, in Analogie zu den menschlichen Lebensaltern: 1. *infantia* (Kindheit): Adam – Noah; 2. *pueritia* (Knabenalter): Noah – Abraham; 3. *adolescentia* Heranwachsen): Abraham – David; 4. *iuventus* (Junge Erwachsenenzeit): David – Babylonische Gefangenschaft; 5. *gravitas* (Erwachsenenalter): Babylonische Gefangenschaft – Christi Geburt; 6. *senectus* (Alter): Christi Geburt – Weltende.[47] Ein weiteres Zeitalter, z.B. das Millennium, gibt es bei dem späten Augustin – wie wir gesehen haben – nicht, da der 7. Tag die Neuschöpfung umfasst. Zukünftige heilsgeschichtliche Zeitalter gibt es für ihn daher nicht mehr.

Über die enorme Breitenwirkung von Augustins Auffassungen für die nächsten mehr als tausendfünfhundert Jahre kann man kaum übertrieben urteilen. Kritisch zu fragen bleibt jedoch vom biblischen Zeugnis her, ob Augustin mit seiner vergeistlichenden und enthistorisierenden Interpretation der christlichen Heilsgeschichte, vor allem hinsichtlich der Endzeithoffnung nicht zu einer verhängnisvollen Fehlentwicklung beitrug, die bis heute in vielen Köpfen kaum überwindbar scheint.

Neben Glaubensbekenntnissen, die der Vorgabe der heilsgeschichtlichen Offenbarung der Bibel folgten, und dem kaum zu überschätzenden Einfluss der Lehre Augustins, verbreiteten sich allerdings auch andere Gedanken, die nicht unbedingt auf Eusebius, Hieronymus oder Augustin zurückgehen. Da wäre beispielsweise zunächst einmal die außerhalb des Christentums anonym verfasste einflussreiche Schrift **„Prophetie**

---

[46] H. Stadelmann, „Hermeneutische Erwägungen" (1986), S. 66.
[47] Ebd., S. 69-70.

des Elia" zu nennen, die etwa im 3. Jahrhundert im Talmud als „*Tanna debe Eliyahu*" vorkommt.[48] Darin wird die Menschheitsgeschichte in drei Epochen und sechs Zeitalter (an den Schöpfungstagen orientiert) eingeteilt.[49] Dieses Konzept der Aufteilung der Geschichte in Zeitalter und Epochen (aufgrund bestimmter biblischer Vorbilder, wie z.B. sechs Schöpfungstage, vier Königreiche aus Dan 7, sieben Sendschreiben oder Posaunen- und Schalengerichte der Offenbarung usw.) kommt immer wieder auch in der frühchristlichen sowie der mittelalterlichen christlichen Theologie vor (z.B. schon im Barnabasbrief).[50]

Rupert von Deutz (1075-1129) und weitere mit ihm gingen andere Wege in der Einschätzung der göttlichen Heilsgeschichte bzw. hinsichtlich des Planes Gottes innerhalb der Menschheitsgeschichte. Deutz führte „mit seinem dreigliedrigen, trinitarisch-geschichtstheologischen Ansatz"[51] von den Zeitaltern des Vaters, des Sohnes und des Geistes zugleich auch die sieben Sendschreibengemeinden der Johannesoffenbarung als ein herausforderndes Gliederungsschema zum Verstehen der gesamten Kirchengeschichte ein, dessen Vorbild andere Bibelausleger nachfolgten.

Otto von Freising (1111-1158)[52] sah im vierten Königreich aus Daniel 7 das wiedererstandene „Römische Reich" und seine davon ableitbaren zukünftig zu erwartenden Probleme.[53] Otto betonte ein wörtliches Verstehen der Prophetie und ihre unmittelbare Anwendbarkeit auf die Menschheits- und Kirchengeschichte. Der Beginn von Offb 20,2, einer apokalyptischen Szene, in der der Teufel für 1000 Jahre gebunden wird, wird auf das Jahr 325, dem Jahr der Legalisierung des Christentums durch Konstantin datiert, ihr Ende folgerichtig für das Jahr 1325 erwartet. Diese Festlegung der 1000 Jahre von ca. 325 bis 1325 war verbreitet unter mittelalterlichen Gelehrten (und teilweise popularisiert unter dem Kirchenvolk bekannt). Und genau diese mehr oder weniger akzeptierte und tradierte „Endzeiterwartung" veranlasste beispielsweise 200 Jahre

---

[48] Babylonischer Talmud, 97a.

[49] H. Stadelmann, a.a.O., S. 67.

[50] Vgl. ebd., S. 68-71.

[51] Vgl. K.-G. Wesseling: Art.: „Rupert von Deutz", in: *Biographisch-Bibliographisches Kirchenlexikon*, Bd. VIII (1994), Sp. 1021-1031.

[52] Wolf-Dieter Hauschild: *Lehrbuch der Kirchen- und Dogmengeschichte*, Bd. 1: Alte Kirche und Neuzeit, 2., durchges. u. erw. Aufl., Gütersloh 2000, S. 319 und S. 579.

[53] Vgl. beispielsweise S. Ozment: *The Age of Reform 1250-1550: An Intellectual and Religious History of Late Medieval and Reformation Europe,* New Haven (Yale University Press) 1980, S. 103-115.

später **John Wyclif** (1329-1384), im Papst den endzeitlichen Antichristen zu sehen.[54]

Joachim von Fiore (ca. 1130-1202), der einflussreichste mittelalterliche Gelehrte in Sachen „apokalyptischer Eschatologie“[55], sprach von den „sieben Siegeln“ der Johannesoffenbarung als den sieben Zeitaltern der Kirchengeschichte. Er sprach außerdem von drei Zeitaltern, strukturiert in Anlehnung an die Trinität von einem Zeitalter des Vaters, einem des Sohnes und einem des Heiligen Geistes. Letzteres sah er als unmittelbar bevorstehend an. Mohammed identifizierte er als den „falschen Propheten“ (Offb 20,10), die türkischen Muslime als Verkörperung von „Gog und Magog“ (Offb 20,8). Sein theologischer Einfluss in dieser Hinsicht reichte weit über die Reformationszeit hinaus.

Der Franziskaner **Petrus Johannes Olivi** (1248/49-1298), einer der höchst gebildeten Gelehrten seiner Zeit und stark beeinflusst von Joachim von Fiore, trat neben seiner rigorosen Armutsauffassung mit seinen markanten Endzeitlehren in Opposition zur Römischen Kirche.[56] Er unterteilte die Heilsgeschichte in sieben alt- und in sieben neutestamentliche Perioden, die sich parallel zueinander verhielten. Er sah seine eigene Zeit als die 5. (oder 6.) Phase der neutestamentlichen Epochen an, während die ausbleibenden Perioden noch zu erwarten waren. Die Offenbarung (Sendschreiben, Posaunen- und Schalengerichte usw.) galt als Orientierungskarte für die letzten Dinge, die da noch kommen sollten. Auch Olivi betonte zusätzlich zu diesen beiden Siebener-Periodisierungen die drei Zeitalter, wie Joachim sie vorgegeben hatte: das Zeitalter des Vaters, des Sohnes und des Heiligen Geistes. Das neue Zeitalter des Heiligen Geistes wurde von ihm als unmittelbar bevorstehend erwartet, in dem die Kleriker der römisch-katholischen Kirche keine nennenswerte Rolle mehr spielen würden. Sie zählten vielmehr zur Seite des Antichristen und würden bei der Etablierung des neuen Zeitalters mit überwunden werden.[57]

---

[54] W.-D. Hauschild: *Lehrbuch der Kirchen- und Dogmengeschichte* (2000), S. 472-474.

[55] Herbert Grundmann: *Studien über Joachim von Fiore*, Darmstadt 1966; Marjorie Reeves *The Influence of Prophecy in the Later Middle Ages.*, Oxford 1969 sowie diers.: *Joachim of Fiore and the Prophetic Future. A Study in Medieval Millennialism,* Gloucestershire (UK) 1999.

[56] Olivi wurde aufgrund der spekulativen Ansichten in seiner Apokalyptikpostille 1317/18 *posthum* exkommuniziert; diese Schrift wurde seit 1326 als häretisch angesehen, fand aber unter der Beghinen- und Joachimiten-Bewegung Verbreitung; vgl. M. Plathow: Art. Petrus Johannes Olivi (1993).

[57] Vgl. dazu auch Warren Lewis: *Peter John Olivi: Prophet of the Year 2000,* Tübingen 1972; Brain Tierney: „John Peter Olivi and Papal Inerrancy. On a Recent Interpretation of

Nur am Rande, um das Bild zu vervollständigen, sei erwähnt: Ganz in der Tradition des Augustin lehnte **Thomas von Aquin** (1225-1274) die Lehre eines tausendjährigen Reiches ab, ja er bezeichnete sie sogar als Irrlehre.[58] Damit verschwand die Vorstellung des Chiliasmus beinahe vollständig aus der römisch-katholischen Theologie.

1.3. Heilsgeschichtliche Entwürfe seit der Reformation

Zu den wesentlichen Ideenlieferanten späterer heilsgeschichtlicher Modelle gehören also u.a. einzelne Mosaiksteine frühchristlicher und mittelalterlicher Endzeitvorstellungen. Darauf wiederum bauten weitere theologische Einsichten seit der Reformation auf.[59] Folgende Beobachtungen lassen sich machen[60]:

1.3.1. Gott macht Geschichte mit dem Evangelium

Die reformatorische Theologie war teilweise der vorhergehenden, rom- und papstkritischen Haltung verbunden, stand aber auch in Kontinuität zur überlieferten Endzeitlehre Roms.[61] Der Widerstand gegen die Rö-

---

Olivi's Ecclesiology", in: ders.: *Rights, Laws and Infallibility in Medieval Thought,* Brookfield 1997; Ludwig Hödl: Art. „Olivi, Petrus Johannis", in: *LThK* 3/VII, Freiburg/Basel/Wien 1998, S. 1045-1047.

[58] Thomas v. Aquin, Sent. IV d.43.q.1.a.3.

[59] Dieser Fragestellung widmen sich u.a. folgende Untersuchungen: R. K. Emmerson: *Antichrist in the Middle Ages*, Seattle 1981; B. McGinn: *Visions of the End: Apocalyptic Traditions in the Middle Ages*, New York 1979; Norman Cohn: *The Pursuit of the Millennium. Revolutionary Millennarians and Mystical Anarchists of the Middle Ages*, London 1984 – mit einem Kapitel über die chiliastischen Bewegungen im 16. und 17. Jahrhundert); W. Pöhlmann: „Apokalyptische Geschichtsdeutung und geistlicher Widerstand", in: *KuD* 34 (1988), S. 60-75; K. Erlemann: *Endzeiterwartungen im frühen Christentum*, Tübingen/Basel 1996; E. E. Hindson: „Medieval and Reformation Backgrounds of Dispensationalism", in: *CTJ* 1, No. 3 (Dec. 1997), S. 190-202. In dieser Literatur werden u.a. Apokalyptik, Chiliasmus, mittelalterliche Mystik, Renaissance und puritanische Theologie analysiert und ausgewertet.

[60] So ähnlich ausformuliert und dargestellt bereits in: Berthold Schwarz: *Leben im Sieg Christi. Die Bedeutung von Gesetz und Gnade für das Leben des Christen bei John Nelson Darby*, Gießen 2008. Diese Darstellung soll und kann keineswegs den Anspruch erheben, alle Details dieser Thematik erforscht zu haben. Im Rahmen dieser Untersuchung soll durch eine grobe Skizze vielmehr die Tendenz angezeigt werden, die die historische Forschung bisher zu Tage gefördert hat und die zum Verstehen der Geschichte des heilsgeschichtlichen Denkens wichtig ist.

[61] Ernest R. Sandeen: *The Roots of Fundamentalism. British and American Millenarism*, 1800-1930, Chicago/London 1970; G. List: *Chiliastische Utopie und radikale Reformation. Die Erneuerung der Idee vom Tausendjährigen Reich im 16. Jahrhundert*, München 1973; P. Chris-

mische Kirche und den Papst in Verbindung mit der Vorstellung Wyclifs vom Papst als dem Antichristen, wird von **Martin Luther** (1483-1546) und anderen Reformatoren geteilt und später beständig wiederholt.[62] Diese endzeitlich-heilsgeschichtlichen Vorstellungen prägten die Schriftauslegung, vor allem hinsichtlich der Aktualisierung der Bibel auf die jeweilige Gegenwart.

Die seit der alten Kirche tradierte Einteilung von sechs Heilszeitaltern auf die Gliederung der 6 Schöpfungstage bezogen, erscheint auch bei Luther auf der Titelseite seiner Schrift *Supputatio Annorum Mundi* von 1541.[63] Luther wiederholt demnach die gängige Auffassung, dass die Welt 6000 Jahre alt sei und die sechs Schöpfungstage sechs Menschheitszeitalter bedeuten würden.[64] Doch hatte diese übernommene Anschauung keine weiterreichenden Konsequenzen für die Ausgestaltung der Theologie Luthers.

Im Jahre 1529 erhielt Luther einen Brief mit dem Hinweis auf einen Kommentar zur Johannesapokalypse, verfasst von einem Mönch namens **Johannes Hilten**. Darin wurden die Deutschen vor der Invasion durch die Türken (Magog) gewarnt und das Auftreten eines Kirchen-Reformers im Jahre 1516 vorhergesagt. Ab 1530 änderte Luther fortan das Vorwort zur Johannesoffenbarung und betonte die Wichtigkeit der Prophetie. Die Türken wurden nun über die Volksgruppe der Skythen als Vorfahren von Magog identifiziert.[65] Dadurch wird Luther selbst zum Vorbild für die nachfolgenden Generationen in der Auslegung der Johannes-Apokalypse, wie Peter Toon sachgerecht herausgearbeitet hat.[66]

Dennoch prägten diese Einsichten Luthers Schriftauslegung nicht so, wie es auch hätte möglich sein können und wie es später andere vollzogen haben. Die Periodisierung und Gliederung der Heilsgeschichte bildete eher ein Nebengleis innerhalb der lutherischen Theologie, die von seinen direkten Nachfolgern nicht wirklich übernommen wurden. Luthe-

---

tianson: *Reformers and Babylon: English Apocalyptic Visions from the Reformation to the Eve of the Civil War*, Toronto 1979; K.R. Firth: *The Apocalyptic Tradition in Reformation Britain 1530-1645* Oxford 1979; Peter Toon: *Puritans, the Millennium and the Future of Israel. Puritan Eschatology 1600 to 1660*, Cambridge 1970/Nachdruck 2002; C. Hill: *Antichrist in Seventeenth-Century England*, London 1990.

62 „Warum des Papstes und seiner Jünger Bücher von D. Martin Luther verbrannt sind" und „Ein Sendbrief an den Papst Leo X.", 1520, Schriften WA 7; der Papst als „Antichrist", WA 7, S. 703.

63 WA 53.

64 So auch bei Isidore v. Sevilla (560-636) und bei Beda *„Venerabilis"* (um 672/673-735).

65 Deutsche Bibel, WA 7, S. 406-420.

66 P. Toon: *Puritans, the Millennium and the Future of Israel* (1970/2002), S. 6.

rische Theologie in der Tradition des Augsburger Bekenntnisses seit 1530 verwirft chiliastisches Denken und endzeitlich-heilsgeschichtliche Periodisierungen, wendet vielmehr apokalyptische Szenarien unmittelbar auf die römisch-katholische Kirche, insbesondere auf das Papsttum und die klerikalen Strukturen, oder auf die „Schwärmer" an.

Johannes Calvin war kein großer Freund von ausdifferenzierten heilsgeschichtlichen oder endzeitlichen Gedankenspielen. Dennoch betont der Calvin-Kenner R. B. Barnes, dass Calvin trotz seiner Ablehnung einer historisch orientierten Endzeitlehre in der Nachfolge Augustins den Gedanken einer fortschreitenden heilsgeschichtlichen Entwicklung offen ließ. Dadurch war ein gewisser Interpretationsspielraum gegeben, der auch im späteren Calvinismus die Lehre vom Tausendjährigen Reich ermöglichte.[67]

Ähnlich argumentierte auch John Hesselink in seinem Aufsatz über „Calvin and Heilsgeschichte".[68] Er betont darin zweierlei: Zum einen stellt er Calvins Hochachtung dem Alten Testament gegenüber dar, bei der nach Calvins Überzeugung zu beachten sei, dass es auch für Christen mit gleicher Autorität spreche wie das Neue. Insbesondere die Einheit von AT und NT bei Gleichheit (!) ihrer Inhalte werde bei Calvin akzentuiert, wie z.B. die wirkliche Teilhabe alttestamentlicher Gläubiger an Christus, nicht nur im Sinne von Glaube an Verheißungen usw. Ähnliches galt auch im Bereich von Moral und Ethik.[69] E. Brunner schreibt dazu: „Die Größe Calvins – man darf wohl sagen seine unerreichte exegetische Größe – besteht gerade darin, dass er, der wie nur wenige andere um den sachlichen Offenbarungszusammenhang beider Testamente wusste, in seiner alttestamentlichen Auslegung so nüchtern beim historischen ‚natürlichen' Sinn blieb und aller Versuchung zur Allegorese ... widerstand." [70]

Zum anderen besaß Calvin ein eher statisch zu nennendes Verständnis der Heilsgeschichte.[71] So kann er sagen, dass der Bundesschluss mit den Erzvätern in Substanz und Wirklichkeit im Grunde nicht verschie-

---

[67] R. B. Barnes: *Prophecy and Gnosis: Apocalypticism in the Wake of the Lutheran Reformation*, Stanford 1988, S. 33.

[68] John Hesselink: „Calvin and Heilsgeschichte", in: *Oikonomia. Heilsgeschichte als Thema der Theologie*, hg. v. Felix Calixt, Oscar Cullman zum 65. Geburtstag gewidmet, Hamburg-Bergstedt 1967, S. 163-170.

[69] Ebd., S. 164.

[70] Emil Brunner: *Dogmatik*, Bd. II, Zürich 1960, S. 229.

[71] Vgl. bei Calvin u.a. *Institutio* II. 9-11 (ab der Ausgabe von 1559).

den sei von dem Bundesschluss der Christen mit Christus.[72] Immerhin sah er jedoch auch vier markante Unterschiede zwischen dem Alten und dem Neuen Bund, wie z.B. die irdische Segnungen im Unterschied zu geistlichen Segnungen oder die buchstäblichen Bedeutungen im AT im Unterschied zu geistlichen im NT usw.[73] auf diese Weise werden bei Calvin schließlich doch noch wesentliche heilsgeschichtliche Unterschiede zwischen *vor* und *nach* Christus markiert.

Philipp Melanchthons Onkel **Reuchlin** veröffentlichte in Wien eine Übersetzung des Talmuds. **Melanchthon** kannte die Passage daraus, die „Prophetie des Elia" genannt wird, und ihre Epochen- und Zeitalterlehre (siehe oben). Außerdem überarbeitete er als ein an Geschichte Interessierter in Anlehnung an den Berliner Hofastrologen Johannes Negelin alias **Johann Carion** (1499-1537/38) eine „apokalyptische" Weltgeschichtsdeutung, die 1532 als Carions Chronik publiziert wurde (1558-1560 in Latein neu ediert). Diese Schrift prophezeite erneut, dass das Ende der Welt nahe bevorstehe angesichts des Verfalls der antichristlichen Papstkirche.[74] Es handelt sich dabei um den Versuch einer periodisierten Weltgeschichtsschreibung, die vom humanistisch-reformatorischen Standpunkt aus betrachtet wird und dabei altkirchliche und mittelalterliche Geschichtsmetaphysik aufgreift.

Ohne Frage hat **Thomas Müntzer** (1490-1525) dem Ansehen der Eschatologie und der apokalyptisch-chiliastischen Theologie insgesamt mehr geschadet als genutzt.[75] Dennoch waren einige seiner Bibelauslegungen über seinen Tod hinaus einflussreich: Die prophetischen Bücher der Bibel und hier insbesondere das Buch Daniel und die Apokalypse des Johannes wurden von Müntzer besonders geschätzt. Seine visionäre Auslegung der apokalyptischen Bibelteile führten ihn unter anderem dazu, die Kirche Roms als die in Purpur gekleidete Hure Babylons (Offb 17,4; 18,16) zu sehen. Luther und seine Anhänger schloss er in dieses abwertende Urteil mit ein. In seiner Auslegung von Daniel 7 („Fürstenpredigt") deutete er die vier Weltreiche auf die Reiche der Babylonier,

---

[72] J. Hesselink: Calvin and Heilsgeschichte (1967), S. 166.

[73] Ebd., S. 167.

[74] Vgl. G. Münch: „Das Chronicon Carionis Philippicum. Ein Beitrag zur Würdigung Melanchthons als Historiker", in: R. Holtzmann/W. Möllenberg (Hg.): *Jahrbuch der historischen Kommission für die Provinz Sachsen und für Anhalt*, Bd. 1, 1925, S. 199-283.

[75] Vgl. H. Junghans (Hg.): *Thomas Müntzer-Gesamtausgabe*, Bde. 1-3 (2004-2006); siehe auch H. Herrmann: *Thomas Müntzer heute. Versuch über einen Verdrängten*, Ulm/Münster 1995; A. Gebhardt: *Thomas Müntzer: Revolution statt Reformation. Eine Studie*, Marburg 2004.

der Perser, der Griechen und der Römer. Seine eigene Zeit nennt er – im Blick auf die Sendschreibengemeinden der Offenbarung, die traditionell immer wieder als Gliederungsschema für die Epochen der Kirchengeschichte gedient hatten – das *Fünfte Reich*, das (laut der Prophetie Daniels) ebenfalls aus Eisen bestehe, weil es Arme und Unschuldige unterdrücke. Darum müsse ein neuer Prophet Daniel auftreten. An anderen Stellen forderte er *alle Gottesfürchtigen* auf, einen neuen Täufer Johannes zu erwarten. Am liebsten jedoch sprach er von einem neuen Elija, der kommen müsse, um die Welt auf gottgewollte Weise zu ordnen. Dazu gehörte seiner Meinung nach auch die Beseitigung der *Baalspfaffen* (= papsttreue Amtsträger der alten Kirche) und der Sturz der gottlosen politischen Machthaber.

1.3.2. Bibelleser erforschen die Epochen der heilsgeschichtlichen Zukunft aufs Neue

Neben anderen hier nicht genannten Personen dieser reformatorischen Epoche soll das Augenmerk auf ausgewählte Auffassungen gerichtet bleiben, die insbesondere zu der theologisch-heilsgeschichtlichen Entwicklung entscheidend beigetragen haben. Da britische Glaubensflüchtlinge, die unter katholischer Verfolgung im eigenen Land zu leiden hatten, auf dem Festland häufig eher mit reformierten Traditionen in Berührung kamen als mit lutherischen, ist die Beobachtung interessant, dass es vom 16. bis zum 18. Jahrhundert Gruppierungen innerhalb der calvinistischen Orthodoxie, unter Anglikanern wie Puritanern, gab, die sich ernsthaft mit heilsgeschichtlichen und vor allem mit eschatologischen Fragen, mit biblischer Prophetie oder mit der Auslegung der Offenbarung auseinandersetzten.[76] Hier nur eine kleine Auswahl an wichtigen Zeugen.[77]

Robert Barnes (1495-1540) suchte als britischer Exilant Zuflucht bei Luther und Melanchthon in Wittenberg. Er verfasste 1535 eine Schrift,

[76] Einen nützlichen Einstieg diesbezüglich liefert der Aufsatz von W. J. van Asselt: *Chiliasm and Reformed Eschatology in the Seventeenth and Eighteenth Centuries* (2001), S. 11-29.

[77] W. J. van Asselt weist ausdrücklich darauf hin, dass die herkömmliche Beurteilung der reformierten Lehre *De Novissimis* (Endzeitlehre) der calvinistischen Orthodoxie nicht länger haltbar sei, in: ders.: „Chiliasm and Reformes Eschatology in the Seventeenth and Eighteenth Centuries“, in: A. van Egmond/D. van Keulen (Hg.): *Christian Hope in Context,* Bd. 1, Studies in Reformed Theology 4, Meinema, Zoetermeer 2001, S. 14 (S. 11-29), und es in diesem Zusammenhang lohnenswert sei, die soziologischen sowie die politischen Faktoren der Ursprünge des calvinistischen Chiliasmus zu untersuchen, ebd, S. 15.

die sich mit dem Leben der Päpste auseinandersetzte und Parallelen zwischen den päpstlichen Biographien und ihrer antichristlichen Gesinnung nachzuweisen versuchte.[78] **John Frith** (1503-1533) war wie William Tyndale einer der ersten protestantischen Märtyrer Englands. Er veröffentlichte u.a. im Jahre 1529 eine Übersetzung von Luthers Schrift „Vom Antichristen" ins Englische, unterstützt durch abgedruckte Bildmotive der Holzschnitzerkunst Cranachs, die den Papst als Antichristen darstellten. Auch auf diese Weise verbreitete sich die Antichrist-Auffassung Luthers auf den britischen Inseln.[79] **John Knox** (1514-1572) übernahm und vertrat die Auffassung Joachim von Fiores, dass die römische Kirche das „geistliche Babylon" aus der Offenbarung sei. Am Ende seines Lebens wurde der Prophet Daniel zu dem biblischen Buch, das er täglich, auslegte. **Heinrich Bullingers** (1504-1575) „Einhundert Predigten über die Johannesapokalypse" waren in England sehr populär. Er interpretierte – wie andere vor ihm – die Siegel und Posaunen der Offenbarung als Bestandteile und Epochen der fortlaufenden Kirchengeschichte, v.a. mit Hinweisen auf die korrupte Kirche in Rom.

John Bale (1495-1563) war als Historiker und Literat sehr an biblischer Prophetie interessiert. Um den inquisitorischen Nachstellungen der Kirche zu entgehen, verfasste er unter dem Schutz von Thomas Cromwell mehrere Theaterstücke, um dadurch exemplarisch die Weltgeschichte zu illustrieren und zu zeigen wie das Papsttum immer wieder versagt habe und dadurch die Notwendigkeit für Reformen nötig wurden. In seinem Stück *A Comedy Concerning Three Laws*[80] entfaltete er als ein Raster zur Interpretation von Weltgeschichte das dreigliedrige Schema der „Gesetze" (*laws*), vom Gesetz der Natur, dem der Gefangenschaft und dem der Gnade innerhalb von sieben Zeitaltern der Weltgeschichte. Das natürliche Gesetz regiert das menschliche Gewissen, das mosaische Gesetz regiert die zivilen und bürgerlichen Angelegenheiten und die Gnade wirkt unter den Auserwählten.[81] Die sieben Zeitalter repräsentieren

[78] *Vitae Romanorum Pontificum*, 1535. Vgl. dazu auch J. McGoldrick: *Luther's English Connection: The Reformation Thought of Robert Barnes and William Tyndale,* Milwaukee 1979, S. 7-33.

[79] Robin B. Barnes: *Prophecy and Gnosis: Apocalypticism in the Wake of the Lutheran Reformation* Stanford 1988; Benjamin A. Ehlers: „Luther and English Apocalypticism: The Role of Luther in Three Seventeenth-Century Commentaries on the Book of Revelation", in: *Essays in History* 34 (1992), Online o. Seitenangaben.

[80] John Bale: „A Comedy Concerning Three Laws of Nature, Moses, and Christ", in: J.S. Farmer (Hg.): *The Dramatic Writings of John Bale*, London 1907; unter John Bale als Autor neu aufgelegt bei AMS Press, New York 1970.

[81] Vgl. B. A. Ehlers: Luther and English Apocalypticism (1992); J. Harris: *John Bale: A*

unterschiedliche Perioden der Geschichte, die durch Unglaube und Verfall korrumpiert und von Gott daraufhin gerichtet wurden. Nur die Treuen haben die jeweilige Periode überlebt und sind in das nächste Zeitalter übergegangen. Bei Bale liegt möglicherweise ein weiterer Mosaikstein aus der reformatorischen Epoche vor, der indirekt die besondere Zuordnung der Heilszeitalter im 19. Jahrhundert vorbereitete. Die sieben Zeitalter lassen die spätere Heilszeitalter-Lehre des Dispensationalismus anklingen. Ebenso ist die besondere Qualifizierung bei Bale wegweisend: jede Periode beginnt mit einer Verheißung und endet mit Gericht.

Bale lebte von 1541-1548 im Exil in Deutschland, las Werke von Joachim v. Fiore, Wyclif, Franck und anderen, veröffentlichte schließlich einen Kommentar zur Johannesoffenbarung mit dem Titel *The Image of Bothe Churches.* In diesem Werk stellte er Rom als Hure Babylon der wahren Kirche gegenüber. Sein Einfluss unter britischen Exilanten dieser Zeit war beachtlich.[82] Auffällig ist allerdings, dass Bale den Satan *nicht während* der Kirchengeschichte als gebunden ansah (so die häufig kopierte Auffassung seit Augustin). Vielmehr verlagerte er – entgegen der bisherigen Auslegung und Tradition – die Ankunft des Antichristen und das Gebundenwerden des Satans *in die Zukunft*. Wahrscheinlich erstmals seit langer Zeit wurde die apokalyptische Dimension der Johannesoffenbarung auf die Zukunft und nicht auf die Gegenwart (oder die Vergangenheit) bezogen. Zudem erwartete er die Erfüllung weiterer, noch ausstehender prophetischer Ereignisse. Bale erwartete die Bekehrung der Juden am Ende des Zeitalters der Kirche, bevor das „goldene Zeitalter" des Tausendjährigen Reiches anbrechen würde.[83]

Das Interesse am Studium der biblischen Prophetie und Endzeit nahm im Puritanismus stetig zu und dominierte weithin die theologische Diskussion dieser Zeit, vor allem in Verbindung mit der ernsthaften Gestaltung eines gottgefälligen Lebens. **John Napier** (1550-1617), schottischer Mathematiker und hoch geachteter Gelehrter seiner Zeit, sorgte schließlich für einen bedeutsamen Paradigmenwechsel in der Interpretation biblischer Prophetie. Mathematische Exaktheit und heilsgeschichtlich-biblische Eschatologie bildeten bei Napier ein starkes Bündnis. Sei-

---

Study in the Minor Literature of the Reformation, Urbana (University of Illinois) 1940.

[82] Vgl. dazu Paul Christianson: *Reformers and Babylon: English Apocalyptic Visions from the Reformation to the Eve of the Civil War*, Toronto 1979, S. 8-9.

[83] Vgl. B. A. Ehlers: Luther and English Apocalypticism (1992), der die Auslegung der Johannesoffenbarung bei John Bale (1545), Thomas Brightman (1609) und Joseph Mede (1627) untersucht und den Einfluss Luther dabei zu bestimmen versucht; siehe auch P. Christianson: *Reformers and Babylon* (1979), S. 9 und S. 13-15.

ne Schrift von 1593 mit dem Titel *A Plaine Discovery of the Whole Revelation of Saint John* war angefüllt mit Tabellen, Diagrammen und Chronologien, die höchst wahrscheinlich den Standard für alle weiteren Tabellen zu heilsgeschichtlichen Endzeitfragen setzten.[84] Er spekulierte über alle möglichen Interpretationen der „70 Jahrwochen" (490 Jahre) aus dem Buch Daniel, prophezeite Aufstieg und Fall von „Königreichen" im Intervall von jeweils 245 Jahren und präsentierte einen Heilszeitenplan in Anlehnung an die synonym verstandenen „Schalen und Posaunen" aus der Offenbarung. Seine Periodisierung begann beim Fall Jerusalems im Jahr „71 n. Chr." und präsentiert daraufhin – gemäß dem Intervall von je 245 Jahren – sieben Perioden, die im Jahr 1541 mit der Reformation abschlossen. Sein Einfluss im Bereich der Periodisierung der Heilsgeschichte und der Apokalyptik kann kaum – und zwar über Englands Grenzen hinaus – überschätzt werden.[85]

Robert Pont (1524-1606), der Schwiegersohn von John Knox, wies 1599 pointiert auf ein „wörtlich" zu erwartendes Millennium hin, verstand die Prophetien Daniels als jüdische Angelegenheiten, die nicht der Kirche galten, und präsentierte eine siebengliedrige Periodisierung der gesamten Menschheitsgeschichte. **Hugh Broughton** (1549-1612) war ein ausgezeichneter Hebraist unter den damaligen Puritanern. Auch er lehrte, dass der Bibel eine göttliche Chronologie von Heilszeitaltern zugrunde liege, und sah eine Zukunft für die Juden kommen. Seine Schau, dass die Wiederkunft Jesu noch nicht stattfinden könne, weil gewisse Endzeitereignisse noch nicht stattgefunden hätten, war zu seiner Zeit höchst unpopulär, da viele die unmittelbare Wiederkunft Christi erwarteten und ein begründetes Ausbleiben aufgrund prophetischer Interpretation zurückwiesen. Broughton lieferte erneut weiterführende Gesichtspunkte, die später dazu dienten, das Nebeneinander von Israel und Gemeinde (Dichotomie) formulieren zu können.[86]

Thomas Brightman (1557-1607) forcierte die Auffassung der heilsgeschichtlichen Periodisierung der Geschichte. Die sieben Sendschreibengemeinden der Offenbarung verkörperten für ihn sieben Zeitalter der

---

84 R. Clouse: „John Napier and Apocalyptic Thought", in: *Sixteenth Century Journal* V (1974), S. 101-114.

85 Als Schüler (im weitesten Sinne) kann James Durham gelten, siehe P. Toon *Puritans, the Millennium and the Future of Israel* (1970/2002), S. 39-41.

86 Er war der einzige Puritaner, dessen Vorhersage der Wiederkunft Jesu bis heute noch nicht widerlegt werden konnte, da er sie für das Jahr 2072 erwartete; vgl. dazu Edward E. Hindson: „Medieval and Reformation Backgrounds of Dispensationalism", in: *CTJ* 1, No. 3 (Dec. 1997), S. 190-202.

Menschheitsgeschichte, wobei Sardis die Deutsche Reformation (5. Zeitalter), Philadelphia die Genfer Reformation (6. Zeitalter) und die Kirche von England Laodicä (7. Zeitalter) repräsentierte. Brightman führte außerdem das Konzept der „doppelten Erfüllung" einer Prophetie ein, so dass beispielsweise das 4. Zeitalter Antiochus Epiphanes *oder* die Kirche Roms repräsentieren könne. Die vier Engel wären dann beispielsweise Hus, Wyclif, Luther und Calvin.[87] Er sah ebenso ein künftiges jüdisches Königreich, das von der Kirche getrennt gedacht werden müsse, das aufgrund der Bekehrung der Juden beginnen werde.

Peter Toon weist außerdem daraufhin, dass die (humanistisch motivierten) Anfänge der Hebräisch-Studien an den jungen protestantischen Universitäten und das wachsende Interesse am Alten Testament im Übergang zum 17. Jahrhundert nachhaltig die christliche Eschatologie beeinflusst hätten.[88] Als indirekte oder direkte Schüler Brightmans nennt er **Henry Finch** (1558-1625) und **William Gouge** (1575-1653), die u.a. die endzeitliche Hinwendung der ganzen Nation Israel zu Christus erwarteten.[89] Er nennt auch **John Cotton** (1585-1652) als jemanden, der unter dem Einfluss von Brightmans Eschatologie stand.[90]

Johann Heinrich Alsted (1588-1638), ein deutscher Vertreter auf der Synode von Dortrecht (1618-1619), veröffentlichte verschiedene Beobachtungen zur – in seiner Sicht – herausragenden Bedeutung des Millenniums. Er erwartete eine zukünftige irdische Herrschaft der Heiligen. In England hat Alsteds Einfluss die zeitlich ihm nachfolgende apokalyptische Bewegung nachhaltig geprägt, so dass seitdem das Millennium zunehmend wieder als ein zukünftig zu erwartendes irdisches Königreich angesehen wurde, nicht mehr bloß als gegenwärtig und nicht mehr als von Menschen durchführbar. Zugleich beschrieb er auch andere Endzeitereignisse als „zukünftig", interpretierte sie als noch nicht eingetroffene Prophetie (z.B. Satans Gebundenheit, Gog und Magog etc.). Und er erwartete den Fall Roms sowie die künftige Bekehrung der Juden.[91]

---

[87] Bereits im 16. Jahrhundert wurde diese Deutung vertreten.

[88] P. Toon: *Puritans, the Millennium and the Future of Israel* (1970/2002), S. 23: Er nennt u.a. den Einfluss der „Biblia Rabbinica" (1617) und Exegesen zu Hes. 37, zum Danielbuch in Verbindung mit Röm 11,25f. Theodor Beza, William Perkins und Hugh Broughton sprachen von einer endzeitlichen „Bekehrung der Juden". Solche Auffassungen prägten viele Puritaner seit dieser Zeit.

[89] P. Toon, *Puritans, the Millennium, and the Future of Israel* (1970/2002), S. 32-34.

[90] Ebd. S. 34-36.

[91] Johann Heinrich Alsted: *Tractatus de Mille Annis* (1618 – Englisch: *The Beloved City: or, the Saints Reign on Earth a Thousand Years*, 1643); vgl. P. Toon: *ebd.*, S. 42-56.

Joseph Mede (1586-1638) war ein herausragender englischer Prämillennialist seiner Zeit, Professor für Griechisch und Philosophie in Cambridge, außerdem Orientalist und Hebraist mit ausgezeichnetem Ruf, auch als gewissenhafter und gründlicher Exeget. Seine apokalyptische Geschichtsinterpretation fand auffallend weite Verbreitung und Zustimmung, v.a. auch seine Tabellen und Chronologien.[92] Sein prägender Einfluss war beachtlich.[93] Zu seinen bedeutendsten Beobachtungen ist sein Verständnis der Synchronisation von biblischen Prophetien zu zählen, das hervorhebt, dass an unterschiedlichen Stellen auftauchende biblische Aussagen oder Ereignisse gleiches bedeuten können.[94] Viele Details seiner Auslegung gelten als unmittelbare Vorläufer für die später systematisierte dispensationalistische Eschatologie.[95] Wie vor ihm ähnlich bei Napier, ermöglichte Medes Integrität als Wissenschaftler, dass seine Auffassungen Ansehen genossen und öffentliche Anerkennung erhielten. In mancher Hinsicht muss Mede als bedeutender gedanklicher Wegbereiter des späteren Dispensationalismus angesehen werden.

Die Vorstellung eines futurischen Millenniums übernahmen nicht alle späteren Millennialisten von Joseph Mede. Toon macht mit Recht darauf aufmerksam, dass die radikale Sekte ***„The Fifth Monarchy Men"*** bald nach der Hinrichtung von Karl I. um 1649 herum millennialisti-

[92] Im Jahre 1627 erschien sein epochales Werk *Clavis Apocalypticae* auf Latein, auf Englisch nachgedruckt 1632 und 1642 (Richard More übersetzte es: *The Key of the Revelation*, London 1643). Die englischsprachige Ausgabe fand rasch Verbreitung und wurde zum einflussreichsten Buch dieser Zeit; vgl. auch P. Toon, ebd., S. 56-65.

[93] Geprägt hat er nachweislich Stephan Marshall, Thomas Goodwin, Jeremiah Burroughs und William Bridge, die alle mehr oder weniger Medes Prämillennialismus folgten. Er unterrichtete persönlich John Milton, Nathaniel Holmes u.a. und führte einen umfangreichen Briefwechsel mit Bischof James Ussher.

[94] Beispielsweise die biblisch erwähnten 1260 Tage, 42 Monate oder 3 ½ Jahre beschreiben den gleichen prophetischen Zeitraum.

[95] Solche Details waren beispielsweise: Die beiden Tiere der Offenbarung (Offb 13) interpretierte Mede als Verkörperungen der politischen und der religiös-spiritualistischen Machtbereiche des römischen Katholizismus. In den zehn Hörnern des Tieres wiederum meinte er zehn europäische Nationen identifizieren zu können, die auf dem ehemaligen Territorium des *Imperium Romanum* entstehen würden. Mede war darüber hinaus davon überzeugt, dass tote Märtyrer leiblich von den Toten auferstehen würden und dass die Juden sich zu Christus bekehren würden. Er glaubte an eine wörtliche Wiederkunft Christi, an eine tausendjährige Königsherrschaft, zwei unterschiedliche Gerichte (1000 Jahre voneinander getrennt) und an die Herrschaft der „Braut" während des Millenniums. Außerdem sah er im Buch Daniel zwei verborgene Kalendarien, eines für Juden (siebzig Jahrwochen) und eines für die Nationen (vier Monarchien). Medes Auslegungen hatten beachtlichen Einfluss während der puritanischen Revolte gegen die Kirche von England; vgl. Joseph Mede: *Key of the Revelation*, I, S. 80-121, oder sein Werk *Apostasy of the Latter Times*, S. 62-70.

sches Gedankengut verbreitete (vgl. auch schon vorher die Spekulationen von Thomas Müntzer). Sie leiteten ihren Namen von den vier Königreichen aus Daniel 7 ab, während sie sich selbst als das letzte, das „Fünfte Königreich" der Vollendung verstanden.[96]

Thomas Goodwin (1600-1680), ein Kongregationalist und Puritaner, predigte vehement gegen die Abtrünnigkeit der Kirche von England zu seiner Zeit (v.a. gegen Erzbischof Laud). Der Antichrist war nun nicht länger nur auf das römische Papsttum beschränkt, sondern konnte auch auf die Kirche von England und ihre Repräsentanten bezogen werden. Mit anderen Worten, die episkopal-klerikale Kirchenstruktur des anglikanischen Protestantismus konnte (aus kongregationalistischer Perspektive) als Ausdruck des Antichristlichen verstanden werden. Diese negative Struktur zu überwinden, gehörte zu den Beweggründen für die Englische Revolution als Ausdruck eines „apokalyptischen Dramas", das „Babylon" überwinden würde, um das wahre „Königreich auf Erden" (Millennium) zu begründen (im Sinne eines historischen Prämillennialismus).

Zu nennen ist auch noch der Calvinist **Johan Mauritius Mommers** (1654-1737), der 1729 eine kurze Abhandlung mit dem Titel *The Millennium of the Saints* veröffentlichte.[97] Darin diskutierte er die chiliastischen Ideen seit Irenäus, Tertullian und Justin über Laktanz, Augustin und Eusebius bis in seine eigene Zeit hinein, und zwar interessanterweise trotz vorhandener Kenntnisse von Calvins Ablehnung des Chiliasmus und der Verwerfung desselben in der lutherischen Tradition. Mommers kritisiert die Vorläufer einer amillennialistischen Theologie, die seit Eusebius und Augustin in Theologie und Kirche vorherrsche. Er tat dies vor allem aufgrund seiner Auffassung vom Wirken des Antichristen, das er mit den Ereignissen um Papst Bonifaz III. aus dem Jahre 606 n. Chr. und aufgrund des Aufstiegs des Islam seinen Anfang nehmen sah, wie andere Protestanten es vor ihm ebenfalls gedeutet hatten (so auch schon Luther).[98]

Prämillennialistische Gedanken wurden ausdrücklich auch von reformierten Theologen vertreten, wie beispielsweise von **Johannes Piscator** (1546-1625) oder dem schon erwähnten Johann Heinrich Alsted. Auch

---

[96] P. Toon: *Puritans, the Millennium and the Future of Israel* (1970/ 2002), S. 66-90. Vgl. auch den Hinweis auf den Millennarist John Archer, der mit seiner apokalyptisch-millennialistischen Eschatologie und der erwarteten Regierung Christi auf Erden theologisch zwischen Mede und den *„Fifth Monarchy Men"* anzusiedeln ist, so P. Toon, ebd., S. 66-68.

[97] Vgl. dazu W. J. van Asselt: *Chiliasm and Reformes* (2001), S. 15ff.

[98] Ebd., S. 19-21.

Anglikaner wie Joseph Mede, Thomas Brightman und **James Ussher** (1581-1656) oder der Hugenottenflüchtling **Pierre Jurieu** (1637-1713) erwarteten ein Königreich Christi *vor* dem Endgericht und der Weltvollendung. Ähnliches ist zu finden in der „Prophetischen Theologie“ eines **Johannes Cocceius** (1603-1669), oder in den Erörterungen des römisch-katholischen Historikers **Caesar Baronius** (1538-1607).[99] In Anlehnung an die Geschichtsperiodisierung von Cocceius deutete **Jacobus Koelman** (1632-1695) die biblische Prophetie so, dass eine nationale Bekehrung der Juden und ihre Rückkehr nach Palästina zukünftig zu erwarten sei und sie den Tempel wieder aufrichten würden. Beachtenswert ist, dass im 16. und 17. Jh. in den Niederlanden viele Gläubige die Ansicht vertraten, dass das Tausendjährige Reich zukünftig sei (sie also eine prämillennialistische Sicht bevorzugten).[100] Die klassische Ausformulierung des neuzeitlichen *Postmillennialismus als System* wird demgegenüber gewöhnlich **Daniel Whitby** (1638-1726) zugeschrieben, einem Unitarier.[101]

Zu den einflussreichen Heilsgeschichtlern ist auch der französische Mystiker **Pierre Poiret** (1646-1719) zu zählen. Er kennt in seinem sechsbändigen Werk *L'Économie divine, ou système universel et démontré des œuvres et des desseins de Dieu envers les hommes* von 1687 (engl.: *The Divine Economy*, London 1713) sechs Zeitalter: 1. Säuglingsalter, 2. Kindheit, 3. Zeit des Heranwachsens, 4. Jugend, 5. Alter, 6. Zeitalter der Erneuerung. Damit steht er in der Nachfolge einer Tradition, die v.a. im britischen Königreich ziemlich populär geworden war und die nachhaltige Auswirkungen auf die Frömmigkeit des 19. Jahrhunderts genommen hat.

Sogar der amillennialistisch denkende Calvinist **John Edwards** (1639-

---

[99] Vgl. ebd. 17. Siehe auch: G. Möller: *Föderalismus und Geschichtsbetrachtung im 17. und 18. Jahrhundert,* in: ZKG 50 (1931), S. 393-440; H. Hotson: „The Historiographical Origin of Calvinist Millenarism“, in: B. Gordon (Hg.): *Protestant History and Identity in Sixteenth-Century Europe, Bd. 2: The Later Reformation*, Ashgate 1998, S. 159-181.

[100] Beispielsweise werden Coccejus, Alting, die beiden Vitringas, d'Outrein, Witsius, Hoornbeck, Koelman und Brakel von Berkhof als Postmillennialisten aufgeführt; vgl. Bryan W. Ball: *A Great Expectation. Eschatological Thought in English Protestantism to 1660.* Studies in the History of Christian Thought 12, Brill: Leiden 1997.

[101] Vgl. George N. H. Peters: *The Theocratic Kingdom of Our Lord Jesus, the Christ, As Covenanted in the Old Testament And Presented in the New Testament,* Bd. I, Grand Rapids 1972 (Nachdruck des Original, New York 1884), S. 482-483. Andere Vertreter, die weitgehend aufgrund der wiederentdeckten reformatorischen Literalsinn-Hermeneutik den altkichlichen Prämillennialismus favorisierten, waren außerdem: Maton (1642), Homes (1654), Farmer (1660), Peterson (1692), Sherwin (1665), Cressener (1689); Flemming (1708), Ch. Daubuz (1730), Hartley (1764), M.F. Roos (1770), J.J. Hess (1774) oder auch Conrade, Gallus, Brahe, Kett, Broughton, Marten, Sir Isaac Newton; vgl. die Auflistung bei G. N. H. Peters, ebd., S. 538.

1716) kennt die Periodisierung der Weltgeschichte. Er studierte um 1699 in der Bibliothek der University von Cambridge und fand heraus, dass es eine Menge beachtenswerter Literatur gab, die sich mit heilsgeschichtlichen Ökonomien (Haushaltungen) intensiv beschäftigt haben.[102] Sein berühmter Namensvetter **Jonathan Edwards** (1703-1758) meint in seinem beachtlichen Werk *History of the Work of Redemption*, dass das Heil Gottes sich progressiv entfaltet habe.[103] Der Poet und Schriftsteller **Isaac Watts** (1674-1748) kennt ebenfalls ein mehrgliedriges Heilsgeschichtsschema und unterteilt dementsprechend folgende *dispensations:* 1. Unschuld, 2. Adamitisch, 3. Noahitisch, 4. Abrahamitisch, 5. Mosaisch, 6. Christlich.[104]

Darüber hinaus haben andere Persönlichkeiten besondere heilsgeschichtliche „Heilszeitalter" als sinnvolle, theologisch begründbare Strukturierung der biblischen Offenbarung und der Menschheitsgeschichte eingeführt und gelehrt, die im Englischen u.a. ***dispensations*** genannt wurden. Das Wort ***dispensation*** als Charakterisierung von heilsgeschichtlichen Periodisierungen mit biblischer Begründung war im Englischen seit dem 16. und dem 17. Jahrhundert weit verbreitet.[105]

1.4. Israel, Juden und Christen – eine heilsgeschichtliche Begegnung besonderer Art

Wir haben bei unserer Spurensuche deutlich gesehen, dass in der reformatorischen und nachreformatorischen Zeit Gläubige sich ernsthaft mit

---

102 Arnold Ehlert: *A Bibliographic History of Dispensationalism*, Baker Book House, Grand Rapids 1965, S. 1.

103 Vgl. dazu A. Zakai: *Jonathan Edward's Philosophy of History: The Reenchantment of the World in the Age of Enlightenment,* Princeton: Princeton Univ. Press, 2003.

104 Charles C. Ryrie: *Dispensationalism Today,* 2., verb. Aufl., Chicago (Moody) 1995 (Orig. v. 1965), S. 65-71; Norman C. Kraus: *Dispensationalism in America: Its Rise and Development,* Richmond: John Knox Press, 1958. Zu beachten wäre außerdem William Whiston (1667-1752), der in einer ähnlichen Tradition stand.

105 Im Englischsprachigen ist der Begriff *„dispensation"* zunächst einmal nicht theologisch-dispensationalistisch qualifiziert. Wir haben es beispielsweise bei Puritanern und Anglikanern oder bei Edwards und Watts überwiegend mit reformiert-calvinistisch geprägten Theologen *vor* dem 19. Jahrhundert zu tun, die noch unbeschwert diesen Ausdruck *dispensation* verwenden konnten ohne in Gefahr zu geraten, einer bestimmten, eben der *dispensationalistisch*-theologischen Richtung zugerechnet zu werden. Außerdem wird in einigen englischsprachigen Bibelübersetzungen das griechische Wort *oikonomia* immer schon im Englischen mit *dispensation* wiedergegeben, mit der Bedeutung von *stewardship, administration, order*. Die *Westminster Confession (1647)* spricht z.B. in Art. VII, 6 von der Gnade innerhalb der Heilsgeschichte *„under various dispensations"*, deren Theologie keineswegs den Dispensationalismus im Sinne Darbys meint.

biblischer Prophetie, mit Einzelaspekten der Heilsgeschichte, mit der Periodisierung von heilsgeschichtlichen Etappen oder mit der Auslegung der Offenbarung auseinandergesetzt haben. Das Ergebnis ist teilweise uneinheitlich. Die Mosaiksteine, die die Ausleger beim Bibellesen hervorgebracht haben, sind auch nicht in jeder Hinsicht überzeugend. Dennoch ist interessant zu beobachten, dass immer wieder das Verhältnis von Judentum und Kirche thematisiert wurde. Hier nur eine kleine Auswahl an wichtigen Zeugen, die sich mit der heilsgeschichtlichen Rolle der Juden, der endzeitlichen Bekehrung Israels, der nationalen Wiederherstellung Israels usw. beschäftigt haben.[106]

Calvin hat hinsichtlich der Lehre von Israel für die reformierte Tradition durchaus nützliche Impulse geliefert. Er teilte nicht (in allen Aussagen) die zu seiner Zeit übliche Auffassung, dass Israel bzw. das Volk der Juden von Gott prinzipiell verworfen sei und die Kirche Israel beerbt habe bzw. an seine Stelle getreten sei. Calvin betont einerseits, insbesondere in seiner Auslegung des Römerbriefes zu Kap. 11 (in Korrespondenz zu Jer 31,31-34), dass (a) Gottes ewiger ungekündigter Bund mit Israel nicht durch Sünde zerstört werden könne, (b) die Juden die Ersterwählten Gottes bis zur Ewigkeit blieben (sozusagen erstgeborene, ältere Geschwister der Christen) und (c) Gottes Erwählung nicht von der Würdigkeit des Bundespartners abhängig sei, vielmehr die Bundestreue Gottes das Volk trage. Und genau diese Treue Gottes zum unwürdigen Bundespartner bildet die Grundlage für die „Rechtfertigung des Gotteslosen“ *(iustificatio impii)*, wie sie Calvin versteht. Gäbe es diese nicht, wäre auch das Heil für Christen in Frage gestellt.[107] Diese Sicht der Dinge wurde unter späteren reformiert-föderaltheologischen Vertretern leider nicht immer, oft überhaupt nicht mehr beherzigt oder geglaubt.[108] Es gibt allerdings Aussagen Calvins, die eher bestätigen, dass auch er die Beziehung zwischen Gott und Israel als beendet ansieht.[109] Williamson spricht von einer inhaltlich-logischen Spannung

---

[106] Zum Einstieg in das Thema ist zu empfehlen, vgl. W. J. van Asselt: Chiliasm and Reformed Eschatology in the Seventeenth and Eighteenth Centuries (2001), S. 11-29.

[107] Johannes Calvin: *Auslegung der Heiligen Schrift, Bd. 16: Römerbrief und Korintherbriefe*, übers. u. bearb. v. Gertrud Graffmann, Hans Jakob Haarbeck und Otto Weber, Neukirchen 1960, S. 180-240.Vgl. auch Hans Scholl: *Verantwortlich und frei. Studien zu Zwingli und Calvin, zum Pfarrerbild und zur Israellehre der Reformation*, Zürich 2006, S. 159-220, berechtigterweise mit kritischen Bemerkungen zu den Ansichten der Reformatoren.

[108] Vgl. Michael J. Vlach: *The Church as a Replacement of Israel. An Analysis of Supersessionism*, Wake Forest, NC, 2004, S. 82-129.

[109] Ebd., S. 23-24.

bei Calvin im Blick auf sein Verständnis von Israel bzw. der Juden im Verhältnis zur Kirche.[110]

Der Gedanke, dass am Ende des Zeitalters viele Juden oder sogar das ganze Volk der Juden sich zu Christus bekehren und dadurch der Kirche auf Erden viel geistlicher Segen zuteil werden würde, geht möglicherweise (auch) auf den Einfluss von **Theodor Beza** (1519-1605) zurück. Seine Auslegung zu Röm 11,25ff. spricht von einer endzeitlichen Bekehrung des jüdischen Volkes zu Christus hin.[111] William Perkins und Robert Baille waren unter der großen Zahl von britischen und schottischen Gläubigen, die Beza auch in dieser Hinsicht nacheiferten.[112]

Auch der Einfluss von **Martin Bucer** (1491-1551) in Cambridge und **Pietro Martire Vermigli** (1499-1562) in Oxford dürfte kaum zu überschätzen sein, da beide dazu beitrugen, Römer 11 auf ein ethnisches Israel und nicht mehr auf die christliche Kirche hin auszulegen. Insbesondere **Hugh Broughton** (1549-1612) wurde durch diese neue Sicht dermaßen inspiriert, dass er als erster (nachreformatorischer) Engländer in die Geschichte einging, weil er als Judenmissionar in den Nahen Osten ging.[113] In Douglas J. Culvers Abhandlung *Albion and Ariel*[114] wird der Engländer **Francis Kett** (1547-1589) genannt, der 1585 ein Buch mit dem Titel *The Glorious and Beautiful Garland of Man's Glorification Containing the Godly Misterie of Heavenly Jerusalem* veröffentlichte. Darin bekennt er sich zur nationalen Rückkehr der Juden nach Palästina. Diese Auffassung, dass die Juden in ihr Land zurückkehren würden, wurde jedoch in England als Irrlehre gebrandmarkt und gewaltsam unterdrückt, so dass Kett deshalb am 14. Januar 1589 auf dem Scheiterhaufen hingerichtet wurde.[115]

Als eine Art Schlüsselfigur im Blick auf die Juden ist der bereits oben erwähnte **Henry Finch** anzusehen. In seiner Schrift *The Worlds Resurrection or The Calling of the Jewes. A Present to Judah and the Children of Israel*

---

[110] Clark M. Williamson: *A Guest in the House of Israel*, Westminster/ John Knox: Louisville (KY) 1993, S. 131.

[111] Theodor Beza (1519-1605), vgl. Heinrich Heppe: „Theodor Beza. Leben und ausgewählte Schriften", in: *Leben und ausgewählte Schriften der Väter und Begründer der reformierten Kirche*, Bd. 4, hg. v. J. W. Baum et al., Elberfeld 1861; oder: P.-F. Geisendorf, *Theodor de Bèze*, Genf 1949; Jill Raitt: Art. „Beza, Theodor", in: *TRE* 5 (1980), S. 765-774.

[112] P. Toon: *Puritans, the Millennium and the Future of Israel* (1970/2002), S. 9.

[113] Vgl. dazu: Katherine R. Firth: *The Apocalyptic Tradition in Reformation Britain 1530-1645*, Oxford 1979, S. 158.

[114] Douglas J. Culver: *Albion and Ariel. British Puritanism and the Birth of Political Zionism*, Peter Lang: Frankfurt/New York et al. 1995.

[115] Ebd., S. 60. 71-73.

that Ioyned with Him, and to Ioseph (that valiant tribe of Ephraim) and all the House of Israel that Ioyned with Him aus dem Jahre 1621[116] provozierte er die englische Obrigkeit dermaßen, dass ihm sein Ansehen als Gelehrter sowie sein Hab und Gut genommen wurden und er strafrechtliche Sanktionen erleiden musste. Und alles nur deshalb, weil er die Wiederherstellung Israels neben der bleibenden Existenz der Kirche propagierte.[117]

Andere führende Puritaner wie **Henry Archer** oder **Robert Maton,** lehrten ebenfalls die Wiederherstellung Israels, die irdische Herrschaft Christi auf dem Thron Davids, die (endzeitliche) Erlösung Israels. Sie kritisierten, dass Begriffe wie *Israel, Zion – Jerusalem* weithin als Beschreibungen der Kirche verstanden würden.[118] Ihre Kritik wurde zurückgewiesen. Sie ernteten stattdessen Verachtung, Spott und handgreifliche Diskriminierung. **Increase Mather** (1639-1723), ein amerikanischer Puritaner, verfasste eine Reihe von Lektionen, die unter dem Titel *The Mystery of Israels Salvation* (1669) zusammengefasst vorliegen. Er sprach darin ebenfalls von einer davidischen Königsherrschaft Christi und der Wiederherstellung der Juden in ihrem Land. Seine Gründe das Heil Israels als Nation zu erwarten, basierten auf seiner Auffassung (1) der Gnade und Barmherzigkeit Gottes, (2) der (bleibenden) Erwählung Israels als Gottesvolk, (3) der Macht Gottes, (4) der Erfüllung biblischer Prophetie, (5) des unaufgebbaren Bundesschlusses mit Abraham und (6) der Gebete der Heiligen (= Christusgläubigen).[119]

Culver schlussfolgert im Blick auf die Epoche der puritanischen Wiederentdeckung Israels und der Juden, dass die Lehre der nationalen Wiederherstellung der Juden den christlichen Zionismus im späten neunzehnten und zu Beginn des zwanzigsten Jahrhunderts vorbereitet habe.[120] Und Wilkinson ergänzt diese Beobachtung mit einer zusammenfassenden Feststellung unter Bezugnahme auf Forschungsergebnisse von D. S. Katz: Weil sich das Leben des 16. Jahrhunderts in England zunehmend um die Bibel als Mittelpunkt gruppiert habe und dabei das Alte

---

[116] D. J. Culver: *Albion and Ariel* (1995), S. 101.

[117] Ebd., 116-117. Weitere Puritaner nennt Paul R. Wilkinson *For Zion's Sake. Christian Zionism and the Role of John Nelson Darby, Studies in Evangelical History And Thought*, Paternoster: Milton Keynes et al. 2007, S. 135-161.

[118] Robert Maton: *Israel's Redemption, or the Propheticall History of our Saviours Kingdom on Earth*, London 1641, zitiert bei P. R. Wilkinson, ebd., S. 146.

[119] Increase Mather: *The Mystery of Israels Salvation. Explained and Applied. Or, a Discourse" Concerning the General Conversion of the Israelitish Nation*, London 1669, S. 21. 130-131, zitiert bei P. R. Wilkinson, ebd., S. 147.

[120] D. J. Culver, ebd., S. 61.

Testament neben dem Neuen zu neuen Ehren gekommen sei, hätte die Sprache Kanaans (Aramäisch/Hebräisch), mit der Gott zu den der Israeliten gesprochen hatte, auch unter den Gelehrten eine herausragende Bedeutung gewonnen, die sich zunehmender Beliebtheit erfreut habe.[121]

Folgende historische Notiz scheint ebenfalls für unsere Untersuchung nicht unbedeutend zu sein, die das Gesagte ergänzt. Nach der Abschlachtung von Juden in Osteuropa nach dem dreißigjährigen Krieg wandte sich der Amsterdamer Oberrabbiner **Mannasse Ben Israel** (1604-1657) mit einer Petition an Oliver Cromwell und bat um Hilfe für seine Landsleute, die Juden. In seiner Darlegung sprach er u.a. von der jüdischen Hoffnung der Wiederherstellung Israels auf dem Boden ihres ursprünglichen Heimatlandes, ähnlich dargelegt, aber ausführlicher beschrieben in Ben Israels bekanntestem Werk *The Hope of Israel* (1650).[122] Auch der überlieferte Briefwechsel vom 4. August 1657 des deutschen Protestanten **Heinrich Oldenburg** mit Ben Israel verdeutlicht, dass erste Anzeichen auf eine Rückkehrhoffnung für Juden in das Land ihrer Väter in christlich-erweckten Kreisen Deutschlands vorhanden gewesen sind (sozusagen erste verifizierbare Hinweise auf einen „Proto-Zionismus" im 17. Jahrhundert).[123] Diese wenigen Notizen verdeutlichen, dass die Jahrhunderte alte, alles dominierende Ersatztheologie biblisch-theologisch zu überwinden versucht wurde. Das Verhältnis von Israel/Juden zur Gemeinde Jesu wurde nun zunehmend heilsgeschichtlich verstanden, nicht mehr unter dem Vorurteil der Verwerfung Israels durch Gott oder der Enterbung der Väterverheißungen an Israel durch die Kirche. Die Überzeugung der bleibenden Erwählung Israels neben der Kirche Jesu Christi und die Erfüllung von noch ausstehenden, endzeitlichen Verheißungen für Israel bzw. für Juden bildeten weitere Mosaiksteine für heilsgeschichtliches Denkens, wie es auch in der Folgezeit bedeutsam werden sollte.

---

[121] David S. Katz: *The Jews in the History of England 1485-1850*, Oxford 1994, S. 110, zitiert bei P. R. Wilkinson, a.a.O., S. 150. Katz weist außerdem auf den aufschlussreichen Tatbestand hin, dass der Streit mit dem Extremisten John Traske (1585-1636), der als Sabbaterianer forderte, dass Christen gewisse Gesetze des Mose zu halten hätten, zur ersten öffentlichen Debatte in England seit dem Jahr 1290 führte, die das Verhältnis von Christen und Juden erörterte, D. S. Katz, ebd., S. 112.

[122] P. R. Wilkinson, ebd., S. 152-153. Die Petition wurde aber trotz Cromwells Unterstützung abgelehnt.

[123] Ebd., S. 153.

1.5. Aufgeheizte Endzeitstimmung im Übergang zum 19. Jahrhundert

Am Ende des 18. und zu Beginn des 19. Jahrhunderts lassen sich verstärkt apokalyptisch-eschatologische Vorstellungen beobachten, die unterschiedliche Traditionen heilsgeschichtlich-endzeitlichen Denkens der nachreformatorischen Zeit aufgriffen und auf unterschiedliche Weise bündelten. Die Erweckungen unter der christlichen Bevölkerung Großbritanniens (und des Festlands) waren ebenfalls häufig durch diese Anschauungen geprägt. J. P. Ward führt in seiner Doktorarbeit exemplarisch Ereignisse an, die das damalige eschatologisch-spirituelle Klima widerspiegeln. Er weist auf das verheerende Erdbeben in Lissabon aus dem Jahre 1755 hin, auf die französische Revolution oder auf verschiedene endzeitlich-prophetische Bewegungen. Auch einflussreiche Schriften werden erwähnt, wie z.B. die von **Mordecai Manuel Noah** (1785-1851), **Moses Montefiore** (1784-1885) und anderen, die die Wiederaufrichtung Israels betrafen.[124]

Die eschatologischen Spekulationen von Jesuiten, wie **Luis de Alcazar** (1554-1613), **Francisco Ribera** (1537-1591) oder **Emmanuel Lacunza** (1731-1801), eines chilenischen Jesuitenpriesters, der – nach seiner Bekehrung zum Judentum – unter dem Namen Rabbi Juan Josafat Ben-Ezra wirkte, werden ebenfalls genannt. Sie alle behandelten verschiedene apokalyptische, biblisch-prophetische Themen, die das Kommen des Antichristen als zukünftig beschrieben (um dezidiert den Papst als Antichristen aus der theologischen Schusslinie zu bringen) oder die das anbrechende Millennium erwarteten. Solche Schriften (bzw. ihre Lehren) waren in erweckten Kreisen weit verbreitet im Umlauf.[125] Die Inten-

---

[124] John P. Ward: *The Eschatology of John Nelson Darby*, A thesis submitted to the University of London 1976 (unveröffentlicht), S. 51-63.

[125] Ausführlich diskutiert auch bei Gary L. Nebeker *The Hope of Heavenly Glory in John Nelson Darby (1800-1882)*, A Dissertation Presented to the Faculty of the Department of Theological Studies Dallas Theological Seminary, Dallas 1997 (unveröffentlicht). Die Zusammenhänge der eschatologisch-apokalyptisch angeheizten Stimmung und des Interesses an biblischer Prophetie am Ende des 18., zu Beginn des 19. Jahrhunderts und der vielfältigen Einflussmöglichkeiten auf Darby, dort v.a. unter der Überschrift *The Theological Antecedents of Darbys Hope of Heavenly Glory*, S. 69-94. Bereits in seiner Einführung (S. 12ff.) erwähnt Nebeker die vielfältigen Interpretationsmöglichkeiten, die innerhalb der historischen und soziologischen Wissenschaft bezüglich des Millenniums diskutiert werden. R. J. Zwi Werblowsky meint, 14 Einflussbereiche ausmachen zu können, die die damalige eschatologisch-millennialistische Stimmung beeinflusst haben könnte, in: ders.: *Religions New und Not So New: Fragments of An Agenda, in: New Religious Movements. A Perspective for Understanding Society*, hg. v. Eileen Barker, New York 1982, S. 32-49, zitiert bei G. L. Nebeker, ebd., S. 14. Nebeker bleibt selbst zurück-

tion dieser Autoren war u.a. folgende: Seit der Reformation betrachteten die Protestanten den Papst als Inkarnation des Teufels bzw. des Anti- oder Widerchristen und begründeten dies mit Aussagen der Bibel über den Antichristen.[126] In der Gegenreformation versuchte die katholische Kirche deshalb diese Interpretation biblischer Aussagen zu widerlegen. Einige taten das durch den Hinweis, dass das Kommen des Antichristen zukünftig sei. *Louis d'Alcazar* verlegte das Kommen des Antichristen in die Vergangenheit (*Präterismus* = abgeschlossene Ereignisse, ohne Bezug zur Gegenwart). Der Antichrist wäre demzufolge das politische Rom mit seinen Despoten gewesen, dem durch Krieg und Verfolgung Tausende von Juden und Christen zum Opfer fielen.[127] Dadurch war das Papsttum vom Vorwurf, den Antichristen zu verkörpern, entlastet. Der Jesuit *Francisco Ribera* veröffentlichte dagegen bereits 1585 seine eher *futurische Sichtweise* der Prophetie: Der Antichrist komme demnach aus dem Volk Israel und werde erst nach der unsichtbaren Wiederkunft Jesu und der heimlichen Entrückung der Gläubigen auftreten. So konnte der Papst nicht der Antichrist sein. Der wirkliche Antichrist werde den Tempel wieder aufbauen, den christlichen Glauben abschaffen, sich an die Stelle Gottes setzen und die Welt innerhalb von dreieinhalb Jahren erobern.

Im geistlichen Konglomerat solcher und ähnlicher Auffassungen und Einflüsse, in unmittelbarer Beziehung zu ähnlichen Auffassungen aus der nachreformatorischen Zeit vom 16. bis zum 18. Jahrhundert begann John Nelson Darby zu wirken und seine eigene Bibelauslegung bezüglich der Heilsgeschichte und der Endzeit auszuformulieren.

1.6. Biblische Heilsgeschichte ordnen: Darbys Modellversuch

Das heilsgeschichtliche Modell des Dispensationalismus hat ganz offensichtlich von etlichen heilsgeschichtlichen Vorläufern profitiert. Wir finden in der frühen Kirche, im Mittelalter und seit der Reformationszeit biblisch-theologische Prinzipien vor, die später im neuzeitlichen Dispensationalismus des 19. Jahrhunderts als aus der Schrift ableitbare Wahrheiten weiterverarbeitet und entfaltet wurden. Die systematisierte Ge-

---

haltender in seinem Urteil, spricht weniger von Kausalitäten, als mehr von vorauslaufenden Bedingungen (bzw. von *mood*).

126 Bezugnahme und Auslegung von: Dan 7 und 8; 2Thes 2; Offb 13 und 17 usw.

127 Diese Position – modifiziert präsentiert – wird von Theologen unterschiedlicher konfessioneller Lager vertreten, wenn sie auch anders bezeichnet werden kann; vgl. Kurt Erlemann Endzeiterwartungen im frühen Christentum, Tübingen/Basel 1996, S. 130-134.

samtschau des heilsgeschichtlichen Dispensationalismus ist sicherlich kaum vor der Zeit von **John Nelson Darby** (1800-1881) im 19. Jahrhunderts anzusiedeln. Doch finden wir – wie wir gesehen haben – eine Menge historischer und theologischer Vorfahren heilsgeschichtlichen Denkens, die Darby möglicherweise aus dem reichen Erbe des englischen Puritanismus oder des festländischen Pietismus beeinflusst haben (können).[128]

In England gab es in puritanischen Kreisen bereits eine breite Tradition, die chiliastisches Gedankengut und die Periodisierung der biblischen Heilsgeschichte betont. Darüber hinaus herrschte eine Nah- bzw. Endzeiterwartung und es wurden heilsgeschichtlich relevante Zeiten für Israel von solchen für die Gemeinde Jesu unterschieden. Darbys Systematisierung des Dispensationalismus war also nichts wirklich Neues, sieht man einmal von der Akzentuierung im Detail ab.

1.6.1. Die Lehre von den biblischen Zeitaltern

Darby lehrte u.a. auf der Basis von 1Thes 4,13-18 die Entrückung der Kirche Jesu Christi „*in einem Augenblick*“. Diesem heilsgeschichtlichen Ereignis sollen die *70 Jahrwochen* aus Daniel[129] folgen, in deren Verlauf Israel noch einmal zum Mittelpunkt im Plan Gottes werden würde. In dieser Periode – so glaubte Darby – würde das 1000-jährige Königreich stattfinden, in dem Christus als König herrschen und Gott schließlich seine nicht aufgehobenen, aber bis dahin noch nicht erfüllten Versprechen an und für Israel erfüllen werde.[130]

Darby entfaltete seinen Entwurf des Dispensationalismus, indem er bestimmte heilsgeschichtliche Epochen bestimmten Absichten im Plan Gottes zuteilt. Jeder Mensch steht dabei innerhalb einer heilsgeschichtlichen Ordnung (= Haushaltung) unter einer bestimmten Verantwortung vor Gott. Kommt der Mensch dieser Verantwortung nach, erfährt er Gottes Segen. Das Heil allerdings ist durch alle Dispensationen hindurch allein aus Gnade (*sola gratia*) zu erlangen. Es gibt also mehrere heilsgeschichtliche Epochen, aber nur einen einzigen Heilsweg.

---

[128] Darby waren viele Quellen der Theologiegeschichte selbst bekannt, er zitierte sie des öfteren. Auch die Bücherliste des Auktionshauses, das Darbys Bibliothek nach dessen Tod versteigerte, verdeutlicht, welch umfangreiche Kenntnisse christlicher Auffassungen aus vielen Jahrhunderten Darby gehabt haben muss. Vor allem ist ihm das Werk Augustins mehr als nur oberflächlich vertraut. Vgl. auch B. Schwarz: *Leben im Sieg Christi* (2008).

[129] Vgl. J. N. Darby: *Synopsis* 2, S. 410-457 oder ders.: *Collected Writings* 11, S. 55-62.

[130] Vgl.J.N. Darby: *Collected Writings* 2, S. 74-88.

Darbys Periodisierung der Heils- und Weltgeschichte unterscheidet sich allerdings von den Entwürfen vorlaufender oder späterer Vertreter, da nicht die Periodisierung *an und für sich* das Entscheidende für ihn darstellte, sondern die *Eigenschaften oder die Qualität* einer jeden Epoche. Erst diese unverwechselbaren Eigenschaften machten für ihn aus einem gewöhnlichen, periodisierbaren Zeitraum eine *Dispensation* der Heilsgeschichte Gottes.[131] Gekennzeichnet ist Darbys Heilszeitensicht durch folgende Elemente: Gott (1) initiiert eine Dispensation – (2) die Verantwortung des Menschen vor Gott wird „beschrieben" – (3) das Versagen innerhalb des Verantwortungsbereichs wird offensichtlich – (4) das Gericht über dieses Zeitalter wird vollzogen – (5) der Beginn einer neuen Dispensation wird eingeleitet. Jedes Zeitalter beginnt mit einer Verheißung Gottes und endet mit Gericht Gottes.[132] Darbys Dispensationenlehre ist folgendermaßen strukturiert, wobei Dispensationen und Nicht-Dispensationen unterschieden werden: (1) der Zustand des Menschen im Paradies (*keine Dispensation*), (2) vor der Flut (*keine Dispensation*), (3) Noah, (4) Abraham, (5) Israel (mosaisches Gesetz und Königtum), (6) die Nationen (7) die Zeit des Heiligen Geistes oder der Gemeinde (*keine Dispensation*), (8) das „Millennium" (= die 1000-jährige Königsherrschaft Jesu für Israel) und (9) Ewigkeit (*keine Dispensation*).[133] Vier Perioden der Heilsgeschichte bezeichnen bei Darby *keine* Dispensationen, er favorisiert also kein starres Schema. Wenigstens fünf andere Perioden können mehr oder weniger nach den Qualitätsmerkmalen einer Dispensation beschrieben werden.[134]

Wahrscheinlich hatte Darby seine dispensationalistische Theologie (inkl. Periodisierung der Heilsgeschichte in bestimmte „Haushaltungen Gottes", heilsgeschichtliches Nebeneinander von Israel und Kirche, die Entrückung der Gemeinde vor der „großen Trübsal" usw.), bis zum Jah-

---

[131] Vgl. dazu z.B. Larry V. Crutchfield: *The Origins Of Dispensationalism. The Darby Factor.* With a Foreword by John A. Witmer and Illustrations by Ron Crutchfield, Lanham/ New York/London 1991, S. 23-66 und S. 67-140.

[132] Darby schreibt dazu in: „The Apostasy of the Successive Dispensations", in: *Collected Writings* 1, S. 124-130; vgl. *Collected Writings* 1, S. 98: *„Every dispensation has its character, from the manner in which Christ is manifested and introduced in it"* sowie *Collected Writings* 1, S. 116: *„... flee from the wrath to come"* (= *judgement*) u.ö.

[133] Im Vergleich mit Scofield ist Darby wesentlich flexibler in seiner Dispensationenlehre, nicht so starr wie die Schematisierungen verschiedener seiner Vorläufer und Nachfolger; L. V. Crutchfield, a.a.O., S. 211ff.

[134] Darbys ausgereifte Zeitalterlehre siehe beispielsweise in: *„The Hopes of the Church of God, in Connection with the Destiny of the Jews and the Nations, as Revealed in Prophecy"* (1840), *Collected Writings* 1, S. 278-383.

re 1833 ausgebildet. Die eschatologisch-theologischen Vorläufer in Form von einzelnen Mosaiksteinen wurden – sofern sie Darby wahrgenommen hat – biblisch ausgewertet, in besonderer Weise akzentuiert und schließlich systematisiert.[135]

1.6.2. Die Unterscheidung von Israel und Kirche

Es spricht einiges dafür, dass Darby bereits während seines Studiums an der Trinity-Highschool in Dublin (ca. um 1819)[136] an eine zukünftige Rettung und eine Wiederherstellung (*restoration*) des nationalen Israels[137] zu glauben begann. Gegründet auf seiner Betrachtung von Bibelstellen wie Jes 32, meinte Darby, erkennen zu können, dass Israel in einer zukünftigen Epoche den Segen würde genießen können, der den Vätern einst verheißen war. Dieser Segen für Israel bezog sich auf die irdischen Dinge und war unterschieden vom himmlischen Segen, den ausschließlich die „Kirche" (gemeint ist die *ekklesia*) erfahren würde. Er sah und lehrte forthin eine deutlich erkennbare, heilgeschichtlich relevante Unterscheidung zwischen Israel und Kirche.

In seiner Untersuchung *For Zion's Sake*[138] hat Wilkinson plausibel nachgewiesen, dass und wie Darby betonte, dass Gott die Erwählung Israels niemals bereut habe. Darby habe vielmehr Mitchristen kritisiert, die überheblich bei sich dachten, dass die Juden von Gott beseite gesetzt worden seinen, die Kirche dies Schicksal jedoch nie zu erleiden habe.[139] Auch wird deutlich, wie Darby mit Hilfe der typologischen Interpretation der Schrift wichtige Festtage Israels auszulegen und für Christen zum Leuchten zu bringen vermochte (Passa, Pfingsten oder das Laubhüttenfest).[140]

---

[135] Einen Überblick über die Verbreitung der Vorentrückungslehre seit der Zeit Darbys bis zur unmittelbaren Gegenwart bietet Richard R. Reiter: „A History of the Development of the Rapture Positions", in: *The Rapture: Pre-, Mid-, or Post-Tribulational?* hg. v. Richard R. Reiter, Paul D. Feinberg, Gleason L. Archer und Douglas Moo, Grand Rapids 1984, S. 10-44.

[136] G. L. Nebeker, a.a.O., S. 143-159, dort wird die Problemstellung ausführlicher diskutiert.

[137] J. N. Darby, *Collected Writings* 11, S. 268-78; *Collected Writings* 28, S. 353.

[138] Paul Richard Wilkinson: *For Zion's Sake. Christian Zionism and the Role of John Nelson Darby, Studies in Evangelical History And Thought*, Paternoster: Milton Keynes et al. 2007.

[139] Stellen, die das bei Darby belegen, sind beispielsweise *Collected Writings* 33, S. 367; vgl. auch die ungebrochene Treue Gottes zu den Juden in Darbys Verständnis: *Collected Writings* 2, S. 263; *Notes and Comments* 2, S. 164.

[140] J. N. Darby, *Synopsis*, 1, S. 268.359 oder *Collected Writings* 19, S. 262ff.

Allerdings darf bei aller Wertschätzung für Israel und die Juden in Darbys dispensationalistischer Bibelinterpretation nicht verschwiegen werden, dass die endzeitlichen Zukunftsaussichten für Juden ganz und gar nicht nur positiv (von Röm 11 her) verstanden wurden. Im Gegenteil, es kommen noch schreckliche Gerichte und unvorstellbar schmerzhafte Läuterungen auf die Juden zu. Ein Großteil der Juden werde darin gewaltsam umkommen und getötet. Außerdem werde der endzeitlich personifizierte Antichrist aus den Reihen der Juden erwartet, währenddessen die Gemeinde Jesu bereits entrückt und beim Herrn sei.[141] Solche endzeitlichen Gerichtsszenarien für Juden (chronologisch *nach* der prätribulationalen Entrückung der Gemeinde[142]) sind mehr oder weniger Bestandteil der Haushaltungslehre bis zur Gegenwart geblieben. Auf Juden und die Heidenvölker, nicht auf die Gemeinde Jesu, kommt die endzeitlich erwartete „große Trübsal" unweigerlich zu.

Die prinzipielle Unterscheidung von Israel und Gemeinde Jesu als unterschiedliche Körperschaften im Plan Gottes spielt bei Darby und im ihm nachfolgenden Dispensationalismus bei der Auslegung und Interpretation der Bibel eine große Rolle. Nur so könne die Schrift „richtig eingeteilt" und ausgelegt werden *(rightly dividing the word)*, wenn man Schriftstellen auf ihre „Adressaten" bzw. ihren Kontext hin auslege und nicht Passagen, die beispielsweise für Israel gemeint sind, direkt auf die Gemeinde Jesu anwende. So sehr auch die Wahrheit von 2Tim 3,16 („alle Schrift") jedem Christen gelte, so doch nicht derart, dass jede Aussage zur verbindlichen Lehraussage für Christen werden dürfe, weil Christen in vielen Passagen des Wortes Gottes gar nicht gemeint seien – oder aber biblisch-heilsgeschichtliche Gründe dagegen sprechen würden, sie direkt auf Christen oder die Gemeinde Jesu anzuwenden.

1.6.3. Christlicher Zionismus in dispensationalistischer Schau

Theologiegeschichtlich bedeutsam wird diese Unterscheidung von Israel und Gemeinde Jesu auch im Zusammenhang mit Herzls „zionistischer Idee" am Ende des 19. Jahrhunderts. Immer wieder taucht dabei der Name des Christen **William E. Blackstone** (1841-1935) auf, der als Dispensationalist im klassischen Sinn zu verstehen ist. Blackstone schrieb eines der populärsten Bücher dieser Tage über die biblische Prophetie (in

---

[141] J. N. Darby, *Collected Writings* 2, S. 378-380.

[142] Prä-Tribulationalismus bedeutet: die Gemeinde Jesu wird vor den endzeitlichen Trübsalszeiten, von denen die Bibel spricht, zu Christus hin entrückt.

dispensationalistischer Manier) mit dem Titel *Jesus Is Coming* (1878), das über 1,3 Millionen mal verkauft und in 47 Sprachen übersetzt wurde. In der *Encyclopedia Judaica* wird er als der „berühmteste millennialistisch denkende Zionist der Vereinigten Staaten" bezeichnet.[143] Blackstone wirkte einerseits stark missionarisch unter jüdischen Immigranten in Amerika, indem er diesen Jesus als den vorhergesagten Messias proklamierte.[144] Anderseits setzte er sich bewusst mit enormer Kraftanstrengung für die Heimkehr der Juden in ihr Heimatland in Palästina ein, u. a. auch mittels einer von 413 einflussreichen christlichen Persönlichkeiten aus Politik, Kirchen und Industrie unterschriebenen Petition an Präsident Benjamin Harrison aus dem Jahre 1891, dem sog. „Blackstone Memorial".[145] Darin wird der Präsident der Vereinigten Staaten darum gebeten, sich in Europa unter den Regierungschefs und Monarchen für die Rückkehr der Juden in ihr Land einzusetzen. Blackstone hielt unbeirrt an der Hoffnung fest, dass die prophetischen Aussagen für das Volk Israel in Erfüllung gehen würden. Er sah in Europa sowie in der zionistischen Bewegung Anzeichen dafür, dass diese Erfüllung bevorstehen könnte.

Neben Blackstone sind eine Reihe anderer „Dispensationalisten" zu nennen, die teilweise bereits *vor*, andere nach Israels Staatsgründung im Jahre 1948 eine Anzahl von biblisch-prophetischen Erfüllungen für Israel erwarteten, z.B. **Lewis Sperry Chafer**, **John F. Walvoord**, **Dwight L. Pentecost**, **Alva J. McClain**, **Robert L. Saucy** u.a. Walvoord, der Nachfolger Chafers in Dallas als Präsident, beklagte im Jahre 1962, dass viele zeitgenössische Theologen ignorieren würden, was die Bibel über Israel lehre. Wieder andere – so kritisierte er – glaubten lediglich an eine Art geistliche Wiederherstellung Israels, ohne politische oder geographische Auswirkungen anzunehmen wie sie doch laut der Verheißungen zu erwarten seien, die Israel einst erhalten habe.[146] Die in diesem Sinne argumentierenden Dispensationalisten, auch aus der akademisch-wissenschaftlichen Theologie, umfasst mittlerweile eine zahlenmäßig relativ große Schar.

---

[143] *Encyclopedia Judaica* XVI, 1154 (16 Bde., Jerusalem 1971ff.). Vgl.: *„No American premillennialist earned more acclaim among Zionists"*, so Timothy P. Weber: *Living in the Shadow of the Second Coming. American Premillennialism, 1875-1982*, Chicago 1987, S. 137.

[144] Blackstone gründete die *„Hebrew Christian Mission"* im Jahre 1887; im Jahre 1889 in *„Chicago Hebrew Mission"* umbenannt, heute als *AMF International* bekannt.

[145] P. R. Wilkinson, ebd., S. 252-253.

[146] John F. Walvoord: *Israel in Prophecy*, Grand Rapids 1962, S. 9.

Als klassisch gilt die Einteilung der Heilsgeschichte in sieben Epochen nach **Cyrus I. Scofield** (1843-1921). Durch seine Studienbibel von 1909 (seitdem in vielen Auflagen herausgebracht), in der dieses heilsgeschichtliche Schema der Zeitalter integriert ist, wurden Generationen von konservativen Christen und Gemeinden geprägt. Er unterscheidet sieben Zeitalter, die er bestimmten Bibelstellen zuordnet: 1. Unschuld (1Mo 1,28), 2. Gewissen (1Mo 3,7), 3. menschliche Regierung (1Mo 8,15), Verheißung (1Mo 12,1), Gesetz (2Mo 19,1), die Gemeinde (Apg 2,1) und das Königreich Gottes (Offb 20,4).[147] Die Wirkungsgeschichte der *Scofield Reference Bible* war im 20. Jahrhundert enorm. Zugleich wirkte seine Segmentierung der Heilsgeschichte statisch.

Im deutschsprachigen Mitteleuropa dürfte der Name **Erich Sauer** (1898-1959) vielen Christen ein Begriff sein. Er wurde geprägt durch die offene Brüderversammlung in Berlin. Später als Studienleiter der Bibelschule Wiedenest trug Sauer dazu bei, dass die theologischen Gedanken der Brüderbewegung, auch die der Heilszeitentheologie, im deutschsprachigen Raum weite Verbreitung fanden. Seine Schriften, wie *Das Morgenrot der Welterlösung*, *Der König der Erde*, *Der Triumph des Gekreuzigten* und vor allem *Gott, Menschheit und Ewigkeit* werden bis heute in christlichen Kreisen studiert. Heilsgeschichtliches Denken und heilsgeschichtliche Bibelauslegung anhand von Diagrammen und Heilszeitentabellen wurden durch Sauers Veröffentlichungen in christliche Kreise hineingetragen und popularisiert. Horst Afflerbach hat sich in seiner Dissertation aus dem Jahre 2004 mit dem Titel „Die heilsgeschichtliche Theologie Erich Sauers im Kontext missionarischer Verantwortung" gründlich mit wichtigen Aspekten der Theologie Sauers auseinandergesetzt. Für die Erforschung der deutschsprachigen Verbreitung der heilsgeschichtlichen Theologie ist diese Untersuchung wegweisend.[148]

Ein weiterer Name ist zu nennen, der im Sinne der deutschsprachigen Heilszeitenlehre (Dispensationalismus) von großem Einfluss gewesen ist, **Gertrud M. E. Wasserzug**, geb. Traeder (1894-1992). Gertrud Wasserzug gehörte zu den ersten Frauen, die Theologie und Philosophie an deutschen Universitäten studierten. Im Jahre 1920 wurde sie zum Dr. phil. promoviert. 1926 begegnete sie **Saturnin Wasserzug** (1862-1950),

---

[147] Vgl. L. V. Crutchfield: *The Origins Of Dispensationalism* (1991).

[148] Horst Afflerbach: *Die Heilsgeschichtliche Theologie Erich Sauers im Kontext missionarischer Verantwortung*, Gießen 2006.

ihrem späteren Ehemann, „einem gebürtigen Schweizer jüdischer Abstammung, ehemaliger Leiter einer Missionsschule in Tunis und Missionar in Palästina."[149] G. Wasserzug war ein langes Leben lang in unterschiedlichen christlichen Arbeitszweigen engagiert (in der Studentenarbeit, in der Frauenmissionsschule, in der Missions- und Evangelisationsarbeit, als Dozentin, als Schriftstellerin erbaulich-theologischer Bücher usw.). Ihre „eigentliche Lebensaufgabe wurde jedoch die Leitung der interdenominationellen Bibelschule Beatenberg. Über 1000 Schüler wurden dort bis Anfang der 60er Jahre im Missionsseminar (2 Jahre) und im darauf aufbauenden Theologischen Seminar (2 Jahre) hauptsächlich durch G.W[asserzug] ausgebildet."[150]

Obwohl offiziell ihr Mann bzw. nach dessen Tod 1950 Stanley Clark die Bibelschule leitete, war G. Wasserzug die eigentliche Leiterin. In den 50iger und 60iger Jahren des 20. Jahrhunderts galt Beatenberg als eine der führenden evangelikalen Ausbildungsstätten Europas. Theologisch sind vor allem zwei Aspekte besonders hervorstechend: Zum einen vertrat sie eine herausfordernde Heiligungslehre in Anlehnung an Ruth Paxons „Life on a Higher Plane" (dt.: Das Leben im Geist). Zum anderen wurde sie bereits während ihres Studiums stark durch amerikanischen Theologen wie Chafer oder Scofield beeinflusst, deren Dispensationalismus sie kennen und schätzen lernte. Die Herausgabe der ins Deutsche übersetzte Scofield Studienbibel, dazu unterschiedliche Schriften zur Heilszeitentheologie aus ihrer Feder verdeutlichen wie sehr G. Wasserzug im Denken in Heilszeiten scofieldscher Prägung zu Hause war. Auch dadurch hat sie über Generationen hinweg Bibelschüler in Beatenberg und darüber hinaus nachhaltig geprägt.[151]

1.7. Heilsgeschichte anders verstanden

Nach dem v.a. theologisch bedeutsamen Ausflug über den britischen Puritanismus hin zum dadurch beeinflussten Dispensationalismus des

---

[149] Stephan Holthaus: Art. „Wasserzug, Gertrud Margarete Elisabeth", in: *Biographisch-Biliographisches Kirchenlexikon*, Bd. XVI (1999) Sp. 1515-1522.

[150] Ebd.

[151] Vgl. z.B. in kleiner Auswahl die Schriften von G. Wasserzug: *Die Entrückung der Gemeinde ist sehr nahe*, o.J.; *Die Zukunft des Volkes Israel: Berufung – Große Trübsal – Tausendjähriges Reich*, o.J.; *Die neue Scofield Bibel mit Erklärungen*, (als Herausgeberin, 3. Aufl. 1978); *Das Heil in Jesus Christus für Juden und Nationen*, 1982; *Nach der Stunde der Entrückung*, 1991; *Der Heilsplan Gottes nach der neuen Scofield Bibel*, bearb. v. Wilhelm und Jolanda Biester, 1997.

19. und 20. Jahrhunderts, kehren wir nun noch einmal ins 17. Jahrhundert zurück. Dort lassen sich – v.a. im deutschen Pietismus – beachtliche Zeugnisse einer heilsgeschichtlichen und damit teilweise auch einer judenfreundlichen Bibelauslegung unter Christen wahrnehmen, die einen weiteren Beitrag zum heilsgeschichtlichen Denken bieten.

In seiner epochemachenden Schrift *„Pia Desideria"* von 1675, in der **Philipp Jakob Spener** (1635-1705) „Hoffnung auf bessere Zeiten" für die Kirche erwartete[152], spielen die Juden bzw. spielen die Judenbekehrung und Israel sowie das richtige Verhalten von Christen Juden gegenüber eine wichtige Rolle.[153] Spener plädierte ausdrücklich dafür, dass Christen „gute Vorbilder" für Juden sein sollen, weil das schlechte Verhalten der Christen das eigentliche Haupthindernis bei der Judenbekehrung darstelle.[154] Wie bestimmte Teile der (ihn beeinflussenden) puritanischen Tradition, so erwartete Spener im Blick auf die Zusagen aus Röm 11,25ff. ebenfalls die zukünftige Erlösung Israels im Glauben an den Herrn sowie die Heimkehr Israels als ein Zeichen auf „bessere Zeiten", die da kommen sollten.[155]

Johann Albrecht Bengel (1687-1752) wurde durch seine akribische Arbeit am griechischen Neuen Testament sowie durch seine berühmt gewordene Auslegung des neuen Testaments *(Gnomon Novi Testamenti)* weithin bekannt. Er betonte außerdem eine eschatologisch-heilsgeschichtliche Geschichtsperiodisierung der biblischen Offenbarung *(Ordo temporum)* und widmete sich der gründlichen Auslegung der Johannesapokalypse, die entsprechende Anhängerscharen inspirierten. Zu diesen zuletzt genannten bibeltheologischen Studien gehörten seine spekulative Reichs-Gottes-Theologie sowie Datierungsbemühungen über das Ende der Welt. Beinflusst wurden Bengels Anschauungen wahrscheinlich sowohl durch Speners „Hoffnung auf bessere Zeiten" wie auch durch föderaltheologische Gedanken eines Johannes Coccejus[156] (1603-1669) oder eines Campegius Vitringa (1659-1722), als auch durch den Radikalen Pietismus.

---

[152] Philipp Jakob Spener: *Pia Desideria. Deutsch-Lateinische Studienausgabe*, hg. v. Beate Köster, Gießen/Basel 2005, S. 88, Zeile 26ff.

[153] Ebd., S. 72-76. Der Einfluss des englischen Puritanismus auf Spener bzw. auf den Pietismus insgesamt wird dargestellt bei Erich Beyreuther: *Geschichte des Pietismus*, Stuttgart 1978 oder bei Martin Brecht et al. (Hg.): *Geschichte des Pietismus, Bd. 1: Der Pietismus vom 17. bis zum frühen 18. Jahrhundert*, Göttingen 1993.

[154] Ebd., S. 74-76.

[155] Ebd., S. 88, Zeile 26ff.

[156] Vgl. Gustav Weth, *Die Heilsgeschichte. Ihr universeller und ihr individueller Sinn in der offenbarungsgeschichtlichen Theologie des 19. Jahrhunderts*, Forschungen zur Geschichte und Lehre des Protestantismus 2, München 1931, S. 17-19.

So schreibt W. Raupp zu Bengels heilsgeschichtlicher Konzeption Folgendes: „Ausgangspunkt für Bengel war dabei die Vorstellung von der Geschichte als sich entfaltendem Offenbarungsträger, als der eigentlichen Stätte des konkreten, sukzessive fortschreitenden Offenbarungshandelns Gottes: Der Ablauf der Weltgeschichte sei, der Bibel entsprechend, eine organische Einheit, ein System, dem ein göttlicher Heilsplan zugrunde liege. Theologische Erkenntnis sei somit neben der orthodox-soteriologischen Gottes- und Heilserkenntnis in besonderer Weise Geschichtserkenntnis, Einsicht in die Geheimnisse der „göttlichen Haushaltung" oder „Ökonomie" („*oeconomia divina*"). Eine solche Einsicht gewähre ausschließlich die H[eilige]l. Schrift, die als ein „herrlich zusammenhängendes System" und als „Lagerbuch der Gemeinde Gottes" die fortschreitende Offenbarung des heilsgeschichtlichen Gesamtplans enthalte und somit Ursprung, Lauf und Ziel der Welt genau beschreibe."[157] Bengel meinte, dass die Menschheitsgeschichte sich in einem stufenweise fortschreitenden Prozess befinde, die zugleich ein fortgeschrittenes Verständnis bei der Auslegung der biblischen Prophetie bewirke. Geschichte und biblische Aussagen sind daher für Bengel eng miteinander verbunden. Deshalb gelte es, die Offenbarung zu studieren und ihre Prophetien zu entschlüsseln.

Der württembergische Pietismus des 18. Jahrhunderts hat diese Art des Heilsgeschichtsverständnisses von den göttlichen Ökonomien inklusive der chiliastischen Reichstheologie von Bengel an über Persönlichkeiten wie **Friedrich Christoph Oettinger** (1702-1782) oder **Philipp Matthäus Hahn** (1739-1790) weiter verbreitet. Das seit jeher in den meisten Schattierungen des Pietismus selbstverständlich gewordene missionarische Bemühen um Israel und die Juden inspirierte pietistische Gemeinschaftskreise wie auch die Erweckungsbewegung(en). Auch Männer wie **Johann Georg Hamann** (1733-1788), **Johann Tobias Beck** (1804-1878), **Carl A. Auberlen** (1824-1864) vertraten auf der Basis einer mehr oder weniger pietistischen bzw. bibelgebundenen Grundhaltung eine heilsgeschichtliche Theologie und ließen Israel bzw. dem Jüdischen von der Bibel her eine vertiefte Aufmerksamkeit zukommen.[158] **Franz Delitzsch** (1813-1890)[159] oder **Christian Ernst Luthardt** (1823-1902)

---

[157] So W. Raupp, Art. „Johann Albrecht Bengel" in: *Biographisch-Bibliographisches Kirchenlexikon*, Bd. XXIII (2003), Sp. 84-110.

[158] Gustav Weth, ebd., S. 32-35. 72-103.

[159] Vgl. Siegfried Wagner: *Franz Delitzsch. Leben und Werk*, 2. durchges. Aufl. Gießen 1991.

stellten auf ihre je eigene Weise ebenfalls die bleibende heilsgeschichtliche Bedeutung Israels heraus.

Im 19. Jahrhundert wurde in Erlangen u.a. durch die Erweckungsbewegung eine heilsgeschichtliche Theologie lutherischer Prägung motiviert. Dieses für das Luthertum dieser Epoche besondere Heilsgeschichtsverständnis ist v.a. mit dem Namen **Johann Christian Konrad von Hofmann** (1810-1877) verbunden, vor dem der Begriff „Heilsgeschichte" als solcher kaum gebraucht worden sein dürfte.[160] Das englische Wort *dispensation*, die lateinische *Oekonimia divina* (Bengel) oder ganz allgemein der göttliche Heilsplan waren eher gebräuchliche Begriffe. Das Besondere an Hofmanns offenbarungsgeschichtlicher Theologie ist sein Anliegen, die persönliche Glaubenserfahrung des Einzelnen (Vertrauen in Gottes Zusagen) mit der Heilsgeschichte Gottes (inklusive universalendzeitlicher Vollendung) zusammenzuziehen. Der Verlauf und Sinn der universalen Offenbarungsgeschichte bewegte Hofmanns Denken fast ausschließlich, und damit die Verhältnisbestimmung von Offenbarung und Geschichte.[161] Hofmann wollte die Autorität der Heiligen Schrift als Offenbarungsurkunde bestätigen (gegen den Rationalismus – Röhr, Bretschneider), gegen den aufkommenden historischen Kritizismus (Strauß, Baur), und zwar auf dem Boden des „modernen" historischen Denkens. Die Inspiration sei auf „geschichtlichem Weg" zu belegen. Hofmanns Anliegen war es, von dem in sich stimmigen heilsgeschichtlichen Gesamtzusammenhang der Bibel her ihre Inspiration plausibel zu machen. Hofmann betonte auch, dass Israel nicht nur Vorläuferfunktion im alttestamentlichen Sinne einnehme im Blick auf das Evangelium von Jesus Christus und die Gemeinde, sondern dass es nach Röm 11,25f. noch eine endzeitliche Funktion zu erfüllen habe, die auch Christen zu beachten hätten. Diese lutherische Variante heilsgeschichtlichen Denkens ist schon deshalb interessant, weil sie von eschatologischer Erfüllung biblischer Verheißungen für Israel ausgeht.

Die biblisch-theologischen Konzeptionen von **Oskar Cullmann** (1902-1999), **Gerhard von Rad** (1901-1971) und **Leonhard Goppelt** (1911-1973) sind stark von J. v. Hoffmanns Gedanken geprägt und inspiriert gewesen.[162] Auch **Wolfhart Pannenberg** (geb. 1928) und **Jürgen**

---

[160] G. Weth, ebd., S. 81-82.

[161] Wichtige Titel lauten: *Weissagung und Erfüllung im alten und im neuen Testament* (1841/1845); *Der Schriftbeweis* (1851-1855); *Die heilige Schrift neuen Testaments zusammenhängend untersucht* (unvoll.), ca. 13 Bde., (1862-1876).

[162] Vgl. z.B. Oscar Cullmann: *Christus und die Zeit. Die urchristliche Zeit- und Geschichtsauf-*

Moltmann (geb. 1926) nahmen bei ihm Anleihen. Allerdings fällt bei einigen dieser heilsgeschichtlich arbeitenden Theologen des 20. Jahrhunderts auf, dass sie nur in dem Sinne von „biblischer Heilsgeschichte" sprechen, dass für sie „Heilsgeschichte" ein Sagenkranz mythologischer Glaubensgeschichten ist, der sich deutlich von dem unterscheidet, was nach historisch-kritischer Auffassung in Israel wirklich passiert ist. Vor allem aber Cullmann trat für einen historischen Kern der Heilsgeschichte ein (gegen Bultmann), sprach allerdings von einem „mythologischen Rand" der Heilsgeschichte bei der Ur- und Endgeschichte. Auf die „Schizophrenie", historisch-kritische Fragmentarisierungen der Bibel durchzuführen, aber zugleich einen Heilsplan Gottes in der Bibel durch den Glauben anzuerkennen, lässt sich hier nur hinweisen. Allerdings zeigen sich bei diesen Hauptvertretern deutschsprachiger heilgeschichtlicher bzw. offenbarungsgeschichtlicher Theologie bei allen Ähnlichkeiten untereinander doch beträchtliche Unterschiede in Detail. Allen gemeinsam ist ein gewisses Interesse an der Endzeitlehre und an Israel. Eine Norm für heilsgeschichtliches Denken können sie nicht anbieten, doch das Anliegen der Heilsgeschichte haben sie auf die eine oder andere Weise wachgehalten.

1.8. Heilsgeschichtliche Mosaiksteine kennen und auswerten

Dieser kurze historische Überblick mit nur einer kleinen Auswahl an Vertretern heilsgeschichtlicher Theologie verdeutlicht anschaulich, dass sich auf dem „Mutterboden" bestimmter endzeitlicher Erwartungen heutiges heilsgeschichtliches Denken entwickelt hat. Seit der frühen Kirche und dem Mittelalter, später v.a. auf den britischen Inseln unter Puritanern und Anglikanern sowie im deutschsprachigen Pietismus (Spener, Bengel, Hahn usw.) und bei seinen Nachfolgern hat sich ein Nachdenken über biblische Themen entwickelt angesichts dessen auch Darby im 19. Jahrhundert sein dispensationalistisches Modell von den biblischen Zeitaltern des Heilsplanes Gottes ausformulieren konnte.

Beim Lesen der Bibel und in der Wahrnehmung der jeweiligen Zeitumstände wurden demnach von Christen aller Generationen folgende Beobachtungen gemacht bzw. Schlussfolgerungen gezogen:

---

fassung, 3. Aufl., Zürich 1962; Leonhard Goppelt: „Israel und die Kirche, heute und bei Paulus", in: ders.: *Christologie und Ethik. Aufsätze zum Neuen Testament,* Göttingen 1968, S. 165-189 und ders.: „Paulus und die Heilsgeschichte. Schlussfolgerungen aus Röm 4 und 1Kor 10,1-3", in: ders.: *Christologie und Ethik. Aufsätze zum Neuen Testament,* Göttingen 1968, S. 220-233.

(1) Das erste Kommen Jesu ist eine heilgeschichtliche Wende, die das Handeln Gottes in ein *vor* und ein *nach* Christus teilt. Eine stark ausgeprägte Erwartung des zweiten Kommens Christi mit der Folge eines geheiligten Lebensstils war mit dieser Auffassung eng verknüpft.

(2) Das einfache viergliedrige Schema heilsgeschichtlichen Denkens von Schöpfung – Sündenfall – Erlösung – Vollendung ist weit verbreitet durch alle Jahrhunderte hindurch anzutreffen.

(3) Oftmals wird auch das Handeln des dreieinigen Gottes zur Gliederung der Heilsgeschichte verwendet, wobei auf ganz verschiedene Weise zwischen dem Handeln des Vater, des Sohnes und des Heiligen Geistes unterschieden wird, dem bestimmte „große Taten" zugeordnet werden. Diese Einteilung trug allerdings die Gefahr in sich, nur noch vom Vater als dem Schöpfer zu sprechen, während doch das biblische Zeugnis auch vom Sohn als Schöpfer spricht (Kol 1,16.17 u.a.). Auch ist die Erlösung nicht das Wirken des Sohnes allein, sondern zugleich im Wirken des Vaters, des Sohnes und des Heiligen Geistes gegründet. Solche Einseitigkeiten in der dreigliedrigen Struktur, die sich gelegentlich in das Denken von Christen eingeschlichen haben, müssen korrigiert werden.

(4) Dann finden wir Bemühungen vor, die auf die eine oder andere Weise die biblische Heilsgeschichte oder den Verlauf der Kirchengeschichte in Epochen aufteilen mit bis zu sechs, sieben oder sogar zwölf unterschiedlichen Zeitaltern. Als Gliederungsschemata werden die Vorgaben der 6 Schöpfungstage, die 4 Königreiche aus Daniel 7,1-10, die 70 Jahrwochen des Danielbuches, die Anzahl der Schalen- und Posaunengerichte oder die 7 Sendschreibengemeinden der Offenbarung herangezogen. Eine Gliederung des biblischen Welt- und Heilsgeschichtsverständnisses in „Zeitalter" oder „Haushaltungen Gottes" war jedenfalls von der Sache her nichts Ungewöhnliches. – Auffallend ist hierbei allerdings, dass (a) meistens entweder nur die Heilsgeschichte *vor Christus* nach einem bestimmten Schema gegliedert wird (1. von Adam bis zur Flut, 2. von der Flut bis Abraham, 3. von Abraham bis Mose, usw.), aber diese Gliederung im sechsten oder siebenten Schritt mit dem Kommen Jesu abschließt, das die letzte heilsgeschichtliche Epoche einleitet: vom Kommen Jesu bis zur Ewigkeit (oder so ähnlich). Eine weitergeführte endzeitliche Gliederung der Heilsgeschichte ist oft nicht zu finden. Mit Jesus ist das Entscheidende offensichtlich abschließend geschehen, im Grunde wie bei dem zweigliedrigen Modell des *vor* und des *nach* Christus. Dies scheint insgesamt keine befriedigende Lösung darzustellen, weil auf die-

se Weise die heilsgeschichtliche Endzeit nicht wirklich ernst genommen wird. – Auffällig ist außerdem, dass (b) andere Gliederungsmodelle sich vor allem an der Kirchengeschichte orientiert haben. Die Stärken und Schwächen der zurückliegenden Geschichte des Christentums werden beschrieben, und der aktuelle Zustand der Kirche wird illustriert, z.B. als Zustand des Abfalls mit Aktualisierung von Antichrist-Bibelstellen auf eine zeitgeschichtliche Person oder im Sinne der Hoffnung „wir sind im Zustand von Laodicäa, wollen jedoch Philadelphia-Gemeinde sein" usw. Diese einschlägigen Gliederungen der Kirchengeschichte überzeugen nicht wirklich, da oftmals in biblische Texte etwas hineingelesen wird, was dort überhaupt nicht steht und auch kaum einen Bezug zu den prophetischen Aussagen hat.

(5) Vor Augustin und dann hauptsächlich wieder nach der Reformation zeigt sich ein neues Interesse am tausendjährigen Reich (Chiliasmus, Millennialismus) als Akzentuierung des historischen Prämillennialismus in Konkurrenz zum Amillennialismus oder Postmillennialismus. Diese Millenniumshoffnung wird zwar von verschiedenen Personen unterschiedlich interpretiert, doch meistens als eine Heilszeit verstanden, die vor dem eigentlichen Weltgericht und der Erschaffung der *Neuen Welt* stattfinden würde. In der Regel wird davon ausgegangen, dass die Kirche diejenige ist, die diese tausendjährige Heilszeit erleben werde. Gelegentlich konnte auch differenzierter geurteilt werden. Es wurde beispielsweise betont, dass das Millennium die verheißene messianische Heilszeit für Israel sein würde und es dann weniger um die Gemeinde Jesu gehen werde.

(6) Immer wieder wird bewusst heilsgeschichtlich zwischen Israel/ Judentum auf der einen Seite und der Gemeinde Jesu auf der anderen als zwei Familien Gottes unterschieden. Die Verheißungen an Israel aus dem Alten Testament werden zunehmend (wenn auch nicht unbedingt mehrheitlich) ernst genommen. Die Enterbungs- oder Ersatztheologie, die meint, die Kirche habe Israels Platz als Empfängerin der Verheißungen eingenommen und Israel habe daher keine weitere heilsgeschichtliche Bedeutung mehr, wurde immer öfter in Frage gestellt und verworfen. Die Hoffnung auf eine nationale Wiederherstellung Israels, auf eine Bekehrung der Juden zu Christus hin und auf die Gültigkeit der bleibenden Erwählung Israels parallel zur Gemeinde Jesu fand stetig mehr Anhänger. Die Erfüllung biblischer Prophetien im Detail wird immer häufiger erwartet, wie beispielsweise das wirkliche Kommen des Antichristen, der nicht eine Person der Vergangen-

heit oder Gegenwart verkörpere, sondern eine zukünftige personifizierte Macht darstelle.

(7) Aufgrund der weit verbreiteten Bemühungen unterschiedlicher Personen, die biblische Heilsgeschichte zu gliedern und in Epochen aufzuteilen, zwischen Israel und Kirche zu unterscheiden und das tausendjährige Reich Gottes für Israel zu sehen, kam John Nelson Darby zusätzlich zu dem Genannten auf den Gedanken, dass die Entrückung der Gemeinde Jesu dem HERRN entgegen in die Luft (1Thes 4,13-18) nicht nur *vor* dem Millennium, sondern auch vor der endzeitlichen Trübsalszeit stattfinden müsse. Die endzeitlichen „großen Trübsale" hätten vor allem mit den Juden zu tun und seien nicht auf die Gemeinde Jesu zu beziehen. Damit hat Darby jedoch keineswegs die Notwendigkeit verneint, dass die Gemeinde Jesu sich nicht auch vor antichristlicher Verführung, grausamen Verfolgungen um Jesu Willen und Trübsalszeiten durch die Kirchengeschichte hindurch wappnen müsste. Das Gegenteil ist der Fall. Doch solche prinzipiell möglichen Geschehnisse unterschied er von zukünftigen heilsgeschichtlich vorhergesagten Ereignissen, die konkret Israel bzw. Juden betreffen würden.

(8) Dann betonte Darby zusätzlich zu dem Gesagten, dass die Unterscheidung von Israel und Kirche für die Auslegung der gesamten Bibel von großer Bedeutung sei. Zwischen dem, was lehrverbindlich für Israel gelte und dem, was für die Gemeinde Jesu gelte, müsse jeweils heilsgeschichtlich unterschieden werden, die vollgültige Bedeutung jedes einzelnen Bibelwortes im wörtlichen Sinne sei zu betonen, und zugleich dürfe nicht aus den Augen verloren werden, dass nach 2Tim 3,16 jede Bibelstelle als von Gott inspiriertes Wort für den Leser nützlich sei.

(9) Wir finden speziell unter den Christen Englands auf der Grundlage des reformatorischen Schriftprinzips und einer bibelgegründeten Schriftauslegung, deutliche Aussagen über unterschiedliche periodisierende Welt- und Heilsgeschichtsdeutungen (mit bis zu sechs oder sieben oder noch mehr unterschiedlichen *dispensations*/Zeitaltern). Darbys heilsgeschichtlicher Dispensationalismus war in gewisser Weise gedanklich und inhaltlich vorbereitet durch bestimmte Erwartungen und Vorstellungen, die schon lange Zeit zuvor unter erweckten, meist konservativ-puritanisch Gesinnten, aber auch – wie wir gesehen haben – unter orthodoxen Calvinisten kursierten und nachhaltig die religiöse Stimmung in Britanniens Gemeinden prägten. –Wichtig erscheint mir allerdings, dass Darby kein starres System einer Zeitaltergliederung bevorzugt, indem er ein fünf-, sechs-, sieben- oder achtgliedriges Heilsgeschichtsmodell als Ord-

nungsraster vorgibt, wie es später andere gemacht haben. Bei Darby spielen die Qualität und die Bedingungen des Verhältnisses zwischen Gott und dem Menschen zu einer bestimmten heilsgeschichtlichen Zeit die zentrale Rolle, nicht die Anzahl von Gliederungsperioden. Deshalb kann er Epochen der biblischen Heilsgeschichte unterscheiden, die entweder Dispensationen Gottes sind oder es eben nicht sind.

(10) Die Unterscheidung dessen, was von einem Zeitalter der Heilsgeschichte kontinuierlich in die nachfolgenden Zeitalter weitertradiert wurde (Kontinuität), von dem, was nicht weiterhin gültig blieb (Diskontinuität), ist bei Darbys Bibelauslegung ebenfalls von entscheidender Bedeutung gewesen.

Diese Spurensuche verdeutlichte, dass bereits im Laufe der Kirchengeschichte von christlichen Bibelauslegern ***heilsgeschichtlich relevante „Mosaiksteine“*** entdeckt wurden, die zu einem mehr oder weniger schlüssigen Gesamtbild des göttlichen Ratschlusses zusammengesetzt werden können. Diese Vorbilder heilsgeschichtlicher Bibelauslegung sind zu würdigen. Ob sie den Aussagen der Bibel entsprechen, muss allerdings noch geprüft und ausgewertet werden.

2. Erkennungszeichen des Dispensationalismus

Die Bandbreite derer, die sich enger oder weiter als Anhänger der Lehre des Dispensationalismus verstehen, ist dermaßen vielfältig und breit gefächert, dass Einmütigkeit in allen unterschiedlichen Lehrpunkten nicht erwartet werden kann. Es lassen sich jedoch bereits seit der Zeit Darbys Grundsätze unter Dispensationalisten wahrnehmen, die von den meisten als verbindliche Lehre anerkannt werden. Da es jedoch auch immer Lehrunterschiede im Detail gibt, kann es vorkommen, dass Einzelmeinungen von der prinzipiellen Mehrheitsauffassung abweichen. Allerdings müssen solche Einzelstimmen nicht zwangsläufig repräsentativ sein für die ganze theologische Richtung.

Klären wir, was die typische Lehre des Dispensationalismus seit Darby umfasst und welche Erkennungszeichen nach heutiger Einschätzung als verbindlich angesehen werden können.

Folgende Kennzeichen sehen die meisten Vertreter dieses heilsgeschichtlichen Modells für zentral an. Charles R. Ryrie nennt deren drei: 1. die prinzipielle Unterscheidung zwischen Israel und Kirche, 2. eine biblische Hermeneutik mit Betonung des Literalsinns und 3. die Ausrichtung aller Dinge auf die Ehre Gottes.[163] John F. Feinberg präsentiert sechs Hauptbestandteile des Dispensationalismus: 1. Die Bibel kennt mehrere Interpretationsmöglichkeiten, biblische Begriffe auszulegen. 2. Die Betonung in der Bibelexegese wird darauf gelegt, das Alte Testament eigenständig wahrzunehmen und es nicht (ohne weiteres) vom Neuen Testament her auszulegen. 3. Der Glaube, dass wenigstens ein Teil der alttestamentlichen Verheißungen in einem nationalen Israel Erfüllung finden werden. 4. Die Annahme einer von der Kirche zu unterscheidenden (nationalen) Zukunft Israels gemäß den Richtlinien biblischer Prophetie. 5. Die Überzeugung, dass die Kirche eine eigenständige, primär geistgeleitete Körperschaft darstellt. 6. Das Vorhandensein eines differenzierten Verständnisses von biblisch-heilsgeschichtlichen Ökonomien mit weitreichenden Konsequenzen für die Auslegung der Heiligen Schrift.[164]

Aus dem Lager der „progressiven Dispensationlisten"[165], vertreten durch Craig A. Blaising und Darrell Bock, lässt sich folgendes vernehmen: Der Dispensationalismus wird charakterisiert durch 1. eine besondere Hochachtung der Autorität der Schrift gegenüber, 2. die Wahrnehmung unterschiedlicher Heilsökonomien (*dispensations*), 3. die Einzigartigkeit der Ekklesia, 4. die Bedeutung der Universalität der Kirche, 5. die besondere Wertschätzung der biblischen Prophetie, 6. die Eschatologie eines futurischen Prämillennialismus[166], 7. die stets präsente Erwartung der jederzeit möglichen Wiederkunft Jesu und 8. eine nationale Zukunft für Israel.[167]

---

[163] C. C. Ryrie: *Dispensationalism Today* (1965), S. 43-47; vgl. modifizierte Neuauflage mit abweichender Seitenzählung, ders.: *Dispensationalism* (1995).

[164] John S. Feinberg: „Systems of Discontinuity", in: *Continuity and Discontinuity: Perspectives on the Relationship Between the Old and New Testaments,* Essays in Honour of S. Lewis Johnson, Jr., Westchester (IL) 1988, S. 67-85.

[165] Progressive Dispensationalisten wie Blaising und Bock sind Vertreter einer modifizierten Sicht, die sie eben dadurch auch als „progressiv" im Unterschied zum klassischen Dispensationalismus erkennen lassen: *„One of the striking differences between progressive and earlier dispensationalists, is that progressives to do not view the church as an anthropological category in the same class as terms like Israel, Gentile Nations, Jews, and Gentile people. (...) The church is precisely redeemed humanity itself (both Jews and Gentiles) as it exists in this dispensation prior to the coming of Christ"*, in: C. A. Blaising/D. L. Bock: *Dispensationalism, Israel, and the Church. The Search for a Definition*, Grand Rapids 1992, S. 49.

[166] Die Auffassung von der Entrückung der *Ekklesia* (gemäß 1Thes 4) *vor* Beginn des Millenniums bzw. die, dass das Millennium *vor* dem eigentlichen „Weltende" (Gericht etc.) geschehen werde, wird „Prämillennialismus" genannt.

[167] C. A. Blaising/D. L. Bock: *Progressive Dispensationalism* (1993), S. 13-21. Eine nachdenkenswerte Kritik an den Auffassungen des „progressiven Dispensationalismus" aus Sicht eines klassischen Dispensationalisten äußerte C. C. Ryrie: *Dispensationalism* (1995), S. 161-181.

Ein Teil dieser Kennzeichen für sich genommen beschreibt interkonfessionelles Glaubensgut, eben nicht ausschließlich das des Dispensationalismus. Dadurch wird anschaulich die Kontinuität innerhalb der christlich-protestantischen Konfessionen erkennbar. Aus allen drei Listen[168] lassen sich schließlich wenigstens vier repräsentative Lehrpunkte extrahieren, und zwar 1. die Besonderheit der Kirche (existent seit Pfingsten), 2. die Zukunft für ein nationales Israel gemäß alttestamentlicher Vorhersagen, 3. die heilsökonomische Unterteilung der biblischen Heilsgeschichte und 4. die Literalsinn-Hermeneutik.[169] Feinberg präzisiert diesen Gedanken der wörtlichen Schriftauslegung, indem er einen markanten Unterschied zwischen Dispensationalisten und Nichtdispensationalisten in diesem Punkt aufzeigt. Letztere würden ihre Auslegung vom Neuen Testament her beginnen und von dort her das Alte Testament auslegen. Dispensationalisten dagegen würden das Alte Testament eigenständig sagen lassen, was es aussagen will, ohne es von Vorneherein neutestamentlich prägen zu wollen.[170] In erster Linie beschäftigt sich die Theologie des Dispensationalismus in Vergangenheit und Gegenwart also mit Gesichtspunkten der Hermeneutik und Schriftauslegung, mit der Ekklesiologie und der Eschatologie.

---

[168] Es gäbe sicherlich noch andere Zusammenstellungen. Die angeführten Beispiele mögen zur Einführung ausreichen.

[169] Angesichts der Tatsache, dass es auch eine Anzahl von Vertreter des Literalsinns gibt, die keine Dispensationlisten sind, betont Feinberg zu Recht: „*The difference is not literalism v. non-literalism, but different understandings of what constitutes literal hermeneutics*", in: J. S. Feinberg: Systems of Discontinuity (1988), S. 73-74. Es geht dabei primär um die Gewichtung und das Verhältnis von Altem und Neuem Testament. So urteilt auch R. L. Saucy: „*An analysis of non-dispensational systems, however, reveals that their less-than-literal approach to Israel in the Old Testament prophecies does not really arise from an a priori spiritualistic or metaphorical hermeneutic. Rather, it is the result of their interpretation of the New Testament using the same grammatico-historical hermeneutic as that of dispensationalists*", in: *The Case for Progressive Dispensationalism: The Interface Between Dispensational & Non-dispensational Theology,* Grand Rapids: Zondervan, 1993, S. 20.

[170] J. S. Feinberg, ebd., S. 75.

KAPITEL 4

Zielgerichtet glauben und denken:

Von den Einzelteilen
hin zu Gottes Gesamtpanorama

1. Die Heilsgeschichte in der Bibel ernst nehmen

Heilsgeschichtliches Denken wird nicht als ein starres System an die Bibel herangetragen. Es ergibt sich aus der Beschäftigung mit der Heiligen Schrift unter folgenden Voraussetzungen.

- dass man auf Grund des Evangeliums an Jesus glaubt und deshalb mit der Realität des Offenbarungshandeln Gottes rechnet;
- dass man von Jesus lernt, der ganzen Heiligen Schrift als Gottes wahrem Wort zu vertrauen;
- dass man die Bibel konsequent ihrem Literalsinn nach auslegt: Geschichtliches als geschichtlich, Poetisches als poetisch, Prophetisches als prophetisch, Zukünftiges als zukünftig, usw. – und nicht aufgrund mitgebrachter weltanschaulicher oder konfessioneller Vorurteile die Bibel gegen ihre eigentliche Aussageabsicht liest;
- dass man die Einheit der Schrift und die durchgehenden Linien in der Offenbarungsgeschichte sorgfältig beachtet;
- und dass man zugleich darauf achtet, wo Gott selbst in der Geschichte seiner Offenbarung Einschnitte und Neueinsätze bringt.

Sicherlich ließen sich im Einzelnen noch mehr Voraussetzungen benennen. Doch schon mit diesen wird es möglich sein, dass sich einem die biblische Heilsgeschichte im Einzelnen wie in ihrem Gesamtpanorama erschließt. Versuchen wir also, das Profil biblischer Heilsgeschichte in den Blick zu bekommen.

1.1. Gott offenbarte sich selbst und seine Gedanken Schritt für Schritt

Zunächst einmal gilt es festzuhalten, dass die Bibel selbst in ihrer untrennbaren Einheit von 66 kanonischen Schriften[171], kein starres, in Kategorien eingeteiltes Lehrsystem kennt. Das Wort Gottes der Bibel ist ein Wort zum Leben, ein lebendiges Wort (Hebr. 4,12), kein buchhalterisches Ordnungssystem.

In der Bibel wird ein Wesenszug beschrieben, der sehr gelungen veranschaulicht, auf welche Weise Gott sich selbst den Menschen im Laufe der Geschichte offenbart hat. Das kann durch Direktoffenbarung an einzelne Menschen geschehen sein („So spricht der Herr“, durch Visionen, durch hörbare Offenbarungen [Auditionen], durch Berufungserlebnisse usw.). Es kann aber auch schlicht und einfach durch die Erzählung einer historischen Begebenheit geschehen sein, durch die Gott etwas klar machen wollte. Gelegentlich geschieht biblische Offenbarung auch durch geschenkte Einsichten im Bereich der Weisheit oder durch vom Geist Gottes inspirierte Gebete (vgl. Sprüche, Psalmen usw.).

Was dabei insgesamt deutlich wird: Gott hat sich und die Gedanken, die er weitergeben wollte, bzw. die Begebenheiten, von denen er wollte, das seine Leute sich damit beschäftigen, ***in unterschiedlichen Stufen der Erkenntnis offenbart***. Durch die Bibel hindurch im geschichtlichen Ablauf schreiten die Inhalte der Offenbarung fort. Gott offenbart sich und seine Gedanken also schrittweise. Eine Mitteilung baut auf das vorher Gesagte und Offenbarte auf, oft vielschichtig miteinander verzahnt. Die zeitlich oftmals davon unterschiedene Schriftwerdung dieser fortschreitenden und meist voneinander unabhängig erfolgten Offenbarungen bleibt unter der Leitung Gottes, so dass letztlich nur das normativ kanonisch „Heilige Schrift“ genannt und als verbindliche Offenbarung aufgenommen wurde, was ausdrücklich dem Willen Gottes entsprach. Nur dies von Gott Gewollte wurde in der Endgestalt des äußeren, gedruckten Wortes Gottes Wort. Und nur diese Endgestalt ist für Lehre und Leben ausschlaggebend.

Wer die Bibel von vorne bis hinten durcharbeitet, stellt bald Folgendes fest: Gewisse Einzelaspekte des Handelns, des Wesens oder des Verstehens Gottes werden im Laufe der Offenbarungsgeschichte durch weitere

---

[171] Die Zahl von 66 Büchern findet sich in unseren deutschen Bibelübersetzungen. Diese Bücher finden sich so auch im Grundtext der Bibel (hebr. Text des AT; griech. Text des NT), doch weicht dort die Zählung ab, weil im hebräischen Text (Tenach) gelegentlich mehrere dieser Bücher in einem zusammengefasst wurden.

Offenbarungen ergänzt, präzisiert, vertieft oder auch verändert. Gott offenbarte sich beispielsweise als der Gott der Väter. In einem weiteren Schritt Jahrhunderte später offenbarte er sich zusätzlich als der „Ich bin, der ich bin“ (2Mo 3). Und in Jes 40,12-31 wird nochmals die Einsicht vertieft, wer Gott im Unterschied zu den Götzen ist. Durch Jesus und den Heiligen Geist wird das biblische Gottesbild erweitert und vertieft (Gal 1,12; Joh 1,1-4; Kol 1,16-20; Phil 2,5-11 usw.). So geschieht fortschreitende Offenbarung, die in der Bibel vorzufinden ist und die man verstehen muss, um Inhalte richtig auszulegen.

Dennoch darf man sich diesen Fortschritt der uns Menschen mitgeteilten Gedanken Gottes nicht statisch oder gar evolutionär vorstellen. Gott konnte beispielsweise immer wieder auch mehrere berufene Zeugen gleichzeitig an unterschiedlichen Orten mit unterschiedlichen Aufgaben betraut haben, die teilweise unterschiedliche Aspekte seiner Ratschlüsse, Gedanken und Absichten zur Sprache bringen sollten (vgl. die Propheten oder die vier Evangelisten).

Die fortschreitende Offenbarung, wie sie die Bibel wiedergibt ist vielschichtig und komplex. Manche Aspekte der Ratschlüsse Gottes sind schon früh in der Geschichte voll entfaltet offenbart (Gott ist der Schöpfer, 1Mo 1 und 2 usw.). Sie werden aber gelegentlich im Laufe der Zeit noch präzisiert oder mit weiteren Einsichten gefüllt (Jesus ist der Schöpfer, Kol 1,16). Die Bibel präsentiert also keineswegs auf jeder einzelnen Seite, auch nicht in einzelnen ihrer Schriften, jeweils die vollständige Offenbarung eines Themas, einer Lehre oder eines biblisch-theologischen Sachverhaltes. Vielmehr beschreibt sie anschaulich den Weg, den Fortschritt, das Wachstum der göttlichen Offenbarung durch die Geschichte hindurch, wie Gott es gewirkt haben wollte. Wir finden im Zusammenhang der schrittweise vollzogenen Offenbarung „durchgehende Linien, aber auch Einschnitte und Neuansätze (...), durch die sich verschiedene Epochen der Heilsgeschichte voneinander abheben“.[172]

Der Grundsatz der sog. „fortschreitenden Offenbarung“ in der Bibel wird durch die Bibel selbst bestätigt. Er ist kein System, das der Bibel von Außen übergestülpt würde. Der Apostel Paulus beispielsweise spricht zu den Zuhörern auf dem Areopag in Athen und betont, dass Gott die *Zeit der Unwissenheit* übersehen habe, *nun aber* „Buße“ (Umkehr) fordere (Apg 17,30). Oder sehr deutlich beschreibt Joh 1,17, wie der lebendige Gott

---

[172] Helge Stadelmann: *Evangelikales Schriftverständnis. Die Bibel verstehen – der Bibel vertrauen – der Bibel folgen*, Hammerbrücke 2005, S. 177.

auf vollständig entgegen gesetzte Weise mit den Menschen umgeht: „Das *Gesetz* ist durch Mose gegeben worden; *Gnade und Wahrheit* sind durch Jesus Christus geworden.“ Ähnlich unterschiedliche Offenbarungszutände finden wir auch in Joh 14,16–17.26 und Joh 16,24, wo verdeutlicht wird, dass *nach der Zeit* des irdischen Jesus *die heilsgeschichtliche Zeit des Trösters* beginnen wird. Die innerbiblische Offenbarung schreitet voran, so dass sich Neues zu Altem fügt.

Auf Wesentliches reduziert fasst Gerhard Maier diesen Sachverhalt zusammen, wenn er schreibt: „Der Begriff der ‚fortschreitenden Offenbarung‘ ist deswegen unaufgebbar, weil er aus der Offenbarung selbst geboren ist. Erst mit Jesus kam ja die ‚volle‘ Auslegung des sog. Alten Testaments (Mt 5,17). Erst durch die Apostel wurde das Geheimnis verkündigt, dass auch ‚die Heiden Miterben sind‘ (Eph 3,5f.). Erst in Jesus ist die ‚ganze Fülle der Gottheit leibhaftig‘ geworden (Kol 2,9). Erst jetzt ist die Rettung offenbar, die die Propheten geweissagt haben (1Petr 1,10ff.). Dass Gott ‚am Ende dieser Tage zu uns geredet hat im Sohn‘ (Hebr 1,2), markiert zugleich den Abschluss und den Gipfel der durch die Geschichte fortschreitende Offenbarung Gottes.“[173] Das Geheimnis der Gemeinde Jesu als Ort der versöhnten Gemeinschaft zwischen einstmals entfremdeten Juden und Heiden zu einem neuen Menschen in Christus, das erst nach der Ausgießung des Heiligen Geistes offenbart wurde, zeigt ebenfalls den Fortschritt der Offenbarung für uns Menschen an (Eph 2,11-22).

Die Wahrheit, die Gott offenbaren wollte, hat er ganz offensichtlich nicht auf einmal, nicht zu einem einzigen Zeitpunkt und nicht an eine einzelne Person gegeben. Vielmehr hat er sich in verschiedenen Stufen den Menschen offenbart und dementsprechend zu bestimmten Zeiten auf unterschiedliche Weise den Umgang mit den Menschen gepflegt – angepasst an den jeweiligen Offenbarungsfortschritt, den alleine die kanonische Bibel dokumentiert.

Die Beobachtung der geschilderten geschichtlichen Zusammenhänge des Handelns Gottes und der Menschen, zudem die unterschiedlichen „theologischen“ Akzente, die die menschlichen Verfasser beim inspirierten Aufschreiben mit- und einbringen (2Petr 1,19-21), liefern ein mitunter herausforderndes und nicht immer sofort einsichtiges gesamtbiblisches Panorama. Bei aller Sperrigkeit mancher biblischer Aussagen (man vergleiche die sog. „Rachepsalmen“ als Gegensatz zum „Gott der

---

[173] Gerhard Maier: *Biblische Hermeneutik*, 5. Aufl., Witten 2005, S. 166.

Liebe" usw.), ist die komplexe Einheit der kanonischen Bibel zu betonen und festzuhalten.

Wer bei der biblischen Offenbarungsgeschichte genau hinschaut, wird die Zusammenhänge trotz ihrer Komplexität verstehen lernen. Er wird die Erfahrung machen, die in dem Lied „Der Mond ist aufgegangen" sinngemäß mit der Strophe ausdrückt wird: *„Seht ihr den Mond dort stehen? Er ist nur halb zu sehen, und ist doch rund und schön! So sind wohl manche Sachen, die wir getrost belachen, weil unsre Augen sie nicht sehn"*.[174] Wir können also Verborgenes sehen lernen. Es ist da, doch nicht immer auf Anhieb offensichtlich. Das gilt insbesondere für die Betrachtung der biblischen Heilsgeschichte.

1.2. Die Zuordnung von Altem und Neuem Testament

Ein Problem ist aus diesem Grunde auch die Zuordnung der beiden biblischen Testamente. Grundsätzlich gilt, dass das Alte Testament die Grundlage des Verstehens für das Neue Testament bildet. Es ist auch richtig, von Verheißung im AT und Erfüllung im NT zu sprechen. Das Neue ist ohne das Alte in entscheidenden Punkten nicht richtig zu begreifen. Dennoch liefert das Neue Testament fortgeschrittenere Deutungen von alttestamentlichen Passagen und Erzählungen, die Einzelaspekte oder Zusammenhänge hervorleuchten lassen, die das Alte Testament noch nicht kennt, die im NT durch eine „fortgeschrittene Offenbarung" erweitert wird oder die erst durch Christus möglich bzw. richtig verständlich werden (vgl. Gal 1,11.12; Eph 3,1-11 usw.).

Das Neue Testament leitet so immer wieder den Leser im Verstehen des Alten Testaments bzw. der ganzen Bibel. Doch eine „Vorherrschaft" des Neuen Testaments über das Alte mit dem Ergebnis, dass Konzepte neutestamentlicher Lehre alttestamentlichen Texten als Verständnisvorgaben übergestülpt werden, muss als einer der gravierenden Fehler in der Auslegung der Bibel angesehen werden.

Die Wahrheit der „fortschreitenden Offenbarung" verdeutlicht auch, dass wir nicht Einzellehren und Aussagen des Neuen Testaments (auf einer fortgeschritteneren Stufe der Offenbarung) auf ähnlich klingende Themen des Alten Testaments (ggfs. auf einer weniger fortgeschrittenen Stufe) „zurücklesen" dürfen, als stünde im AT in diesem oder jenem Fall genau das Gleiche wie im NT, als wäre der Erkenntnisstand der Offenba-

[174] *Evangelisches Gesangbuch*, Kassel 1994, Lied Nr. 482.

rung der Wahrheit in beiden Testamenten jeweils identisch.[175] Das kann so sein, ist i.d.R jedoch nicht der Fall, abgesehen von Ausnahmen.

Natürlich darf man dann aber auch nicht auf der anderen Seite vom Pferd fallen und die trennenden Unterschiede zwischen den einzelnen Offenbarungsstadien im Alten und im Neuen Testament zu unüberwindlichen Barrieren hochstilisieren. Dabei würde man vergessen oder übersehen, dass die Rede von Gottes Wesen und Schöpfersein, von Gnade und Glaube immer schon im AT und auch in der mosaischen Tora wesentlich verankert sind und nicht erst im NT eingeführt werden.

Nützlich in diesem Zusammenhang sind daher folgende Überlegungen: „Heilsgeschichtliches Denken hilft (...) bei der Auslegung der Bibel. Wer heilsgeschichtlich denkt, wird jeden Text der Bibel entsprechend des für diesen Text zutreffenden offenbarungstheologischen Kontextes nach seinem Literalsinn auslegen. Texte werden dann nicht schon bei der Exegese von einem späteren heilsgeschichtlichen Kontext aus interpretiert."[176] Daher muss zugleich gesagt werden: (1) Die Eigenständigkeit des AT gegenüber dem NT als ein Zeugnis der dort gegebenen Stufen der Offenbarung Gottes und zugleich als Grundlage zum Verstehen des NT dürfen nicht ignoriert werden. (2) Das Licht des NT darf für das tiefere, fortgeschritten offenbarte Verstehen des AT nicht übersehen werden, wie es v.a. durch die Person Jesu oder die Interpretation des Apostels Paulus deutlich wird. (3) Aspekte der Kontinuität und der Diskontinuität zwischen Aussagen im AT und im NT sind deshalb sorgfältig abzuwägen und zu begründen: Was gilt warum für wen – und was gilt aus welchem Grund für wen nicht mehr hinsichtlich einer Lehre oder einer wörtlichen Anwendung? Alles in der Bibel auf eine Fläche zu bringen, ist innerbiblisch jedenfalls nicht intendiert. Die jeweilige Zuordnung und Unterscheidung zu lernen, ist wichtig. Wobei die Einheit der kanonischen Bibel auf keinen Fall durch die Konzentration auf eines der beiden Testamente aufs Spiel gesetzt werden darf.[177]

---

[175] Auf diese Gefahr des ungerechtfertigten Hineinlesens neutestamentlicher Gedanken in das AT macht u.a. C.C. Ryrie aufmerksam, in: *Dispensationalism*, (1995), S. 32. Ryrie sieht diese Gefahr v.a. in der reformiert-calvinistischen „Bundes- oder Föderaltheologie" (Covenant Theology) als gegeben an, die seit dem Sündenfall alle menschliche Existenz im Bund der Gnade zu erkennen meint und die dadurch oftmals in das Alte Testament Dinge hineinliest, die aber angesichts der Wahrheit der „fortschreitenden Offenbarung" dort noch gar nicht vorkommen können oder eben in diesem Kontext völlig anderes gedeutet werden müssten.

[176] H. Stadelmann: *Evangelikales Schriftverständnis* (2005), S. 133.

[177] Ein nützliches Werk zum Weiterstudium, das insbesondere auf Aspekte der Kontinuität und der Diskontinuität zwischen Altem und Neuem Testament eingeht und unter-

Fazit: Die deutlich erkennbaren Unterschiede der sich fortschreitend entfaltenden und voneinander unterscheidbaren Offenbarungsstufen sollten deshalb bei der Auslegung der Bibel in ihrer Vielfalt und Komplexität wahrgenommen werden, ohne dabei die unaufgebbare und untrennbare Einheit der Bibel preiszugeben oder in Frage zu stellen: ***die Vielfalt und Einheit der kanon-biblischen Offenbarung Gottes muss gleichzeitig beachtet werden.*** Jede Auslegung der Bibel muss daher diesen wichtigen Aspekt der in ihr deutlich sichtbaren „fortschreitenden Offenbarung" berücksichtigen, will sie zu sachgerechten und richtigen Ergebnissen in Exegese und Lehre gelangen. Und genau diese Überlegungen und Beobachtungen bezüglich der komplexen Vielfalt der fortschreitenden Offenbarung in ihrer kanonischen Einheit drängen uns geradezu zur Notwendigkeit der heilsgeschichtlichen Auslegung.[178]

1.3. Heilsgeschichtliche Bibelauslegung: die Vielfalt in der Einheit

G. Maier schreibt zu den Vorzügen der heilsgeschichtlichen Auslegung: „Die heilsgeschichtliche Auslegung hat gegenüber anderen Auslegungen einen dreifachen Vorzug: 1. wird sie der geschichtlichen Struktur der Offenbarung am ehesten gerecht; 2. nimmt sie zugleich die Fülle der Offenbarung auf, denn die Geschichte ist immer reicher als ein System; 3. kann sie die Einheit einer sehr komplexen Offenbarung am besten zum Ausdruck bringen."[179]

Heilsgeschichte ist, sofern man vom gottgewollten Zusammenhang der kanonischen Bibel mit AT und NT ausgeht, eine Grundüberzeugung der Bibel. Heilsgeschichte beschreibt das besondere Handeln Gottes in der Geschichte in der Vergangenheit, Gegenwart und Zukunft. Dabei ist die Heilsgeschichte der großen Taten Gottes weder gleichzusetzen mit der Weltgeschichte an und für sich, noch ist sie davon zu trennen. Die Weltgeschichte ist stets unter Gottes Leitung, nie gott-los.

Im Allgemeinen liegt in dieser gefallenen Welt nicht zutage, wo und wie Gott in ihr handelt. Er wirkt hier als verborgener Gott. Da aber wo uns die Bibel sagt, dass Gott dies und jenes getan hat und tut, offenbart sie uns sein Heilshandeln. Sie zeigt uns damit das Handeln des offenbar-

---

schiedliche theologische Meinungen fair und sachgerecht zur Diskussion stellt, ist J. S. Feinberg (Hg.): *Continuity and Discontinuity. Perspectives on the Relationship Between the Old and New Testament. Essays in Honour of S. Lewis Johnson, Jr.*, Westchester (IL) 1988.

[178] So auch G. Maier, *Biblische Hermeneutik* (2005), S. 167.

[179] Ebd.; vgl. auch den Kontext bei G. Maier, ebd., S. 167-178.

ten Gottes. Und das ist Heilsgeschichte! Heilsgeschichte besteht also nicht aus irgendeiner frommen Spekulation über die Weltgeschichte. Vielmehr besteht Heilsgeschichte aus dem sorgfältigen Nachzeichnen dessen, was die Bibel über das Offenbarungshandeln Gottes sagt.

„Weil die Heilsgeschichte vom Handeln Gottes ausgeht, wird sie die *Stadien* seines Handelns zu erfassen suchen. Für diese Stadien gibt es verschiedene Namen" (= Bundesschlüsse, Ökonomien, Perioden, Epochen usw). „Gemeinsam ist ihnen der Versuch, die Geschichte gemäß der Offenbarung zu gliedern und für jede Gliederung das Spezifische herauszustellen."[180] Die unterschiedliche Wahrnehmung der Stadien des Handelns und des Redens Gottes innerhalb der Geschichte haben wir bei der geschichtlichen Spurensuche des letzten Kapitels bereits kennengelernt, wie nämlich einzelne Gläubige sich dieser heilsgeschichtlichen Schau der Bibel anzunähern bemüht hatten. Die unterschiedlichen Namen oder Bezeichnungen widerspiegeln zugleich unterschiedliche Konzepte, die bei aller Unterschiedlichkeit im Detail mehr oder weniger in Anlehnung an Bengels hermeneutischen Satz: *„Distingue tempora, et concordabit Scriptura"* zu verstehen sind. Das bedeutet in etwa sinngemäß: „Unterscheide die Zeiten (Zeitalter) innerhalb der Bibel, und du stehst im Einklang mit der Schrift, wie sie gemeint ist."[181]

Auf diese Weise werden wir der vielschichtigen biblischen Offenbarung am besten gerecht. Die heilsgeschichtliche Auslegung der Bibel betont am allerbesten sowohl ihre kanonische Einheit, als auch die Besonderheit von Gewichtungen und Einteilungen, die in ihr vorgenommen werden. Sie unterscheidet Gesichtspunkte, die durch verschiedene Heilsepochen hindurch für bestimmte Empfänger gültig bleiben von solchen, die für bestimmte Empfänger nicht (mehr) gültig bleiben bzw. nicht gültig sind. Das bedeutet zugleich auch, dass seit „jeher ... heilsgeschichtliches Denken der Feind geschichtsloser theologischer Systeme" gewesen ist.[182]

Bei der Bibelauslegung sind also **historisch-philologische Gesichtspunkte** zu bedenken (Wortbedeutung der Ursprachen, Grammatik, Textgattungen usw.), aber die **Wirkung des Heiligen Geistes**, der die Auslegung erst verständlich und möglich macht, ist ebenfalls von zentraler Bedeutung. Dazu kommt dann die **heilsgeschichtliche Ein- und Zuordnung von Bibeltexten**, da dadurch verständlich wird, wie ein Textab-

---

180 G. Maier, ebd., S. 169.

181 Ebd., S. 173.

182 H. Stadelmann, *Evangelikales Schriftverständnis* (2005), S. 171; vgl. dort den Kontext, ebd., S. 171-217.

schnitt auf wen angewendet werden kann und wie und auf wen nicht oder nur eingeschränkt.

2. Unterschiedliche Sichtweisen zur Heilsgeschichte prüfen

Für Mannschaftssportarten (Fußball, Handball, Basketball usw.) ist es klar, dass sie neben dem Konditions- und Mentaltraining, neben dem Krafttraining und den Spielzugübungen auch Strategie- und Taktik-Training brauchen. Dafür ist insbesondere der Trainer verantwortlich. Er stellt die Mannschaft auf den nächsten Gegner strategisch und taktisch ein. Auch an der gegnerischen Mannschaft, ihren Stärken, ihren vermeintlichen Schwächen orientiert sich daher die Taktik der Spielplanung. „Kenne deinen Gegner" heißt da ein beliebtes Motto. Das gilt ebenso anwendbar für die Politik (der politische Gegner), für das Wirtschaftsleben (die Konkurrenz) oder für die Teilnahme an einem Wettbewerb (die Rivalen).

Mit Abstrichen gilt das auch für den Bereich des Glaubens: „Kenne deinen Gegner!" Auch im Blick auf heilsgeschichtliche Schriftauslegung muss nüchtern gesehen werden: sie ***ist kein anerkanntes Allgemeingut unter Christen und christlichen Bibelauslegern. Von unterschiedlichen Seiten her wird bestritten, dass heilsgeschichtliches Denken sachgerecht sei.*** Außerdem gibt es solche, die zwar nicht grundsätzlich die Wirklichkeit einer biblischen Heilsgeschichte bestreiten, weil sie zumindest den theologischen Unterschied *zwischen altem und neuem Bund*, zwischen *vor und nach Christus* betonen. Doch diese sehr eingeschränkte Sichtweise erfasst nur einen kleinen Teil dessen, was biblische Heilsgeschichte ausmacht. Wir werden später noch genauer darauf zu sprechen kommen müssen.

Folgende ***Hauptströmungen der Kritik an „Heilsgeschichte"***, wie sie in diesem Buch vorgestellt wird, lassen sich beobachten: 1. Die eine Kritik kommt von der Seite der neuzeitlichen, (oftmals bibelkritischen) Hermeneutik her, unterteilt a.) in Kritik an der Autorität und Normativität der Endgestalt der Bibel und b.) in Ablehnung des Ablaufes der biblischen Geschichte, die als Fiktion angesehen wird. 2. Die andere Hauptströmung der Kritik kommt von der Seite der Föderaltheologie her, die sich mitunter sehr heftig gegen ein Heilsgeschichtsverständnis wendet, das verschiedene Epochen der Heilsgeschichte identifiziert, zwischen Israel und Gemeinde unterscheidet und insbesondere die endgeschichtlichen Aussagen der Bibel zu Gemeinde, Israel und Welt wörtlich ernst nimmt. Schauen wir uns nun also diese Kritik genauer an.

2.1. Wie die Autorität der Bibel untergraben und ausgehöhlt wird

Das weiter oben erwähnte Schrift- und Kanonverständnis, das wir in diesem Buch voraussetzen und das vielen unterschiedlichen heilsgeschichtlichen Modellen zu Grunde liegt, ist ein Dorn im Auge vieler Vertreter der einen oder anderen Variante neuzeitlicher Bibelauslegung. In dem wegweisenden Artikel von Armin Wenz mit dem Titel „Die Wahrheitsfrage im Spannungsfeld von Schriftautorität und neuzeitlicher Hermeneutik"[183] wird kurz und bündig dargestellt, auf welche wesentlichen Aspekte diese Art von Kritik abzielt. Es lohnt sich, diesen Artikel in seinem Gedankengang hier nachzuzeichnen. Die differenzierte Darstellung von Wenz ist nützlich, sein auswertendes Urteil auch für dieses Buch im Blick auf „die Heilsgeschichte verstehen" weiterführend und hilfreich.

Pointiert beginnt der Aufsatz mit der herausfordernden Gegenüberstellung von zwei gegensätzlichen und sich gegenseitig ausschließenden Auffassungen. Zum einen ist da die neuprotestantische Auffassung. Sie leugnet das reformatorische Prinzip, dass die Schrift klar ist und deshalb eine Schriftstelle durch die andere erklärt werden kann.[184] Sie leugnet auch, dass die altprotestantische Inspirationslehre dem reformatorischen Schriftprinzip entspricht.[185] Stattdessen behauptet sie, dass die neuzeitliche historisch-kritische Bibelauslegung eine passende Ergänzung und Präzisierung des reformatorischen Schriftprinzips sei, die dieses vor dem „Irrweg" der Verbalinspirationslehre bewahre.[186]

Wenz nun aber macht unmissverständlich deutlich, dass dieses unter Bibelkritikern populäre Urteil, in der Fortsetzung des reformatorischen Schriftprinzips zu stehen, überhaupt nicht sachgerecht ist und an der Wahrheit vollkommen vorbei geht. Er betont, dass in diesen beiden entgegen gesetzten Positionen zwei unterschiedliche Wahrheits- und Schriftverständnisse aufeinander prallen, die in keiner Weise kompatibel sind.

---

[183] A. Wenz: „Die Wahrheitsfrage im Spannungsfeld von Schriftautorität und neuzeitlicher Hermeneutik", in: *Lutherische Beiträge* 1/2006, S. 33-55.

[184] Ebd., S. 33. Der Repräsentant dieser bibelkritischen Hermeneutik – einer von viele – ist Jörg Lauster in seiner Habilitationsschrift *Prinzip und Methode. Die Transformation des protestantischen Schriftprinzips durch die historische Kritik von Schleiermacher bis zur Gegenwart*, HUTh 46, Tübingen 2004.

[185] J. Lauster: *Prinzip und Methode* (2004), S. 18.

[186] A. Wenz, *Wahrheitsfrage* (2006), S. 33.

2.2. *Wie die Heilsgeschichte zu Fabeln und existentiellen Wahrheiten verflüchtigt wird*

Gemäß der oben genannten Strategie „Kenne deinen Gegner" kommen wir nun zu einer weiteren Infragestellung der von uns als Autoren vertretenen Schrifthaltung. Sie basiert auf der Kritik an der Autorität der Schrift im eben genannten Sinn. Daraus wird nun die Konsequenz gezogen, dass die Bibel im Sinne einer tatsächlich fortlaufenden Geschichte des Heils zwischen Gott und den Menschen gelesen werden darf. Häufig wird dies durch Ergebnisse der neuzeitlichen Bibelauslegung begründet. Das Hauptargument lautet: *Die Traditionen, die hinter der Endgestalt des Bibeltextes stehen, haben ganz unterschiedliche Entstehungszeiten und Ursprünge. Sie wurden i.d.R. erst nachträglich von Redakteuren gesammelt, bearbeitet und subjektiv zusammengestellt und haben nicht unbedingt etwas mit historischer Wirklichkeit zu tun. Was wir in der Bibel an vermeintlichen chronologischen Abläufen vorfinden, sind im Grunde nur theologisch gefärbte Geschichtskonstruktionen, Fiktionen, Erfindungen.*

Ursprünglich und historisch seien daher überhaupt keine fortschreitenden, heilsgeschichtlichen Abläufe vorhanden gewesen. Das heilsgeschichtliche Panorama, das man durchaus oberflächlich in der Bibel wahrnehmen könne, sei letztlich nur die Erfindung und das kreative Konstrukt von menschlichen „Redakteuren", es sei jedoch nicht das Abbild der tatsächlichen, historischen Wirklichkeit früherer Ereignisse. Deshalb müsse man auf differenziertes heilsgeschichtliches Denken – einmal abgesehen von der christologischen Wende und der damit verknüpften Zuordnung von altem und neuem Bund – beim Auslegen der Bibel verzichten.

Vergleichbares formuliert Heinrich Ott in seinem Lexikon-Artikel zur Heilsgeschichte: „Die Anschauung von einer H[eilsge-schichte] scheint sich zwar beim unbefangenen Vernehmen der biblischen Zeugnisse unmittelbar aufzudrängen. Indes wird sie, sobald wir bewusst von einem inspirationsgläubigen Biblizismus abrücken, problematisch".[187] Ott sieht die Gefahr, dass durch ein Konzept von Heilsgeschichte „eine dem Wesen des Glaubens widersprechende *Objektivierung* des Glaubensinhaltes" stattfinden könne.[188] Glaube sei doch ein „Akt gegenwärtiger Existenz", nicht fassbar im „Schema eines Nacheinander entfaltet".[189] Immerhin

[187] H. Ott: Art. „Heilsgeschichte", in: *RGG*³ III (1959), Sp. 188.
[188] Ebd.
[189] Ebd., Sp. 188-189.

räumt Ott auch ein, dass Heilsgeschichte als Idee von Theologen auch nicht gänzlich als erledigt abgetan werden dürfe. „Denn sie [die Heilsgeschichte] scheint sich (...) aus den biblischen Texten nun doch unabweisbar aufzudrängen. Dabei spielt das Offenbarungsverständnis des Exegeten eine ausschlaggebende Rolle."[190] Zugleich übt er Kritik an einem extrem individualistischen Denken, „das den Glauben ausschließlich als einen Akt des einzelnen vor Gott versteht" und von daher begründet Heilsgeschichte meint ablehnen zu müssen (wie es z.B. Rudolf Bultmann tut, siehe unten).[191] Otts Artikel und sein ambivalentes Hin und Her im Nein und Ja im Blick auf Heilsgeschichte zeigt eindrücklich, dass Kritik an einem biblischen Verständnis von fortschreitender Heilsgeschichte gar nicht wirklich plausibel ist. Die Gefahren, die er und andere wittern, sind im Grunde nicht gegeben, da die Bibel doch selbst Glaubens*akt* und Heils*geschichte* komplementär, d.h. sich gegenseitig ergänzend versteht als zwei Seiten einer Münze.

Eine ähnliche, doch im Detail noch etwas anders gelagerte Kritik an der Geschichtlichkeit des Glaubens bzw. an der biblischen Heilsgeschichte äußerte auch – stellvertretend für viele andere nach ihm – Rudolf Bultmann. Dies klang oben (in Kap. 2) bereits an. Bultmann betont, dass im Neuen Testament nur von einer Geschichtsmythologie die Rede sei: „[G]erade die Ereignisse und Personen, die die Heilsgeschichte konstituieren, sind im Sinne des NT nicht geschichtliche, sondern mythische Phänomene."[192] Heilsgeschichte wird bei ihm zum Mythos, hinter dem theologische Ideen stehen, die in mythologische Geschichten eingekleidet wurden. Biblische Aussagen wie die darin geschilderte Heilsgeschichtskonzeption müssen daher „entmythologisiert" (d.h. ihrer mythischen Schale entkleidet) werden, um den theologischen Kern frei zu legen. Geschichte hat grundsätzlich für ihn (und für viele seiner Nachfolger) ein Ende gefunden.[193]

---

[190] Ebd., Sp. 189.

[191] Ebd.

[192] Rudolf Bultmann: „Rez. von: Wendland, H. D. Geschichtsauffassung und Geschichtsbewußtsein im Neuen Testament", in: *ThLZ* 64 (1939), S. 254 (S. 252-256). Später ähnliche Gedanken bei Bultmann: „Heilsgeschichte und Geschichte", in: *ThLZ* 11 (1948), Sp. 659-666 oder ders.: „Neues Testament und Mythologie", in: *Kerygma und Mythos*, 1960, S. 17ff.

[193] So formulierte es auch der Bultmann-Schüler und Neutestamentler Ernst Fuchs: „Christus als Ende der Geschichte", in: *EvTh* 1948/49, S. 447-461. Fuchs kritisiert damit die heilsgeschichtliche Theologie Oscar Cullmanns mit seiner Anschauung von „Christus als Mitte der Zeit".

In seiner Habilitationsschrift *Zukunft und Verheißung*[194] hat Gerhard Sauter repräsentativ für andere Kritiker vor und nach ihm die Dimension der Zeit bzw. die der Geschichte ins Spiel gebracht. Er urteilt hinsichtlich einer biblischen Eschatologie – in Fortführung der existentialistischen Gedanken von Rudolf Bultmann, Ernst Fuchs und anderen „Als verdächtig gilt aber vor allem ein ‚heilsgeschichtlicher Aufriss' mit seinem Zug zur banalen Linearität der Geschichte und insbesondere zu ‚einer Art von futurischem Historismus'".[195] Diese Kritik orientiert sich v.a. an folgender Vorstellung: „Vergangenheit und Zukunft sind demnach keine Werte auf einer neutralen Skala der Zeit, sondern Bestimmungen der Existenz: Macht der Gebundenheit und Möglichkeit zur Freiheit."[196]

Sauter will hervorheben, dass die Welt stets unter der Verheißung Gottes gestanden habe und stehe, so dass stets eine „Gleichzeitigkeit" zu behaupten sei, und zwar gegen eine sukzessiv-lineare Geschichtsrekonstruktion im Sinne von *Vorher – Nachher – Noch-Bevorstehend*.[197] Biblisches Denken sei nicht (nur?) auf eine lineare Zeitbestimmung[198] hin orientiert, sondern – wie im Fall des ewigen Lebens – auf eine Qualität im gegenwärtig diesseitigen Leben bezogen. Aspekte einer sog. präsentischen Eschatologie, also einer Endzeitvorstellung, die stets nur subjektiv und gegenwärtig ist, klingen an.[199] Ein inhaltlich fassbarer endgeschichtlicher Zukunftsablauf wird damit zurückgewiesen und abgelehnt. Es gehe dabei für die Kirche nur sehr unbestimmbar um das eher allgemein zu verstehende „Prinzip Hoffnung" oder um die Qualität eines ewigen Lebens. Periodische Zeitläufe in der Zukunft werden abgelehnt bzw. existentialisiert, d.h. als „Moral von der Geschichte" auf die Existenz des Menschen heute gedeutet.

Gerhard Ebeling ist sich ebenfalls durchaus bewusst, dass „die traditionelle Dogmatik (...) einen heilsgeschichtlichen Aufriss [hat], der sich

---

[194] Gerhard Sauter: *Zukunft und Verheißung. Das Problem der Zukunft in der gegenwärtigen theologischen Diskussion*, Zürich/ Stuttgart 1965.

[195] Ebd., S. 163. Vgl. umfassend die Diskussion auf den Seiten S. 149-184; vgl. auch S. 253-255.

[196] Ebd., S. 255.

[197] G. Sauter, *Zukunft und Verheißung* (1965), S. 170-177. Diese Kritik ist u.a. auch gerichtet gegen Oscar Cullmann, *Christus und die Zeit. Die urchristliche Zeit- und Geschichtsauffassung*, 3. Aufl. Zürich 1962.

[198] Die Kritik am Begriff „linear" im Blick auf die Geschichte richtet sich gegen ein Zeitverständnis, das „Zeit als fortlaufende Linie" begreifen will. Dieser Zeitbegriff dürfe jedenfalls nicht als der theologische Zeitbegriff angesehen werden.

[199] Vgl. dazu u.a. G. Ebeling: „Zeit und Wort", in: ders.: *Wort und Glaube*, Bd. 2: Beiträge zur Fundamentaltheologie und zur Lehre von Gott, Tübingen 1969, S. 127.

von der Schöpfung über den Fall und das Versöhnungswerk Christi zur Endvollendung hin erstreckt."[200] Normalerweise wurde und werde eben heilsgeschichtlich gedacht im Bereich der Dogmatik. Doch er schränkt diese Feststellung sogleich wieder ein, wenn er schreibt: „Dieser dogmatische Normalaufbau ist heute aus verschiedenen Gründen fraglich geworden."[201]

Da wir diese Debatte hier nur andeuten können, sei doch immerhin so viel gesagt: Bei dieser Infragestellung bzw. Relativierung der Heilsgeschichte im biblischen Sinn geht es mehr oder weniger darum, ob und ggf. wie man das biblische Heilsgeschichtsverständnis mit neuzeitlichen philosophischen Geschichts- und Zeitvorstellungen behaupten oder durchhalten kann. Die Lösung, die nicht wenige Theologen anbieten, liegt nicht unbedingt in den Aussagen der biblischen Autoren begründet, sondern ergibt sich von neuzeitlichen Interpretationsansätzen her, die der biblischern Aussageintention als normativ vorgeordnet werden. Jeder, der auch nur in Ansätzen ein differenziertes Verständnis von biblischer Heilsgeschichte vertritt, wird sich mit dieser umfassenden und generellen Kritik an biblischer Geschichte und Heilsgeschichte auseinandersetzen müssen. Doch diese Auseinandersetzung soll und kann im Rahmen dieses Buches nicht eingehender geführt werden. Daher schließen wir an dieser Stelle die Diskussionsrunde mit den angedeuteten Problemfeldern.

Solche (und ähnlich lautende) Auffassungen, wie oben skizziert, haben nachfolgende Generationen von Bibelauslegern nachhaltig geprägt oder sie zumindest heilsgeschichtlichem Denken gegenüber ziemlich misstrauisch werden lassen. Vor allem der Vorwurf, Heilsgeschichte würde nur von „inspirationsgläubigen Biblizisten" vertreten, hat die Beschäftigung mit der biblisch offenbarten Heilsgeschichte ins negative Licht gerückt. Nicht wenige fragen, was es denn nach solch einer heftigen Kritik an heilsgeschichtlicher Bibelauslegung noch mit ihr auf sich haben könne, und ob die Beschäftigung mit ihr der Bibel gegenüber wirklich sachgerecht sein könne.

---

[200] G. Ebeling: „Der Grund christlicher Theologie", in: ders.: *Wort und Glaube*, Bd. 2: Beiträge zur Fundamentaltheologie und zur Lehre von Gott, Tübingen 1969, S. 84. So ähnlich betont es auch G. Sauter: „Es kann als erwiesen gelten, dass die (...) Merkmale überlieferten heilsgeschichtlichen Denkens der Zukunft – nämlich lineares Schema der Zeit, Unumkehrbarkeit und Unwiederholbarkeit des Geschehensverlaufs zwischen Schöpfung und Vollendung – den Charakter des abendländischen Geschichtsbewusstseins wesenhaft begründet und geprägt hat", a.a.O., S. 184.

[201] Ebd., 85. Vgl. auch G. Ebeling: Zeit und Wort, in: ders.: *Wort und Glaube*, Bd. 2: Beiträge zur Fundamentaltheologie und zur Lehre von Gott, Tübingen 1969, S. 121-137.

2.3. Was gegen eine heilsgeschichtliche „Haushaltungslehre" vorgebracht wird

Ein besonders Modell von Heilsgeschichte ist unter dem Begriff Dispensationalismus oder Haushaltungslehre bekannt geworden – ein Modell, das wir weiter oben bei der historischen Spurensuche bereits kennen gelernt hatten. Manchmal nerven solche Begriffe, weil sie von vielen nicht unmittelbar verstanden werden. Die griechischen, lateinischen oder auch englischen Ursprünge solcher Worte sind kaum mehr vertraut, der Sinn solcher Worte damit nicht unmittelbar zugänglich. Machen wir uns also zunächst klar, was der Begriff Dispensationalismus meint, und wenden uns dann den Gegnern dieses Konzepts zu.

2.3.1. Epochen der Heilsgeschichte – „Nein danke" oder „Ja bitte"?!?

Der Dispensationalismus als theologische Schulrichtung, die im ersten Drittel des 19. Jahrunderts entstanden ist, kommt von dem lateinischen Wort *dispensatio* bzw. dem englischen Begriff *dispensation* her. Der Begriff Dispensation wird von den griechischen Begriffen *oikonomia* (Eph 1,10; 3,9; 1Tim 1,4) und *aion* (1Kor 10,11; Eph 1,21) abgeleitet, die beide im Neuen Testament verwendet werden. Das Wort *dispensatio* kann demnach als ein biblischer Begriff verstanden. Im Deutschen gibt es keine entsprechenden Begrifflichkeit, die sich durchgesetzt hätte, außer vielleicht „Heilsökonomie", die Lehre von den Zeitaltern oder die „Haushaltungen Gottes"[202]. Trotzdem spricht nichts dagegen, auch im Deutschen von einer „Dispensationenlehre" zu sprechen oder eben von „Heilsökonomien" bzw. von der „gottgewollten Abfolge von [heilsgeschichtlichen] Epochen"[203].

Diese Heilsökonomien werden als Etappen verstanden, in denen Gott auf eine bestimmte Art und Weise mit denen je unterschiedlich verantwortlichen Menschen Umgang pflegte. Diese Etappen oder Epochen sind mit unterschiedlichen Offenbarungen verknüpft, die je im Laufe der fortschreitenden Offenbarung gegeben wurden. Bei der Auslegung der Bibel tragen diese Heilsökonomien oder Dispensationen Schlüsselfunktionen. Denn das, was in einer Ökonomie für den Menschen gültig ist in seiner Verantwortung vor Gott, das muss noch nicht zwangsläufig

[202] Herkunft dieses Ausdrucks aus der deutschsprachigen Brüderbewegung.
[203] H. Ott: Art. „Heilsgeschichte" (1959), Sp. 188.

auch in einer anderen Ökonomie gültig gewesen sein. Wir werden davon noch ausführlicher sprechen.

Der Dispensationalismus als Fremdwort will daher *eine von der biblischen Offenbarung direkt vorgezeichnete und von dort her abgeleitete heilsgeschichtliche Einteilung der gesamten Bibel in von Gott eingerichtete, zeitlich aufeinander folgende, manchmal sich überschneidende Perioden (Dispensationen, Epochen, Ökonomien) darstellen.* Innerhalb dieser Perioden oder Dispensationen hat der Mensch eine (von der Bibel her ableitbare und erkennbare) Verantwortung vor Gott. Diese Verantwortung des Menschen vor Gott, die auch bestimmt, wie er zu leben hat, welche Zusagen von Gott ihm jeweils gelten und welche nicht, variiert, sie ist nicht zu jeder Zeit qualitativ und vom Inhalt her gleich. Manches überschneidet sich inhaltlich von Epoche zu Epoche in ihrer heilsgeschichtlichen Abfolge.

Diese Lehre von den unterschiedlichen Epochen der Heilsgeschichte hat allerdings entschiedene Gegner. Unter denen, die eine bibeltreue Schrifthaltung und die Unterordnung unter die Bibel als göttlicher Autorität befürworten, gibt es solche, die diese heilsgeschichtliche Sicht in der Auslegung der Bibel rigoros ablehnen. Diese Gegner finden wir zahlenmäßig häufig v.a. im Lager der reformierten Bundestheologie (Werk- und Gnadenbund), gelegentlich auch unter traditionell lutherischen Theologen, die von der Auslegungsmethode „Gesetz und Evangelium" auf die gesamte Bibel bezogen geprägt sind.[204] Jene reformiert-bundestheologische Schulrichtung lehnt – im Blick auf die unterschiedlichen heilsgeschichtlichen Modelle, die es gibt – vor allem den Dispensationalismus ab. Die Gründe dafür liegen in der eigenen bundestheologischen Theologie begründet. Darauf wollen wir nun kurz zu sprechen kommen.

2.3.2. Zur Bundestheologie

Zum einen sei darauf hingewiesen, dass die Bundestheologie nicht jede Art von heilsgeschichtlichem Denken ablehnt, sondern primär nur die heilgeschichtliche Konzeption des Dispensationalismus (bzw. ähnliche Vorstellungen aus anderen Frömmigkeitsrichtungen, wie die Bengels). Die Bundestheologie vertritt ein Muster zur Auslegung der Bibel, das

---

[204] Im Deutschen wird gewöhnlich von der (nachreformatorischen) „Föderaltheologie" gesprochen, siehe z.B. G. Schrenk: *Gottesreich und Bund im älteren Protestantismus* (1922); E. Graf v. Korff: *Die Anfänge der Foederaltheologie*, Bonn 1908; vgl. auch G. Weth: *Die Heilsgeschichte* (1931). Siehe auch J.F. Gerhard Goeters: Art. „Föderaltheologie", in: *TRE* 11 (1983), S. 246-252.

ebenfalls – jedenfalls rudimentär – „Schriftinhalte untereinander heilsgeschichtlich" auffasst.[205]

Zum anderen geht die Bundestheologie als „theologisches System"[206] normalerweise davon aus, dass die gesamte Bibel in zwei (bzw. in drei) Bündnisse einzuteilen und von daher auszulegen sei. Der eine Bund sei der ***Werksbund***, der andere der ***Gnadenbund***. Die Bundestheologie ist also eine Theologie, die primär aus dem Bündnis der Werke und dem der Gnade besteht, zwei Kategorien, die das Verstehen der gesamten Bibel regieren. Man geht davon aus, dass der Werksbund zwischen Adam und Gott bestand, der Adam Leben verhieß, sofern er gehorsam geblieben wäre, Strafe und Tod aber vorhersagte, wenn er von Gottes Gebot abfallen würde. Da Adam sündigte, konnte der Werksbund nicht mehr bestehen bleiben. Ein neuer Bund wurde nach dem Sündenfall eingerichtet, nämlich der der Gnade.[207] Unter einigen reformierten Bundestheologen wird sogar noch ein dritter Bund angenommen, der „Bund der Versöhnung" *(covenant of redemption)*. Dieser Bund sei in der Ewigkeit geschlossen worden zwischen Gott und seinem Sohn bzw. zwischen Gott und seinen Erwählten, die in Christus ihr Haupt und ihren Erlöser haben. Dieser Bund bilde dann die Grundlage für den Gnadenbund.[208]

2.3.3. Zum geschichtlichen Werden der Bundestheologie

Die Bundestheologie ist eine theologische Schule, die in der Zeit nach der Reformation ausgebildet wurde. Möglicherweise gehen Einzelaspekte des Bundesgedankens auf Ulrich Zwingli zurück, der sie in der Auseinandersetzung mit dem Täufertum ansatzweise entwickelt haben dürfte.[209] Doch dieser Bundesgedanke ist nicht identisch mit der viel späteren Bundestheologie. Calvin sprach ebenfalls von dem Bund zwischen Gott und seinen Leuten, doch kann das auch noch nicht als Föderal- oder Bundestheologie bezeichnet werden. Darin sind sich die Experten, die sich mit der Entstehung der reformierten Tradition beschäftigen, ziemlich einig.

Die nächsten Zeugen für ein sich herausschälendes Denken in bundes-

---

205 Otto Weber: *Grundlagen der Dogmatik*, Bd. I, 6., unver. Aufl. Neukirchen-Vluyn 1983, S. 287.

206 Ebd., S. 340.

207 P. Jacob: Art. „Bund". IV. Föderaltheologie, dogmengeschichtlich, in: *RGG*³ 1 (1986), Sp. 1518-1520.

208 Ebd.

209 Ebd., Sp. 1519.

bzw. in föderal-theologischen Gedanken finden wir etwa Ende des 16. Jahrhunderts unter solchen vor, die den strikten Erwählungsglauben der Reformatoren ablehnten, z.B. bei Andreas Hyperius (1511-1564), Kaspar Olevianus (1536-1587) oder Rafael Eglinus (1559-1622). Der britische Puritaner William Ames (1576-1633) sprach bereits vom „Bund der Werke". Er war ein Lehrer von Johannes Cocceius (1603-1669). Bis zu diesem Zeitpunkt waren die Grundideen der „Bundestheologie" noch nicht weit verbreitet und vor allem überhaupt nicht einheitlich und systematisch strukturiert ausgearbeitet, sondern enthielten lediglich Grundgedanken, die erst später zur Bundestheologie im heute bekannten Sinn ausgebaut wurden. Die Föderaltheologie ist damit rund 180 Jahre älter als der Dispensationalismus, aber – wie wir sehen werden – nur unwesentlich älter als die klassischen Vorläufer des Dispensationalismus als einer Variante heilsgeschichtlichen Denkens.

In den klassischen reformatorischen Bekenntnistexten der reformierten und der lutherischen Reformation finden wir noch nichts, bei dem dieses Grundkonzept der Bundestheologie thematisiert worden wäre, jedenfalls nicht vor dem Bekenntnis von Westminster aus dem Jahre 1647. Und auch dort lag das bundestheologische Gedankengut noch längst nicht so ausgereift entwickelt vor, wie manche behaupten und glauben wollen. So lesen wir beispielsweise in diesem Bekenntnis in Kap. VII, Sektion VI: *„Es gibt deshalb nicht zwei Gnadenbünde, die sich in der Substanz unterscheiden, sondern nur einen einzigen, der sich in unterschiedlichen Dispensationen zeigt."* Noch die ersten Überlegungen zur Ausbildung der theologischen Schule, die Bundestheologie genannt wird, kann also den Gnadenbund unter verschiedenen Epochen in der Geschichte verwirklicht sehen.

Cocceius – von Melanchthon beeinflusst – veröffentlichte 1648 sein Werk, in dem er zwischen dem *foedus naturale* (Naturbund) *vor* dem Sündenfall und dem *foedus gratiae* (Gnadenbund) *nach* dem Sündenfall unterschied. Er vermochte mit diesem zweigliedrigen Grundschema eine Art des heilsgeschichtlichen Kontinuums in fünf Etappen zu schaffen, in denen sich von der Schöpfung bis zu Christus hin das Heil Gottes vollziehen konnte, und zwar als Gnade. Mit der Arbeit des Cocceius und parallel dazu mit dem internationalen Einfluss des Westminster Bekenntnisses, in dem die beiden Bündnisse noch eher als generelle Abteilungen der Absichten Gottes verstanden wurden, konnte sich allmählich das theologisch reflektierte Konzept der „zwei Bündnisse" gegenüber (!) der herkömmlichen calvinistisch-reformierten Tradition behaupten, auch gegen Infragestellung aus anderen reformierten Richtungen. Herman Witsius (1636-1708), Francis Turretin, John Cotton und andere verbreiteten die Ideen des „Gnadenbundes“ in Nordamerika, wobei die Vorstellungen und Konzeptionen im Detail sehr unterschiedlich und noch längst nicht einheitlich gewesen sind. Später verbreiteten Charles und A. A. Hodge die Gedanken der Bundestheologie über Princeton ins ganze Land.

Die Bundestheologie – darin sind sich die meisten Forscher zur Föderaltheologie einig – begann demnach als eine Reaktion in Opposition zu einem weit verbreiteten, sehr strikten, die doppelte Erwählung zum Heil und zur Verdammnis bevorzugenden Calvinismus. Trotzdem – obwohl nicht genuin reformiert – wurde diese theologische Richtung mehrheitlich zum heutzutage bevorzugten „Transportmittel“ dessen, was man landläufig Calvinismus nennt. Grundlage für die Föderal- oder Bundestheologie waren sicherlich bestimmte Konzepte und Ideen der Reformatoren (ohne dass diese das bundestheologische Schema lehrten oder vertraten). Von diesen Impulsen der Reformatoren herkommend entwickelten dann u.a. Cocceius, Witsius oder die Verfasser des Westminster Bekenntnisses die Gedanken stringent weiter. Dabei muss betont werden, dass diese ersten Überlegungen zu einer strukturiert formulierten Bundestheologie im 17. Jahrhundert mit der aktuell in vielen Varianten vertretenen Bundestheologie nicht gleichgesetzt werden darf, da sie im Laufe der Zeit unterschiedliche Modifikationen durchlebt hat und gegenwärtig in einer breiten Vielfalt vorzufinden ist.

Diese Einsichten in das Werden der Bundestheologie tragen zumindest dazu bei, das Vorurteil gegen den Dispensationalismus zu entkräften, der Dispensationalismus sei eine neue Lehre, die erst im 19. Jahrhundert aufgekommen sei und deshalb keine Rechtgläubigkeit für sich beanspruchen könne. Doch was sehen wir bei genauerem Hinschauen? Die Bundestheologie ist selbst eine relativ neue Lehre, die kaum vor Poirets heilsgeschichtlich-dispensationalistischen Schema aus dem Jahre 1687 entwickelt wurde. Und Poiret gilt neben anderen, wie wir bei der Spurensuche gesehen haben, als einer der maßgeblichen Vorläufer der dispensationalistischen Konzeption, die dann ab etwa 1830 von John Nelson Darby entfaltet wurde. Somit ist zumindest so viel klar, dass weder die Grundgedanken einer schematisierten Bundestheologie, noch die eines systematisierten Dispensationalismus ein hohes Alter oder eine altehrwürdige orthodoxe Verbreitung für sich beanspruchen können. Sie sitzen in dieser Hinsicht im selben Boot.

Die Rechtgläubigkeit und Schriftgemässheit einer Lehre ergibt sich nicht aus dem Alter oder dem ersten Erscheinen dieser Lehre. Dann hätten die Katholiken in mancher Hinsicht die Argumente in Lehrfragen auf ihrer Seite. Das *Wann* der Erkenntnis einer christlichen Lehre, öffentlich auf Konzilien, im gottesdienstlichen Rahmen oder in der Gemeinde, ist überhaupt nicht essentiell oder gar ein Beleg für ihre Richtigkeit. Das gilt für die Bundestheologie genauso wie für den Dispensationalismus. Viele zentrale christliche Lehren sind erst später nach der apostolischen Zeit in der Kirchengeschichte als Erkenntnisse des Schriftstudiums entdeckt und ausformuliert worden. Andere wiederum wurden erst nach Jahrhunderten der Vergessenheit wiederentdeckt, weil sie mitunter schon unmittelbar nach dem Tod der Apostel vergessen worden waren (vgl. den Brief des Paulus an die Römer mit dem Barnabasbrief aus Rom an andere Gläubige nur wenige Jahrzehnte nach Paulus. Inhaltlich, v.a. im Blick auf das Heilsverständnis, liegen zwischen beiden Briefen Welten).

Dennoch können später entdeckte Einsichten klare und unumstößliche Wahrheiten des offenbarten Wortes Gottes ausdrücken und sind oftmals hervorragende Wiedergaben der biblischen Apostellehre (Apg 2, 42; 2Tim 2,2). Vergleiche beispielsweise das mehr als 300 Jahre andauernde ernsthafte Ringen in der Schriftauslegung bis zur Klarheit, dass der christliche Gott sich als Geheimnis „Drei in Eins" offenbart hat (Vater, Sohn, Heiliger Geist), obwohl dies schon von Anfang an in der Schrift vorlag, aber noch nicht sofort von der Gemeinde Jesu in allem ergriffen werden konnte. Oder man betrachte die Rechtfertigung allein aus Glauben im lutherisch-reformatorischen Sinn als Resonanz der biblisch-paulinischen Lehre. Jahrhunderte lang war diese Wahrheit vergessen gewesen, vieles im Detail sogar so noch nie „erfasst" worden, bis sie 1520 das Licht der Öffentlichkeit erblickte. Dennoch wollen Aussagen solcher Art betonen, dass sie zentral in der biblischen Offenbarung verwurzelt sind, gegründet auf der Lehre der Apostel.

Der Heilige Geist führt in alle Wahrheit. Doch dauert es offensichtlich gelegentlich etwas länger, bis die Kinder Gottes alle Facetten dieser Wahrheit begreifen und aussprechen können. Wichtig ist, ob das, was Christen bekennen und als Wahrheit aussagen, im Wort Gottes der Bibel gegründet ist, nicht jedoch in erster Linie, wie alt eine Lehre ist.

Natürlich ist die Beobachtung der Bundestheologie, dass es so etwas wie beispielsweise einen Gnadenbund in der Schrift zu finden gibt, nicht grundsätzlich falsch. Doch eine Systematisierung der beiden Bünde vor und nach dem Sündenfall, wie sie die Hauptströmung der heute gängigen Bundestheologie behauptet und als leitende Auslegungsregel zur Heiligen Schrift voraussetzt, ist nicht so leicht und gewiss nicht ohne Probleme aus der Bibel ableitbar. Jedenfalls nicht mit mehr Berechtigung als die heilsgeschichtliche Betrachtung der Bibel im Dispensationalismus. Eher weniger, wie uns die „historische Spurensuche" in Kapitel 3 verdeutlicht hat. Die Bibel kennt viele Bündnisse zwischen Gott und Menschen, doch einen Werks- oder einen Gnadenbund nach dem Konzept der Bundestheologie kennt die Bibel nicht ausdrücklich. Das bedeutet nicht, dass dieses Konzept deshalb nicht auch irgendwie nützliche Überlegungen enthält. Der Schriftbeweis wäre aber zu führen, um zu begründen, wie diese deduktiv geschlussfolgerte Begrifflichkeit und die dahinterstehende Theologie biblisch gerechtfertigt werden könnten.

2.3.4. Zu den Auslegungsregeln der Bundestheologie

Gehen wir noch einen Schritt weiter. Ein wichtiger Aspekt der bundestheologischen Auslegung der Bibel ist die Regel, dass man prophetische Texte der Bibel nicht wörtlich, also nicht nach dem Wortsinn auslegen dürfe, sondern im übertragenen Sinn, also eher figurativ, metaphorisch, allegorisch oder typologisch.[210] Daraus ergibt sich, bei der Betrachtung des Alten Testaments, dass es oft zu einer Gleichsetzung von Israel mit der neutestamentlichen Gemeinde Jesu kommt, obwohl dies vom Text her ursprünglich gar nicht beabsichtigt gewesen ist. Die Debatte dreht sich also darum, wie „wörtlich" die Bibel durchgängig und konsequent gemäß dem biblisch-reformatorischen Literalsinn-Verständnis ausgelegt werden darf und wo ggf. Grenzen liegen (Gattungen, Genres usw.). Auch die sog. apokalyptischen Texte der Bibel stehen zur Debatte, inwiefern sie unter Berücksichtigung ihrer bildhaften Sprache trotzdem im Blick auf die Ereignisabläufe, von denen sie sprechen, wörtlich ausgelegt werden dürfen, oder ob sie einer anderen Regel des Verstehens unterliegen.[211]

Deutlich zeigen sich auch die Folgen dieser Debatte in der Tatsache, dass die alttestamentlichen Verheißungen an Israel beinahe vollständig als in der Gemeinde Jesu „geistlich" erfüllt angesehen werden und damit eine eigentliche oder zusätzliche wörtliche Erfüllung für Israel nicht erwartet wird. Ein Teil der Bundestheologen behauptet zwar nicht die völlige Erfüllung der alttestamentlichen Verheißungen an Israel in der

---

210 C.C. Ryrie: *Dispensationalism* (1995), S. 85.

211 Siehe dazu die gründlichen Gedanken bei H. Stadelmann: *Evangelikales Schriftverständnis* (2005), S. 219-236.

Kirche, sieht aber in der Kirche die geistlichen Anfänge dieser Erfüllung, die sich „auf der neuen Erde und im neuen Himmel" – einem zusammenfassenden Synonym für den „Himmel" – endgültig erfüllen werden, also im Zustand der Ewigkeit, da die Mehrheit der Bundestheologen ein wörtliches tausendjähriges Reich usw. nicht erwartet.

Insgesamt wird ausdrücklich betont, dass die Idee des Gnadenbundes bei der Auslegung der Bibel alle Stellen bestimmen soll. Daraus sollen dann Konsequenzen für andere Bereiche der christlichen Lehre bzw. des moralischen Lebens gezogen werden. Das bedeutet konkret, dass das Alte Testament durchgängig von den theologischen Vorstellungen des Neuen her interpretiert wird. So wird das Neue Testament in das Alte hineingelesen und zwar so, als stünden dort die gleichen Konzepte, Inhalte und Offenbarungen wie im Neuen. Die progressive, fortschreitende Offenbarung Gottes, von der wir an anderer Stelle sprachen, wird damit ignoriert. Auf diese Weise wird im Grunde eine künstlich konstruierte und vorurteilsbehaftete Exegese betrieben, die unterschiedliche Bibeltexte uminterpretiert und in sie eigentlich nicht vorhandene Gedanken hineinliest.

Dass die reformierte Bundestheologie mit ihren genannten Auslegungsregeln wirklich eine angemessene Kritik oder wenigstens eine Korrektur am heilsgeschichtlich-dispensationalistischen Bibelverständnis sein kann, muss an dieser Stelle ernsthaft in Frage gestellt werden. Wir werden diese Kritik aber dennoch als mögliches Korrektiv im Auge behalten, wenn es positiv darum gehen wird, eine eigene, der Bibel angemessene heilsgeschichtliche Sicht zu präsentieren.

2.4. Zusammenfassung der Kritik an der Heilsgeschichte

Wir haben es mit unterschiedlichen Voraussetzungen zu tun, wie die Bibel ausgelegt und verstanden werden soll. Selbst unter denen, die sich gemeinsam der Autorität und Norm der Heiligen Schrift als dem Wort Gottes vorbehaltlos unterstellen, gibt es unterschiedliche Ansätze, wie die Bibel nach ihrem offenbarten Selbstverständnis auszulegen ist. Diese Beobachtung ist sicherlich bedauerlich. Daher sollte bei allen Diskrepanzen in diesen Fragen das brüderliche Ringen um Wahrheit im Vordergrund stehen, jedenfalls auf keinen Fall die Herabwürdigung der Glaubensgeschwister, die auf gleicher Grundlage stehen und um Wahrheit in Detailfragen der biblischen Offenbarung ringen.

Wir haben kurz beleuchtet, wie die Kritik an heilsgeschichtlicher Theologie entweder aus einer eher liberalen, historisch-kritisch orientierten, teilweise philosophisch geprägten Richtung kommen kann oder – gegenüber dem heilsgeschichtlichen Dispensationalismus – aus einer eher konfessionell reformiert-bundestheologischen Richtung. Nicht jede Infragestellung eines heilsgeschichtlichen Schriftverständnisses im Allgemeinen bzw. der des Dispensationalismus im Besonderen geschieht daher unter gleichen Vorzeichen. Auch Mischformen dieser kritischen Sichtweisen kommen vor, bei der konfessionalistische und historisch-kritische Vorurteile eine Allianz eingehen. Eine Diskussion zwischen Personen, die unterschiedliche Ansätze der Schriftauslegung vertreten, muss sich also zunächst einmal über ihre eigenen Voraussetzungen klar werden, um in einem Gespräch gegenseitiges Verstehen erreichen zu können.

Trotz aller historischen, theologischen und/oder historisch-kritischen Bedenken, halten wir in Übereinstimmung mit dem biblischen Selbstverständnis fest, dass die Lektüre und die Beobachtung des kanonischen Bibeltextes voraussetzt, dass es „Heilsgeschichte" aufgrund des Redens, Handelns und Ergreifens Gottes tatsächlich gab, gibt und geben wird. Heilsgeschichtliches Denken ist **zum Verstehen** der Bibel sowie **zum Verstehen** des offenbarten Handelns und Redens Gottes in der Geschichte gegeben. Wir halten daher an der heilsgeschichtlichen Bibelauslegung als biblisch verwurzelt und sachgerecht fest, weil die Gründe, die gegen sie vorgebracht werden, nicht wirklich schlüssig sind. Es gibt viele unterschiedliche Heilsgeschichtskonzeptionen. In diesem Buch vertreten wir – ohne uns in allen Details festlegen zu wollen – ein ganz bestimmtes heilsgeschichtliches Modell, das wir von der Heiligen Schrift abgeleitet verstehen. Die Gründe dafür liefern, in Ergänzung zu Kap. 2, die folgenden Betrachtungen.

3. Das große Panorama des Heilsplans Gottes erkennen

Wer die Bibel aufmerksam studiert, der stellt fest, dass Gottes Handeln und Reden nicht zu jeder Zeit gleichförmig geschieht. Wer die Bibel liest, muss wissen, in welchem Teil der Schrift er sich befindet, in welcher heilsgeschichtlichen Zeit welche Aussagen getroffen und welche Ratschlüsse Gottes offenbart werden, um sachgerechte Auslegungen vornehmen zu können oder fragwürdige Anwendungen aufzuspüren. Warum ist es zum Beispiel falsch ausgelegt, wenn man einen christlichen „Ältesten" (griech.: *episkopos*, *presbyteros*) ähnlich oder sogar gleich kleidet wie den Hohenpriester oder die Priester im AT (wie es teilweise die römisch-katholische Kirche, allerdings in Kombination mit Elementen der spätantiken Kleidung des kaiserlichen Hofzeremoniells hinsichtlich ihrer Priester und Bischöfe auslegt)? Warum müssen Christen heute nicht das befolgen, was die Jünger von Jesus selbst befohlen bekamen: „Nehmt nichts mit auf den Weg: weder Stab, noch Tasche, noch Brot, noch Geld, noch soll jemand zwei Leibröcke haben" (z.B. Lk 9,3)? Wieso ist diese Anweisung kein Grundsatz mehr für christliche Mission oder Ethik? Dies und vieles andere hängt vom heilsgeschichtlichen Ort ab, an dem ein Wort an bestimmte Empfänger ausgesprochen wurde. Nur so lassen sich noch gültige, nicht mehr gültige oder modifiziert gültige Anwendungen unterscheiden und rechtfertigen, aus keinem anderen Grund. Diese Beobachtung ist für die Auslegung der Bibel von zentraler Bedeutung.

Innerhalb des heilsgeschichtlichen Handelns und Redens Gottes, wie es die Bibel als Offenbarung Gottes aufzeigt, entdecken wir Bereiche der **Kontinuität** (was ständig gültig oder anwendbar bleibt) sowie der **Diskontinuität** (was nicht oder nur für bestimmte Adressaten ständig gültig oder anwendbar bleibt). Manches bleibt gültig, anderes nicht, wieder anderes wird modifiziert fortgesetzt, wieder anderes vermittelt allgemeine Prinzipien. Was allerdings jeweils zutrifft und was nicht, muss gewissenhaft biblisch begründet werden, es darf nicht der menschlichen Willkür oder der Lust und Laune des Bibellesers ausgeliefert sein. Letztlich entscheidet allein Gott von seiner Offenbarungsabsicht her, was wann wie lange und für wen gilt.

3.1. Ein erster Überblick

Auch das Verstehen der Bibel will gelernt sein. Das Verstehen geht nicht automatisch vonstatten. Aus der Frage des Philippus in Apg 8,30 „Verstehst du denn auch, was du liest?" können wir schlussfolgern, dass bei der Bibelauslegung neben dem Glauben erweckenden Wirken des Heiligen Geistes sachgerechte Anleitung zum Verstehen notwendig bleibt (vgl. auch Aquilla und Priscilla, die dem Apollos die Schrift noch genauer auslegten und zu einem vertieften Verständnis verhalfen, Apg 18,24-26). Anleitung führt zu tieferem Verstehen der Bibel, so dass man Unmündige, Anfänger, Fortgeschrittene und „Lehr-Meister" im Auslegen und Verstehen der Schrift unterscheiden kann (vgl. Hebr 5,11-6,3). Das Verhältnis von Hermeneutik (Regeln der Auslegung) und heilsgeschichtlichem Denken ist dabei – wie wir gesehen haben – von zentraler Bedeutung, zielgerichtet die biblische Offenbarung zu begreifen.

Haben wir bestimmte Zusammenhänge verstanden, lassen sich auch verbindliche Lehren ableiten. Dabei gilt allerdings der denkerische Grundsatz, dass man nicht von Einzelaussagen oder Sonderfällen der Bibel ausgeht, um etwas Allgemeingültiges oder Verbindliches auszusagen, sondern umgekehrt, vom Allgemeingültigen her bemüht ist innerhalb einer heilsgeschichtlichen Situation, die Sonderfälle einzuordnen und zu erklären.

„Nachdem Gott vor Zeiten manchmal und auf mancherlei Weise zu den Vätern geredet hat durch die Propheten, hat er zuletzt in diesen Tagen zu uns geredet durch den Sohn“ (Hebr 1,1). Wenn wir die Bibel betrachten, fällt auf, dass vor der Berufung des Mose Gott offensichtlich auf direkte Weise mit unterschiedlichen Menschen kommuniziert hat (von Adam über Abraham und den Patriarchen bis zu Mose). Menschliche Vermittler gab es eher selten oder gar nicht, da Gott einzelne Berufene direkt ansprach und berief. Erst in 2Mo 3,10 beginnt eine Veränderung. Mose war ganz offensichtlich der Erste (bzw. einer der Ersten, genau wissen wir das nicht) aus der Reihe der Propheten (5Mo 34,10), durch den der HERR „vielfach und auf vielerlei Weise“ gesprochen hat. Von 2Mo 2 über das Ende des AT im Prophetenbuch des Maleachi und dann von Mt 1,1 bis 3,12 (vgl. außerdem Mt 14,10-12) hat Gott durch berufene Propheten geredet. Mose war der erste aus der Reihe, Johannes der Täufer der letzte der alttestamentlichen Propheten, der zugleich das Attribut trug in diesem Zeitalter unter denen, die von einer Frau geboren worden waren, der Größte gewesen zu sein (Mt 11,11), aber im Himmelreich der Kleinste genannt werde. Johannes verkörperte das Ende der Propheten (Lk 16,16).

Zeitlich nach Johannes dem Täufer sprach der HERR durch den Sohn (Hebr 1,2; Mt 17,5) und zugleich durch den Heiligen Geist, der Jesu Worte für die Gläubigen der Gemeinde in alle bereits ausgesprochene Wahrheit führen und verständlich machen würde (Joh 16,12-15). Insofern Gott durch den Sohn sein letztes Wort gesprochen hat, führen auch vom Geist zur Erbauung der Gemeinde gegebene prophetische Äußerungen (1Kor 14; 1Thes 5,20f.) nie über diese abschließende Christusoffenbarung hinaus.

Das aber, was menschheitsgeschichtlich vor der Zeit des Mose und v.a. dann von der Zeit des Mose bis zu Johannes dem Täufer im Namen Gottes gesagt und offenbart wurde, wurde primär dem Volk Israel offenbart und ihm gegenüber ausgesprochen (Röm 9,1-5). In erster Linie waren diese Worte nicht an die gesamte Menschheit gerichtet, nicht an Heiden, sondern an Israel. Dann sprach Gott im Sohn (vgl. Joh 15,25), auch durch die Apostel (Gal 1,12; Offb 1,1) unter der Leitung des Heiligen Geistes. Dieses Reden schloss auch das Zukünftige mit ein (Joh 16,13). Dies sind erste Beobachtungen direkt am Bibeltext, die uns heilsgeschichtliche Gesichtspunkte erkennen lassen. Gehen wir noch weiter. Was lässt sich bei der Bestandaufnahme biblischer Aussagen weiter feststellen?

3.2. Gottes Heilsplan und die Abfolge der Zeitalter

Der allmächtige Gott der Bibel offenbarte in Jes 46,9-10: „Ich bin Gott, und sonst keiner mehr, ein Gott, dem nichts gleicht. Ich habe von Anfang an verkündigt, was hernach kommen soll, und vorzeiten, was noch nicht geschehen ist. Ich sage: Was ich beschlossen habe, geschieht, und alles, was ich mir vorgenommen habe, das tue ich". Auf diesem göttlichen Vorherwissen beruht jede biblische Weissagung, aber auch der Heilsplan der Ratschlüsse Gottes. Gott kennt bis ins Einzelne hinein den Verlauf und das Ziel aller Zeitalter. Er hat sich nicht selbst die Hände gebunden oder sich zurückgezogen, nachdem er den Anstoß für den Ablauf der Geschichte gegeben hatte. Er behält sich ein souveränes Handeln und Eingreifen jederzeit vor. Er kann sogar Zeiten verkürzen, beschleunigen oder auch einen Verzug zulassen (Mt 24,22; 25,5; 2Petr 3,9).

Weder die Weltgeschichte noch die darin verankerte Heilsgeschichte sind ein automatisch ablaufendes Programm, bei dem ein teilnahmsloser Gott nur zuschaut, ob alles funktioniert und termingemäß abläuft. Computerprogramme, Roboter und Automaten lachen oder weinen nicht. Jesus aber vergoss Tränen über Jerusalem (Lk 19,41). Der Heilige Geist kann betrübt oder traurig gemacht werden (Eph 4,30). Bei Israels endzeitlicher Wiederherstellung und Wiederannahme ist Gott „mit seinem ganzen Herzen und mit seiner ganzen Seele" beteiligt (Jer 32,41). Wer also von Heilsgeschichte sprechen will, muss zugleich auch von Gott und seinem Wesen der Güte und Liebe und der Heiligkeit reden, weil er der Initiator der Heilsgeschichte bleibt und am Geschick der Menschen leidenschaftlich Anteil nimmt.

Wir können also Folgendes festhalten: Die Heilsgeschichte auf Erden besteht aus einer Abfolge von verschiedenen Zeitaltern, die der leidenschaftliche Schöpfer vorzeiten beschlossen hat, dass sie kommen sollten. Die Heilsgeschichte beginnt mit der Schöpfung (1Mo 1–2) und endet mit der Auflösung der Welt (2Petr 3,10-13). Darauf folgt die Erschaffung eines neuen Himmels und einer neuen Erde (Offb 21,1). Die Bibel spricht über verschiedene „Zeitalter" (z.B. Eph 1,21; Kol 1,26, Eph 1,10 f.).

Was ist ein Zeitalter? Der Begriff lässt sich ableiten vom griechischen Wort *aion* („Äon"), das „Zeitalter" oder „Epoche" bedeuten kann und an verschiedenen Stellen im Neuen Testament verwendet wird. Ein „Äon" ist der Zeitbegriff in der Bibel, der die denkbar längsten Zeitepochen umfasst. In diesen Zeitaltern handelt und redet Gott auf eine bestimmte, für dieses Zeitalter typische Weise mit den Menschen (vgl. Mt 12,32; Mk 10,30; Lk 18,30; Röm 16,25; 1Kor 10,11; Eph 1,21; Eph 3,2 1; Kol 1,26; 1Tim 1,17; 2Tim 1,9; Hebr 9,26).

Das Wort *aion* kann allerdings – je nach Kontext – auch einfach nur „Ewigkeit" bedeuten, wie in der Aussage *„eis tous aionas ton aionon"*, das bedeutet: „bis in die Zeitalter der Zeitalter" = „auf immer und ewig" oder „von Ewigkeit zu Ewigkeit" (vgl. Offb 1,18; 14,11; 19,3; 20,10). Weil die Bibel keinen abstrakten Ewigkeitsbegriff hat, türmt sie die Begriffe für die denkbar längste Zeit aufeinander („in die Äonen der Äonen"), wenn sie etwas nie Endendes beschreiben will. *Aion* kann ferner auch den von einem bestimmten Zeitgeist charakterisierter Zeitlauf oder schlicht „Welt" bedeuten (vgl. 2Tim 4,10). Daneben gibt es das Adjektiv *aionios*. Es kommt 70x im NT vor und bedeutet „ewig" im absoluten Sinn (vgl. 2Kor 4,18: *aionios* ist das Gegenteil von *proskairos* „zeitlich"; vgl. *aionios* in Mt 25,41.46; Jud 1,7). Das hebräische Äquivalent zum griechischen Äonen-Begriff findet sich im Wortfeld *olam* (Hebr.: Zeitalter, Ewigkeit; von *alam* = „zudecken"), das eine Zeitperiode beschreiben kann, die das menschliche Fassungsvermögen übersteigt (vgl. Pred 1,10 – vgl. die rabbinischen Begriffe im Hebräischen: *olam hazeh* = „dieses Zeitalter" und *olam haba* = „das kommende Zeitalter"; vgl. außerdem Mt 12,32; Eph 1,21 etc.).

Gehen wir nun im Blick auf die Zeitalter der Bibel so vor, wie es den Grundsätzen der Lehrbildung entspricht, ergibt sich zusammengefasst aus den Wortstudien und der Auslegung der entsprechenden Bibelstellen folgendes Bild einer „heilsgeschichtliche Äonenlehre": Es gab eine „Zeit" *vor den Äonen* (1Kor 2,7; Jud 25) und es gab *vergangene Äonen* (Pred 1,10 [griech. Septuaginta] und Eph 3,9; Kol 1,26). Gott fasste in Christus den *Vorsatz der Äonen* (Eph 3, 11). Vom *gegenwärtigen (bösen) Äon* sprechen Gal 1,4; Mt 12,32 und 13,22; vgl. auch Lk 19,8 und 20,34; Röm 12,2; 1Kor 1,20; 2,6; 3,18; 2Kor 4,4; Eph 1,21 und 2,2; 1Tim 6,17; 2Tim 4,10; Tit 2,12. Es ist außerdem die Rede von einem *kommenden Äon* (Mt

12,32; Eph 1,21; Hebr 6,5; Mk 10,30; Lk 18,30) bzw. von *kommenden Äonen* (Eph 2,7; Lk 1,33; Röm 11,36; Hebr 13,8; Röm 16,27; Offb 5,13; 14,11; 22,5 u. a.). Es gibt einen *Abschluss dieses Äons* (Mt 13,39) und einen *Abschluss der Äonen* (Hebr 9,26).

Aus der Anwendung des Begriffs können wir für unseren Zweck ableiten, dass der *gegenwärtige* (böse) *Äon*, der seit dem Sündenfall für die Dauer der Menschheitsgeschichte besteht, und der *kommende Äon*, der durch Jesu Kommen in diese Welt bereits begonnen hat und der zukünftig vollendet werden wird, gegenwärtig parallel nebeneinander existieren. Mit Jesus Christus hat sozusagen die Ewigkeit schon im Hier und Heute begonnen.

Die Bibel kennt neben dem Begriff des Äons auch den der geordneten Haushaltung oder Verwaltung (griech.: *oikonomia* = „Verwaltung"; lat.: *dispensatio* = Verwaltung; vgl. Eph 1,10; 3,9; 1Tim 1,4). Dieser Begriff kann auch im Sinne einer Zeitepoche angewendet werden, in der nach bestimmten Gesetzen, nach einer bestimmten Hausordnung, gehandelt werden muss. So wie heute von Familie zu Familie verschiedene Hausordnungen gelten, so unterscheiden sich die Hausordnungen Gottes von Epoche zu Epoche. Diese „Verwaltung für die Fülle der Zeiten" (Eph 1,10) wird einmal am Ende der Zeiten in Christus zusammengefasst werden. In der Weltgeschichte davor unterscheiden wir heilsgeschichtliche Verwaltungseinheiten Gottes, die im Sinne von Zeitaltern oder Epochen zu verstehen sind. Solchen heilsgeschichtlichen Verwaltungseinheiten Gottes soll nun noch ein wenig mehr Aufmerksamkeit gewidmet werden.

3.3. Heilsgeschichtliche Phasen in der fortschreitenden Offenbarung

Die Bibel als Offenbarung Gottes beschreibt von Anfang an die Beziehungs- und Hoffnungsgeschichte zwischen Gott und Menschen, sofern man dem erzählerischen Charakter der fünf Bücher Mose und der übrigen Geschichtsbüchern der Bibel Glauben schenkt und diese für historisch authentisch ansieht. Konkret für Israels Existenz beginnt diese Geschichte mit einer Verheißung: „Der HERR sprach zu Abram: Ziehe weg aus deinem Land ... in das Land, das ich dir zeigen werde. Ich werde dich zu einem großen Volk machen, dich segnen und deinen Namen groß machen" (1Mo 12,1-3; vgl. auch 1Mo 13,14-17 und 15,1-5). Bereits in diesem Abrahambund klingen vier wichtige Inhalte an, die heilsgeschichtlich bzw. innerweltlich von Bedeutung bleiben: (1) die besondere

Berufung bzw. Erwählung, (2) der Landbesitz, (3) die Nachkommenschaft bzw. Volkwerdung und (4) der Segen Gottes.

Darüber hinaus erkennen wir ohne Schwierigkeit, dass die Zeit von der Erschaffung des Menschen bis zum Sündenfall bzw. bis zur Vertreibung aus dem Paradies eine besondere Zeit gewesen ist (1Mo 1,1–3,24). Die Menschen nach dem Sündenfall, diesseits von Eden, kennen diese Art des Lebens und die unmittelbare Beziehung zum lebendigen Gott nicht mehr. Die Beziehung zwischen Gott und Menschen ist nach dem Sündenfall eine grundsätzlich neue geworden. Das ‚Zeitalter' des Paradieses, der menschlichen Unschuld und der direkten Begegnung mit Gott war unwiderruflich vergangen, etwas Anderes bzw. Neues ist geworden.

Nach dem Fall wird die Menschheitsgeschichte bis zur Sintflut geschildert (1Mo 3,7–8,19). Auch hier wird unmissverständlich gesagt, dass mit dem Untergang der „ersten Menschheit" in der Flut, eine Phase zu Ende geht, die man vielleicht auch als ein Zeitalter beschreiben kann. Mit Noah nach der Sintflut begann etwas Neues (1Mo 8,20-22).

Schon hier lässt sich beispielhaft erkennen, dass diese Bibeltexte nur heilsgeschichtlich ausgelegt richtig verstanden werden. Oder wer würde sagen, dass er heute noch „Gott im Garten" bzw. in seinem Lebensumfeld gehen sieht? Wer wollte bzw. könnte heute noch unmittelbar akustisch das Reden Gottes als Art der täglichen Kommunikation wahrnehmen? Dieses Zeitalter, in dem beides offensichtlich möglich gewesen ist, ist definitiv vorbei. Und da diese Art der Begegnung nicht auf spätere Epochen übertragen wurde, jedenfalls finden sich diesbezüglich keine biblischen Hinweise, wäre es fatal, wenn man diese Kapitel so auslegen und predigen würde, als sollte man sich nach dem hörbaren Reden Gottes ausstrecken, wie es vor dem Sündenfall dem Menschen geschenkt gewesen war.

Dann fällt auf, dass von Adam bis Mose noch kein Gesetzeskodex für die Menschheit gegeben worden ist. Wir finden das Verbot des Essens vom Baum der Erkenntnis (1Mo 2,17) und das Verbot des Blutgenusses bzw. des Blutvergießens (1Mo 9,4-6). Alle weiteren Verhaltensweisen für den Menschen bleiben weitgehend unbestimmt, vermutlich allein geleitet durch die neue Wirklichkeit von 1Mo 3,22, die aussagt, dass der Mensch seit dem Sündenfall „übernatürlich" befähigt wurde, Gutes und Böses zu unterscheiden. Diese Fähigkeit existierte im Garten Eden noch nicht. Sie bestimmte (und bestimmt weitgehend bis heute) das Verhalten und Entscheiden, das Tun und Lassen der Menschheit *vor* dem Empfang des Gesetzes, bestimmt also das Leben der nicht-israelitischen Heidenvölker zu jeder Zeit. Diese Erkenntnisfähigkeit im Menschen (Zusammenhang mit dem „Gewissen") leitet an zu unterscheiden, was Sünde oder Unrecht (in den Augen Gottes) ist und was nicht, was gut und was böse zu nennen ist, stets mit der Möglichkeit, sich im Urteil zu irren (vgl. Röm 1,18-26). Die sich bis heute entwickelnden Kulturen mit ihren Moralvorstellungen und Religionen gründen alle in dieser Wirklichkeit von 1Mo 3,22 *nach* dem Sündenfall.

Eine Gesetzesübertretung jedoch war zu dieser Zeit (und das gilt prinzipiell für alle Menschen *ohne Gesetz*) nicht möglich, denn es gab noch kein Gesetz, dessen Gebote hätten übertreten werden können (vgl. auch die Argumentation des Paulus in Röm 5,20 und Gal 3,19). Durch das Gesetz wird das Sündigen, das seit dem Sündenfall unter Menschen vorhanden war, „noch sündiger". Sünde wird dann als Sünde benannt. Durch das Gesetz wird die Sünde zugleich zur (Gesetzes-)Übertretung.

Dazu würde dann auch gut die Argumentation von Röm 2,14-16 passen[212], in der es heißt, dass Heidenvölker *ohne das Gesetz* gewisse moralische Normen erfüllen können, die prinzipiell bestimmten Geboten des mosaischen Gesetzes inhaltlich entsprechen, weil diese Heiden auf der Grundlage von 1Mo 3,22 stehen, einer Grundlage, die zugleich auch den Geboten des Gesetzes zugrunde liegt, da Gott als Initiator von *Erkenntnis* und *Gesetz* anzusehen ist. In jedem Fall gilt grundsätzlich die Einsicht: „Was heißt das nun? Sind wir als Juden im Vorteil? Ganz und gar nicht. Denn wir haben vorher die Anklage erhoben, dass alle, Juden wie Griechen, unter der Herrschaft der Sünde stehen wie es in der Schrift heißt: Es gibt keinen, der gerecht ist, auch nicht einen ... durch das Gesetz kommt die Erkenntnis der Sünde" (Röm 3,9-20).

Folglich kann man nicht die Menschen dieser frühen heilsgeschichtliche Epochen vor der Gabe des Gesetzes so beurteilen, als wäre das Gesetz schon gegeben worden. Das mosaische Gesetz existierte 1. *nicht* für die Menschheit vor dem Sündenfall, 2. *nicht* für alle ‚in Adam' nach dem Sündenfall über Noah bis Abraham und 3. *nicht* für Abraham bis Mose. Und für die Gläubigen in Christus nach Pfingsten gilt es ebenfalls nicht mehr als Herrschaftsbereich oder Lebensregel, denen sie unterworfen bzw. unterstellt bleiben müssten (vgl. Apg 15,1f.19-29; Röm 7,1-6;

---

212 Passen würde diese Stelle, sofern man nicht exegetisch eine abweichende Auffassung vertritt, bei der die erwähnten Personen, denen „das Gesetz ins Herz geschrieben" wurden, Heidenchristen seien (so K. Barth u.a.), an denen der neue Bund in Erfüllung gegangen sei. Im Kontext von Röm 1–2 – Heiden und Juden ohne Christus – überzeugt diese Auslegung nicht, weil dann ja schon immer Heiden im „Neuen Bund" von Jer 31 existiert hätten, was nicht sein kann. Es bleibt zu klären, was Paulus sagen wollte.

10,4; Gal 3,25 usw.). Diese Tatsache muss bei der Auslegung von 1Mo bis 2Mo 19 und des Hiobbuchs sowie von biblischen Aussagen über die Gemeinde Jesu berücksichtigt werden: In diesen Zeiten gab es noch keinen göttlichen Gesetzeskodex mit umfangreichen Vorschriften und Einzelgeboten, der für diese Personengruppen gelten würde. Das Gesetz ist eine Gabe an Israel, nicht an die Welt oder an die Heidenvölker (Röm 9,1-5). Es gab hier und da möglicherweise Einzelgebote oder Einzelanweisungen Gottes, die jedoch keineswegs der Funktion des Gesetzes vom Sinai gleich zu setzen sind (Röm 5,20). Die Menschen in diesen genannten Zeiten agierten offensichtlich nach der „neuen" Vorgabe von 1Mo 3,22, dem „übernatürlich" gewährten Erkenntnisgewinn, der jedem Menschen auf der Welt „in Adam" nun prinzipiell möglich geworden ist. Dort finden wir die Grundlage der menschlichen Moral bzw. der Unmoral in Verbindung mit der Erkenntnis der Existenz Gottes bzw. ihrer Leugnung (Röm 1,18-21).

Die Frömmigkeit des Noah (1Mo 6,9) oder die des Hiob, der wie ein Zeitgenosse des Abraham geschildert wird (Hi 1,1), oder die des Abraham (1Mo 26,5) oder die von Isaak, Jakob und Joseph ist nicht nach den Kriterien des mosaischen Gesetzes zu erfassen, sondern allenfalls aufgrund von Einzelgeboten, vor allem aber nach Kriterien, die auf 1Mo 3,22 basieren. Wir müssen uns bewusst sein, dass alle diese heilsgeschichtlichen Zeitalter *vor* dem mosaischen Gesetz lagen. Die Auslegung dieser Kapitel wird diese Tatsache zu berücksichtigen haben. Noah beispielsweise erhält sein Angenommensein durch Gott nicht aufgrund von Werken der Frömmigkeit, sondern aufgrund der Gnade und des Glaubens (1Mo 6,8; Hebr 11,7), wie auch Abraham.

Diese grobe Skizze biblisch-heilsgeschichtlicher Zusammenhänge verdeutlicht exemplarisch, dass bei der Auslegung der Bibel unbedingt berücksichtigt werden muss, zu welcher Zeit etwas gesagt oder angeordnet wurde und an wen es adressiert gewesen ist. Nicht jede Aussage der Bibel ist zeitlos gültig und auf Jedermann übertragbar (auch wenn es immer *Anwendungen* jeder Bibelstelle gibt). Bibeltexte wie Ps 18,4, Ps 54,7 oder Ps 137,8-9, die Rachegedanken und Vernichtungswünsche zum Ausdruck bringen, sind im Vergleich mit der Auffassung des Paulus in Röm 12,19-21, die Rache verbietet, nur dann verständlich und sachgerecht ausgelegt, wenn man die unterschiedlichen heilsgeschichtlichen Zeiten beachtet, in der jeweils die Aussagen getroffen wurden. Beide Aussagen sind je zu ihrer Zeit richtig und vollumfänglich gültig und nicht zu relativieren. Doch kein Christ könnte ernsthaft aufgefordert werden, als gültige Norm für seine christliche Ethik aufgrund solcher Psalmverse Rache üben zu wollen. Eine solche Auslegung von Bibeltexten mit entsprechenden Inhalten wäre für Christen falsch und irreführend. Natürlich gab es eine Zeit, in der dieses Verhalten üblich gewesen sein mag und von Gott sogar mitunter erlaubt oder sogar angeordnet gewesen ist wie etwa die Ausrottung von Völkern bei der Landnahme (vgl. Ri 2,1-2 u.a.) oder der Vollzug der Todesstrafe durch Gott (Rotte Korah in 4Mo 16,32) oder durch Menschen. Nicht mehr verbindlich gültig sind diese Anweisungen und Verhaltensmöglichkeiten für Christen deshalb, weil sie einer von heute zu unterscheidenden Ökonomie zugeordnet sind und Gott Christen etwas anderes aufgetragen hat. Was damals gültig und richtig war und nicht besserwisserisch abzulehnen ist, ist gegenwärtig ungültig. Der jeweilige heilsgeschichtliche Ort macht den Unterschied.

Deshalb sind solche Aussagen ohne Abstriche aber immer noch offenbartes Wort Gottes. Sie sind jedoch nicht mehr direkte Anweisungen zum Handeln, die Christen zu befolgen hätten. Die Eroberungsfeldzüge gegen unchristliche Völker durch christliche Herrscher und Päpste im Namen des Evangeliums als Methode zur Missionierung der Welt mit der Begründung des Vorbildes der Landnahme Israels im AT (z.B. im Josua und Richterbuch), basieren auf einer irregeleiteten Auslegung von Bibelstellen. Eine Auslegung dieser Art wäre nur dann denkbar, würde man die Bibel undifferenziert gleichförmig anwenden, ohne den heilsgeschichtlichen Kontext zu berücksichtigen. Dies ist aber als falsch abzulehnen.

Die gesamte Heilige Schrift ist als normative und autoritative Einheit zu bestätigen und dabei von ihr nichts im Sinne Marcions[213] auszusortieren, der meinte, große Teile des Kanon eleminieren zu können. Die Prinzipien aus 2Tim 3,16, 1Kor 10,11 oder Röm 15,4 sind anzuwenden, die aus jeder Schriftstelle der Bibel konkrete Weisung abzuleiten vermögen, selbst dann, wenn man selbst bzw. die Gemeinde Jesu gar nicht unmittelbar oder direkt angesprochen wird. „Gott redet nicht immer ‚von' uns (d.h. von der Gemeinde bzw. den Gläubigen der Gemeindezeit), wohl aber immer ‚zu' uns."[214]

---

213 Marcion (100-160 n.Chr.) gilt als Begründer einer christlichen Frömmigkeitsrichtung, die stark durch gnostische Einflüsse geprägt war. Marcion gilt generell als Prototyp des Irrlehrers schlechthin. Hauptlehre hinsichtlich der Schriftautorität: nur 10 Paulusbriefe und ein verkürztes, durch Marcion von allem „Jüdischen" und Alttestamentlichen gereinigtes Evangelium bildeten für ihn den Kanon verbindlicher Heiliger Schriften.

214 Arnd Bretschneider: *Heilsgeschichtliche Schriftauslegung. Die Bibel heilsgeschichtlich lesen, verstehen und anwenden*, Dillenburg 2006, S. 41.

Ein anderes Beispiel der heilsgeschichtlichen Auslegung wäre die Gabe des Geistes. Der Beter aus Ps 51,13 bittet, dass ihm der Geist nicht weggenommen werden möge. Bibelstellen wie Joh 14,16 und Eph 1,13-14 verheißen den Jüngern bzw. den Gläubigen dagegen, dass der Heilige Geist ständig und ewig in ihnen bleiben und nicht wieder weggenommen werden würde. Hier gilt zu unterschiedlichen Zeiten der Heilsgeschichte Unterschiedliches. Und weiter: Die Sabbatvorschriften gelten für solche, die an Christus glauben, nicht mehr. Oder: Die Beschneidung der männlichen Erstgeburt galt für die Erzväter und die Zeit unter dem Gesetz. Für Jesus-Gläubige ist die Beschneidung irrelevant.

Warum ist das so? Sind solche eben beschriebenen Entdeckungen beim Bibellesen (und Hunderte von ähnlichen Beobachtungen) Widersprüche in der Bibel? Nein, das sind sie nicht. Vielmehr sind die Aussagen zu unterschiedlichen Zeiten gemacht worden, wo je das eine galt, das andere noch nicht bekannt oder offenbar war und wieder anderes nicht mehr gültig war. Das entspricht dem Prinzip der fortschreitenden Offenbarung! Die heilsgeschichtliche Zuordnung hilft, die Einheit der kanonischen Bibel zu bewahren und zugleich ihre Besonderheiten und Gewichtungen im Detail schriftkonform auszulegen, ohne dabei auch nur ein i-Tüpfelchen der Schrift zu eliminieren, zu vergeistigen oder irgendetwas für prinzipiell ungültig zu erklären.

Gehen wir weiter in der Beobachtung dessen, was die Schrift vorgibt: **Mit Mose und der Gabe des Gesetzes am Sinai** beginnt definitiv etwas Neues für die Nachkommen Abrahams (ab 2Mo 19). Dieses Neue kann durchaus ‚Zeitalter' (im Sinne einer Verwaltungseinheit Gottes) genannt werden, ohne dass dabei jedoch die zuvor gegebenen Verheißungen Gottes (Noahbund, Land, Nachkommenschaft und Segen Gottes, Prinzip der Glaubensgerechtigkeit bei Abraham usw.) aufgehoben worden wären. Mit dem Bundesschluss am Sinai gelten für das auserwählte Volk Israel nun vor allem anderen die Bedingungen des Bundesschlusses, die Verpflichtungen der Gesetzesvorschriften als von den Israeliten zu erfüllender Vertragsbestandteil, die (irdischen) Segen oder Fluch im Falle von Gehorsam oder Ungehorsam mit sich brachten (5Mo 11,26-29; 29,28).

Die Heidenvölker haben weder am Gesetz, noch an den Bundesschlüssen (außer an dem mit Noah), noch an anderen Privilegien Israels irgendeinen Anteil (vgl. Röm 9,1-5; Eph 2,11-22).[215] Empfänger sind ausnahmslos die Patriarchen und ihre Nachkommen über die Abraham-Isaak-Jakob-Linie gewesen, das bedingungslos geliebte und auserwählte Bundesvolk Israel eben. Die Heiden bleiben demgegenüber – um das nochmals zu betonen – mehr oder weniger unter dem Grundsatz von 1Mo 3,22. Sie standen nie unter dem Gesetz im strikt wörtlich gemeinten Sinn, waren auch nie als Nicht-Israeliten zur Einhaltung des Gesetzes verpflichtet. Das Gesetz war für die Heiden auch nie „Zuchtmeister auf Christus" hin (Gal 3,24-25), da sie stets *ohne Gesetz* lebten (Röm 2,12-14; 1Kor 9,21).

Für Israel allerdings bleiben wenigsten drei markante Gesichtspunkte bedeutsam: die **Erwählung als Bundesvolk Gottes**, das mosaische **Gesetz** und später die **Einrichtung des Königtums** unter Saul, David und Salomo, das die Theokratie ablöste. Die babylonische Gefangenschaft markiert einen weiteren Einschnitt für Israel, ohne dass sich jedoch von Gott her die heilsgeschichtlichen Bedingungen für Israel änderten. Die 400 Jahre vor dem Kommen von Jesus nach dem zweiten Tempel (Esra/Nehemia) sind in kanonbiblischen Texten nicht erfasst. Eine neue Offenbarung Gottes aus dieser Zeit liegt uns nicht vor.

Mit dem Kommen Jesu beginnt das **Zeitalter der Gnade** (Röm 3,24; Eph 2,8-10; Tit 3,4-5). In mancher Hinsicht knüpft diese Epoche an die Verheißungen an Abraham an (Gal 3,7-19 u.a.). Die Gemeinde wird eingeführt (Apg 2; Eph 2,11-3,7). Mit der Entrückung der noch lebenden und der bereits verstorbenen Gläubigen dem HERRN in die Luft entgegen (1Thes 4,13-18) endet die irdische Wirksamkeit der Gemeinde. Von nun an geht die irdische Heilsgeschichte mit seinem Volk Israel wieder weiter, das nie verworfen wurde und dessen Verheißungen durch die Kirche nie ersetzt worden sind (Röm 9–11, v.a. 11,25).

Das Millennium (Offb 20,1-6) ist die Verwirklichung des messianischen Königsreiches für Israel, das Jesus für Israel vorgesehen hatte, aber noch nicht einführen konnte (vgl. Lk 22,29-30; Apg 1,6-8). Im tausendjährigen Reich wird der Messias-König Jesus auf dem Thron Davids für Israel regieren, wie es vorhergesagt worden ist. Nach der Vernichtung

---

[215] An dem auch den Völkern verheißenen Segen des Abrahambundes (1Mo 13,3) bekommen sie jedoch Anteil, wenn sie an Jesus Christus glauben (Röm 4,9-17; Gal 3,6-14). Wie viele Ausleger meinen, ist gerade dies mit dem Bild vom Einpfropfen der wilden Zweige in den Ölbaum gemeint, aus dem die nicht an den Messias Jesus glaubenden Israeliten als die ursprünglichen Ölzweige vorübergehend ausgebrochen wurden (Röm 11,17-24).

des Bösen und dem Gericht vor dem Thron Gottes, beginnt in einem neuen Himmel und auf einer neuen Erde die Ewigkeit bei Gott.[216]

Obwohl die Offenbarungen göttlicher Ratschlüsse in der Bibel an lebende Menschen in historischen Lebenszusammenhängen adressiert und ihren jeweiligen Bedingungen angepasst gewesen waren, sind in diesen Offenbarungen zugleich göttliche Wahrheiten und Prinzipien enthalten, die für die Gläubigen aller Zeiten gegeben worden sind. Die biblischen Schriftsteller ergänzen sich gegenseitig komplementär, allerdings im Unterschied zu rein menschlicher Zusammenarbeit in von Gott geleiteter Weise, die den Autoren selbst nicht bewusst gewesen sein muss. Die historische und heilsgeschichtliche Unterschiedlichkeit einzelner Offenbarungen Gottes finden ihre Einheit in der Person Jesu Christi vor. Ohne eine heilsgeschichtliche Sichtweise wäre der Zusammenhang von Altem und Neuem Testament nicht begreifbar; und auch die Wahrheit, dass Christus im Alten Testament prophezeit ist (Lk 24,27.45-49) und dass sich der Verständniszugang zum AT von Jesus her ergibt (2Kor 3,16), erschließen sich nur in heilsgeschichtlicher Perspektive.

3.4. Gottes Herrschaft und Gnade innerhalb der Heilsgeschichte

Es gibt Verhaltensweisen von Gott und Menschen, die im Wesentlichen gleich in den einzelnen Zeitaltern sind. Die menschliche Verantwortlichkeit vor Gott gehört dazu. Der Mensch allerdings versagte stets vor Gott in der Wahrnehmung seiner ihm anvertrauten Verantwortung, die ihm in der jeweiligen heilsgeschichtlichen Epoche vorgegeben worden war, wie auch immer dieses grundsätzliche Versagen im Detail ausgesehen haben mochte.[217] Diese Fehltritte des Unglaubens bzw. des Ungehorsams in dem vorgegeben Rahmen einer Epoche werden zu einem wiederkehrenden Muster in der Heilsgeschichte. Sie bilden den Hintergrund, vor dem sich die Gnade Gottes zeigt. Dem Menschen in jeder dieser heilsgeschichtlichen Epochen gelingt es nicht, seiner Verantwortung vor Gott gerecht zu werden. Daher interveniert Gott durch gnädige Zuwendung zum Wohl und Heil dieser Menschen, um seine eigenen Absichten zu

---

[216] Es ist denkbar, das Millennium nicht nur auf Israel beschränkt gelten zu lassen. In Kap. 2 dieses Buches wird diese Sicht alternativ vorgestellt.

[217] Beispiele wären Adam, Noah, Abraham, etc. Das bedeutet nicht, dass es „mehrere Sündenfälle" gegeben hätte, sondern dass ein Versagen innerhalb des menschlichen Verantwortungsbereiches aufgrund seines Zustandes nach dem Sündenfall charakterisiert wird.

seiner eigenen Ehre zu verwirklichen. Was auch immer der Mensch durchführt oder erreicht, es geschieht trotz seines Versagens und immer – ohne Ausnahme – in Übereinstimmung mit Gottes souveräner Gnade. Diese Gnade Gottes garantiert, dass die Absichten und Ziele Gottes immer innerhalb der Geschichte auch erfüllt bzw. erreicht werden, trotz des Versagens des Menschen, in der von Gott vorgegebenen Verantwortung sein Leben zu führen.

Nachdem bestimmte Wege Gottes mit dem Menschen innerhalb einer Heilsökonomie fehlgeschlagen sind, beginnt etwas Neues, d.h. Gott selbst offenbart nach einer gewissen Dauer der Duldung auf die eine oder andere Weise erneut seine Ratschlüsse und seinen Herrschaftsanspruch. Den jeweils angesprochenen Menschen wird ein neuer Verantwortlichkeitsbereich vor Gott präsentiert, der ihn vor Gott zu einem gewissen Verhalten und einer bestimmten Einstellung verpflichtet. Ist dieses Neue offenbart, beginnt eine neue Ökonomie (heilsgeschichtliche Verwaltungseinheit) mit teilweise neuen Bedingungen für die jeweiligen Menschen (Diskontinuität), teilweise ergänzt mit Aspekten aus vorhergegangen Epochen (Kontinuität).

Auf diese Weise wird die Wahrnehmung von unterschiedlichen Zeitaltern innerhalb der Bibel zu einem adäquaten hermeneutischen Mittel, das das Zusammenwirken der *Souveränität Gottes* und der *menschlichen Freiheit in Verantwortung* aufrecht zu halten vermag, ohne das eine gegen das andere ausspielen zu müssen. Die unterschiedlichen Herrschaftsformen Gottes innerhalb der *verschiedenen Zeitalter* (Ausdruck der Vielfalt) und die immer und zu jeder Zeit *gleich bleibende Gnade* (Ausdruck der Einheit) sowie Gottes *ewige Ratschlüsse* (Ausdruck der Einheit) und die *verschiedenen historischen Wege Gottes mit den Menschen* (Ausdruck der Vielfalt) harmonieren miteinander. Sie finden vollkommene Erfüllung in Christus (Eph 1,9).

3.5. Die heilsgeschichtliche Sonderstellung der Kirche

An dem Punkt zwischen den von Gesetz und Gnade bestimmten Ökonomien der Vergangenheit und der eschatologisch erwarteten Königsherrschaft entdecken wir etwas Neuartiges, das es in dieser Weise noch nicht gegeben hatte, die Gemeinde Jesu. Sie entstand allerdings nicht per Zufall oder ungeplant oder gar lediglich als ein „Unfall der Heilsgeschichte“, weil Israel seinen Messias ablehnte, also nicht als „Plan B“ oder gar als eine Notlösung. Da Gott alle Dinge von Beginn der Welt an vorhersah, war auch der Leib Christi geplant und zwar als Höhepunkt der Ratschlüsse Gottes in Christus. Der parenthetische Charakter der Kirche sollte vielmehr einerseits den historischen Verlauf der Zeitalter und das Prinzip des Scheiternmüssens aufgrund des menschlichen Zustandes im Fleisch verständlich werden lassen. Dass der Mensch grundsätzlich versagen muss, sollte „bestätigen“ werden und damit der fortschreitenden Offenbarungen Gottes Rechnung tragen.

Seitdem im paulinischen Schrifttum die Wahrheit über das Wesen der Kirche offenbart worden ist, insbesondere im Epheserbrief (Eph 2,11-3,11 – Juden und Heiden im Glauben an Christus *eins*), kann die Kirche Christi ohne Zweifel als himmlisch angesehen werden, weil das Haupt der Leibes, Christus, im Himmel ist (Kol 3,1-4). Dass Gemeinde bereits *in Christus* wesensmäßig himmlischen Charakter trägt, entbindet sie gegenwärtig allerdings noch nicht davon, zugleich auch irdisch mitten in diesem „bösen Zeitlauf“ verhaftet zu sein mit den entsprechenden Anfechtungen und Herausforderungen, die dieser mit sich bringt. Dieses *Jetzt-Schon* (einen himmlischen Charakter in Christus zu besitzen) betont daher zugleich das *Noch-Nicht* der endzeitlichen Vollendung, die noch aussteht (Röm 8,17-26).

3.6. Die heilsgeschichtliche Stellung Israels

Die Herrschaft Gottes geht von der innerweltlichen Aktivität Gottes unter den Menschen aus, insbesondere unter seinem auserwählten Bundesvolk Israel, das einmal als Nation alles durch Gottes Gnade in Christus als erfüllt erleben wird, was in der Bibel durch Gott offenbart, verheißen und prophezeit wurde. Die „Vergeistlichung“ alttestamentlicher Aussagen über Israel an Stellen, die das vom Zusammenhang her nicht nahelegen, ist unzulässig. Aussagen, die wörtlich und eindeutig auf Israel bzw. auf Juden bezogen sind, sollen nicht auf das Christentum oder die Kirche bezogen werden. Teilweise können alttestamentliche Aspekte der Kirche mit Hilfe der Typologie vorhergesehen worden sein (in der Regel sind sie jedoch auf Christus bezogen), doch sie können nicht Israel als Adressaten ersetzen.

Die Zukunft Israels als Nation unter Gottes Heilsverheißungen wird durch die heilsgeschichtliche Neuordnung der Gemeinde nicht in Frage gestellt oder gar beseitigt. Israel bleibt – trotz vorübergehender Beiseitesetzung zugunsten der Heidenvölker (Röm 11,11) – das Bundesvolk Gottes, dem die Verheißungen der Väter gelten, die in Christus eingelöst, bestätigt und erfüllt werden sollen. Zu dem „Rest" Israels, zu dem ja bereits die Jünger Jesu, Paulus und andere Juden zu zählen sind (Röm 11,1-5), werden schließlich auch alle die als zugehörig zu erwarten sein, die gegenwärtig und zukünftig zum Glauben an Christus kommen (vgl. Röm 11,13-14. 25-29). Wenn der „Erlöser aus Zion" die „Gottlosigkeit aus Jakob" abwenden wird, werden auch Verheißungen wie Hes 36 und 37 sowie Jes 2 für Israel in Erfüllung gehen.

3.6. Fortschreitende Offenbarung und die Dreieinigkeit Gottes

Eine exegetisch herausgearbeitete Wahrheit kann durchaus auch die Grenzen der einzelnen Heilsökonomien, in der sie aufgefunden wurde, überschreiten (Kontinuität), bzw. eine prinzipielle Wahrheit kann in verschiedenen Zusammenhängen *über eine Ökonomie hinaus* angewandt werden. Das trifft z.B. für die Gnade und die Liebe Gottes zu. Letztlich ist der dreieinige Gott die Ursache dafür, dass kein einziger Teil der Bibel unabhängig von anderen gedeutet und ausgelegt werden darf. Gott selbst ist das lebendige Zentrum, von dem die Schrift gespeist wird, Christus ist das lebendige Zentrum, um das sich alle Wahrheiten der biblischen Schriften drehen, auf das sich die Bibeltexte beziehen, wenn auch mit unterschiedlichen Erkenntnisgraden. Der Heilige Geist ist der Geber, der ausgehend von der Quelle in Gott die göttliche Kraft in alle Verzweigungen der Bibel leitet, um alle darin enthaltenen Wahrheiten zu verbinden und zugleich von der Herrlichkeit, der Gnade und der Wahrheit, die in Christus liegen, Zeugnis abzulegen. In diesem Christus wiederum hebt Gott durch die Schrift das Ziel, das Zentrum und das Haupt der Dinge hervor, die mit ihm selbst in unmittelbarer Verbindung stehen.

Die Verheißungen und Anweisungen an das irdische Israel dürfen demnach zwar nicht ohne weiteres auf Christen oder die Kirche angewendet werden. Doch aufgrund von allgemein gültigen Wahrheiten, die in Gott selbst bzw. in Christus ihr Zentrum haben, können solche Passagen *auch* für Christen zur fruchtbaren Unterweisung werden, selbst dann, wenn diese nicht direkt Empfänger oder Adressaten gewesen sein mögen. Dies ist teils durch typologische Auslegung der Bibel möglich. Vor allem kann deshalb unter Berücksichtigung heilsgeschichtlicher Unterschiede jeder Teil der Bibel (direkt oder indirekt) auf Bibelleser von heute angewendet werden.[218]

---

[218] Siehe dazu die Ausführungen in Kap. 5 dieses Buches.

4. Die Evangelien, die Bergpredigt und das Reich Gottes

Im Rahmen der heilsgeschichtlichen Schriftauslegung ist noch eine Sache genauer zu betrachten. Es geht dabei um die vier Evangelien im Neuen Testament. Die heilsgeschichtlichen Ökonomien des Alten Testaments und auch einige endzeitliche Epochen, angefangen bei der Entrückung der Gemeinde Jesu über die nationale Wiederherstellung Israels und das Millennium, bis zum Weltgericht, der Neuschaffung von Himmel und Erde sowie der Ewigkeit bei Gott lassen sich im Für und Wider diskutieren. Doch eine Sache schreckt oft die Gemüter auf, nämlich die Frage, welche Rolle eigentlich die Evangelien (und teilweise auch noch die Apostelgeschichte) für die christliche Gemeinde spielen. Welche Rolle spielen die Gleichnisse Jesu und v.a. die Bergpredigt in den Evangelien?

Fragen solcher Art können irritieren. Mancher Leser wird zurückfragen: „Wie meinst Du das? Das ist doch ganz klar, was sie bedeuten. Natürlich sind sie unmittelbare Worte an die Gemeinde. Dort finden wir Jesu Botschaft an uns. Daher sind sie verbindlich und gültig." Dazu kommt, dass den Jesusworten seit den Schriften der frühen Christenheit (2. Jh.) eine besondere Bedeutung zugemessen wurde und die Lesung der Evangelien im Gottesdienst seit frühester Zeit eine zentrale Rolle spielte.

Natürlich soll die Autorität dieser neutestamentlichen Passagen nicht in Frage gestellt werden. Dennoch – und darum geht es, welche Bedeutung haben die Aussagen in den Evangelien für Christen? Eines sollte jedem Bibelleser und gläubigen Christen klar sein: sofern wir es in den vier Evangelien mit authentischen Worten und Taten Jesu zu tun haben (wovon hier mit guten Gründen ausgegangen wird), also nicht mit Fiktionen, frommen Erfindungen oder Jesus nachträglich in den Mund gelegten frommen Worten der Gemeinde etwa 40-50 Jahre nach den ursprünglichen Ereignissen (= sog. Gemeindebildung), wie es die bibelkritische Theologie behauptet, dann sollten wir genau hinschauen, was Jesus ***zu wem*** sagte, ***mit wem*** er wie umging und ***was er warum*** tat oder nicht tat. Das ist wichtig und es hat auch viel mit heilsgeschichtlicher Schriftauslegung zu tun.

4.1. Wer waren die Evangelisten und was finden wir in den Evangelien vor?

Die Evangelisten waren Nachfolger bzw. Jünger Jesu. Wann schrieben sie ihre Evangelien auf? Wahrscheinlich Jahrzehnte nach der Kreuzigung und der Auferstehung Jesu. Es gab offenbar unterschiedliche Bemühungen, die Ereignisse um Jesus von Nazareth aufzuschreiben (Lk 1,1), doch nur vier Evangelien aus der Reihe anderer wurden als kanonisch-rechtgläubig anerkannt. Motive für die Abfassung der Evangelien können gewesen sein: (a) die Berichterstattung über den Ursprung der Kirche (nachdem sich die Wiederkunft Jesu verzögert hatte), (b) eine Grundlage zu haben für Unterweisung und Taufkatechese, (c) eine autoritative Erläuterung für Heiden und Heidenchristen, was es mit der Person und dem Werk Jesu auf sich hat, (d) Glaubensermutigung, (e) gottesdienstlich-liturgische Gründe.[219] (f) Vor allem die unvergleichliche Bedeutung, die Christen über ihren Herrn Jesus offenbart bekamen (Joh 1,1-18; 1Joh 1,1-3), wird für die Evangelienentstehung entscheidend gewesen sein: Wenn er der Sohn Gottes, der vorhergesagte Menschensohn und Messias, der Retter der Welt (Joh 3,16) war, dann sollte allen bekannt werden, was er gesagt und getan hat.

Für wen sind die Evangelien geschrieben worden? Für Gläubige, für Christen, die nach Pfingsten zur Gemeinde Jesu gehörten (vgl. Lk. 1,1-4; Apg. 1,1; Joh. 20,30-31). Haben die Evangelisten beim Sammeln der Daten zur Person, zum Leben und Werk Jesu die gesammelten Worte und Taten Jesu „theologisch" interpretiert? Das ist wohl teilweise so gewesen, wie die vier Evangelien in ihrer Unterschiedlichkeit belegen. Die Evangelien sind ja keine Biographien. Haben sie jedoch Veränderungen oder „fromme Fälschungen" an den gesammelten Daten für die Abfassung ihrer Evangelien vorgenommen oder eigenmächtige Urteile gefällt beim Aufschreiben, so dass nicht mehr Jesus selbst redete und nicht mehr die Ereignisse so geschildert wurden, wie sie geschehen waren. Oder kommen oft lediglich die frommen Wünschen und Ideen eines Matthäus oder eines Lukas oder einer Gemeinde zur Sprache, ohne Wirklichkeitsbezug, ohne geschichtliche Bezugnahme zu den tatsächlichen Ereignissen? Wohl kaum.[220]

Aus verschiedenen Gründen meinen wir begründen zu können, dass Letzteres nicht so gewesen ist. Vielmehr glauben wir – bei möglichen „Freiheiten", die der Evangelist besaß, die damaligen Ereignisse beim Aufschreiben zu deuten, umzusortieren und zu gewichten – dass die

---

[219] Donald Guthrie: *New Testament Introduction*, 3. Aufl., Downers Grove (IL) 1970, S. 14-17.

[220] Vgl. zur Redaktionskritik die Argumentation im Für und Wider bei D.A. Carson/ Douglas J. Moo/Leon Morris: *An Introduction to the New Testament*, Grand Rapids 1992, S. 38-45.

Worte und Ereignisse tatsächlich so stattgefunden haben, wie wir sie in den Evangelien vorfinden.[221]

Die Unterschiede in der Anordnung von Begebenheiten und Ereignissen in den vier Evangelien fallen natürlich auf. Der Sinn und die Absicht dieser unterschiedlichen Anordnungen kann plausibel erklärt werden. Die Evangelisten folgten einer (inspirierten) Absicht, die je zur Folge hatte, dass sich das eine vom anderen kanonischen Evangelium unterscheidet. Diese Beobachtung stellt kein Problem dar.[222] Aber dass die meisten Worte und Taten Jesu oder die Worte und Taten anderer Personen in den Evangelien „fiktive Frömmigkeitsphantasie" der Evangelisten gewesen sein sollen, die sie nach Gutdünken und nach frommer Lust und Laune zur Erbauung der Gemeinde aufgeschrieben hätten, ist eine Fiktion moderner Bibelkritik, die sich aus deren weltanschaulichen Vorurteilen ergibt.

Lesen wir also die Evangelien – bei aller Besonderheit der Interpretationsfreiheit der vier Evangelisten, die Gott offensichtlich zugelassen und gewollt hat – weitgehend wie Berichte mit jeweils eigenständiger theologischer Absicht und Zielsetzung, dann stellen wir unter Beachtung des Grundsatzes vom Literalsinn Folgendes fest:

(1) Die Angeredeten der geschilderten Ereignisse in den Evangelien sind ursprünglich nicht Christen nach Pfingsten, keine Gläubigen aus der christlichen Kirche, die bereits die Kreuzigung, die Auferstehung Jesu von den Toten oder die Himmelfahrt hinter sich hatten, sondern Juden bzw. Israeliten. Jesus sprach zu und wirkte unter Menschen, die beinahe alle ohne Ausnahme Juden waren.

(2) Die Wortwahl, die Beschreibungen von konkreten Situationen und die geschilderten Szenen in den Evangelien sind typisch jüdisch. An keiner Stelle wird die nachpfingstliche Gemeinde vorausgesetzt oder gar direkt angesprochen. Mt 16,18 deutet die „spätere Gemeinde" an („ich will/ ich werde meine Gemeinde bauen ..."). Die Gemeinde würde also später noch eingeführt werden. Doch während der Schilderungen in den Evangelien existierte sie in ihrer späteren Gestalt noch nicht.

(3) Die 12 Jünger sind zunächst einmal Glieder des Volkes Israel bzw. des Judentums (vgl. auch noch bis in die Endzeitreden Jesu hinein Lk 22,29-30; Apg 1,20-26 usw.). Der göttliche Auftrag in den Evange-

---

[221] Vgl. ebd., S. 19-179.

[222] Vgl. dazu im weiteren Zusammenhang die Überlegungen und Statistiken zur Überlieferung mündlicher Berichte, erörtert von Armin D. Baum: *Der mündliche Faktor und seine Bedeutung für die Synoptische Frage*, TANZ 49, Tübingen 2008, S. 11-24.52-55.

lien galt zunächst ausschließlich den verlorenen Schafen des Hauses Israel (Mt 10,5-8; Mt 15,21-28). Ein Dienst Jesu oder der seiner Jünger unter den Heiden, außerhalb der jüdischen Volksgemeinschaft, war vor der Kreuzigung und Auferstehung Jesu und vor der Ausgießung des Heiligen Geistes nicht vorgesehen (Mt 28,18-20 par.; Apg 1,8; Apg 10,1-48).

(4) Die Gleichnisse Jesu (Mt 13 par.) sind nicht als allgemeingültige Weisheitssprüche zu verstehen oder gar allgemein für die Menschheit, sondern als Lehre über das Reich Gottes, das mit Jesus in dieser Welt anbricht. Auch der berühmte „Verlorene Sohn" (Lk 15) hat nichts mit „Heiden" zu tun oder mit Menschen, die außerhalb des Volkes Israel existierten. Dieses Gleichnis wird gerne evangelistisch ausgelegt, um Menschen zu helfen, zum liebenden Vater (zurück) zu kommen, unabhängig von dem, was sie als Sünder getan haben. Doch das Gleichnis an und für sich hat mit der Heidenmission, mit „Weggelaufenen Sündern" (verlorenen Söhnen und Töchtern) aus der Welt usw. zunächst nichts zu tun. Das Gleichnis redet von der Situation in Israel zur Zeit Jesu (Hintergrund: Pharisäer und Sünder, Lk 15,1-2). Diese und ähnliche Beobachtungen können wir als historische Beschreibungen der damaligen Zeit festhalten.

Insgesamt wird man wohl sagen können: In allen Gleichnissen sind auf der einen Seite Juden/Israeliten angesprochen,: „Das alles redete Jesus in Gleichnissen ***zu dem Volk*** [Israel]" (Mt 13,34). Oder auch: „Wer Ohren hat, der höre! Und die Jünger traten zu ihm und sprachen: Warum redest du zu ihnen in Gleichnissen? Er antwortete und sprach zu ihnen: ***Euch*** ist's gegeben, die Geheimnisse des Himmelreichs zu verstehen, ***diesen aber*** [denen aus dem Haus Israel] ist's nicht gegeben. Denn wer da hat, dem wird gegeben, dass er die Fülle habe; wer aber nicht hat, dem wird auch das genommen, was er hat. Darum rede ich ***zu ihnen*** in Gleichnissen. Denn mit sehenden Augen sehen sie nicht und mit hörenden Ohren hören sie nicht; und sie verstehen es nicht. Und an ihnen wird die Weissagung Jesajas erfüllt, die da sagt: ‚Mit den Ohren werdet ihr hören und werdet es nicht verstehen; und mit sehenden Augen werdet ihr sehen und werdet es nicht erkennen. Denn das Herz dieses Volkes ist verstockt: ihre Ohren hören schwer, und ihre Augen sind geschlossen, damit sie nicht etwa mit den Augen sehen und mit den Ohren hören und mit dem Herzen verstehen und sich bekehren, und ich ihnen helfe.' Aber selig sind eure Augen, dass sie sehen, und eure Ohren, dass sie hören. Wahrlich, ich sage euch: Viele Propheten und Gerechte haben begehrt, zu sehen, was ihr seht, und haben's nicht gesehen, und zu hören, was ihr hört, und haben's nicht gehört" (Mt 13,9-17).

Die Angesprochenen, die weder hören, noch sehen, die verstockt sind, sind keine Heiden oder verkörpern „die Welt" ganz allgemein, sondern sie sind Juden, Jesu Volksgenossen. Zugleich gehören aber zu den Angesprochenen auch die Jünger Jesu: „Euch ist's gegeben" (Mt 13,11). Diese Jünger sind durch Jesu Ruf bereits herausgenommen aus dem Bisherigen. Sie werden Apostel genannt (Mt 10,2; Lk 6,13). Als Apostel bilden Sie die Grundlage der späteren Gemeinde, während Jesus Christus der Eckstein ist (Eph 2,20). Die Apostel bekommen wichtige Aspekte des Reiches Gottes offenbart, die auch für die spätere Gemeinde relevant gewesen sind.

Dieser Zusammenhang, dass Gesichtspunkte der Reich-Gottes-Verkündigung Jesu dem Volk Israel galten, aber zugleich auch die Jünger Jesu angesprochen waren und damit auch schon die Gemeinde ins Blickfeld genommen ist, macht die heilsgeschichtliche Auslegung solcher Passagen nötig. Das sehen wir beispielsweise im Himmelreichgleichnis vom „Unkraut unter dem Weizen" (Mt 13,24-30). Angesprochen durch das Gleichnis sind zunächst einmal Juden, nicht Christen. Augustin und andere hatten daher unrecht, wenn sie auslegten, dass die Gemeinde Jesu durch die Kirchengeschichte hindurch immer „Weizen und Unkraut" (Erlöste und Unerlöste) zugleich enthalte und man daher vor dem Endgericht nicht „Weizen und Unkraut" innerhalb der Kirche trennen könne oder dürfe. Diese Auslegung entspricht einer Art, die nicht die heilsgeschichtliche Situation berücksichtigt. Damit widerspricht sie dem normalen Literalsinn des Gleichnisses. Der Kontext wird nicht berücksichtigt, die Anwendung wird falsch.

Für die christliche Lehre von der Gemeinde (Ekklesiologie) erhält dieses Gleichnis eine erst von dieser urspünglichen Bedeutung her abgeleitete Anwendung durch die Apostel für die Gemeinde. Wir erkennen außerdem, dass Sauerteig (= z.B. das Böse in der Gemeinde) aus der Gemeinde ausgetilgt werden muss (vgl. 1Kor 5,1-13; Offb 2–3 u.v.a.). Dass „Unkraut" (z.B. Unglaube, Gottwidriges) willkürlich weiterwuchern dürfe, ist für die christliche Gemeinde eigentlich nicht intendiert gewesen (vgl. auch 1Petr 1,14-16 u.a.).

(5) Das Wirken Jesu in Wort und Tat, in Zeichen und Wundern ist primär eine Erfüllung von dem, was vom Messias und Gottessohn im Alten Testamen vorhergesagt worden ist (Lk 4,15-21; 24,26-27; 44-48). Jesus handelt am Volk Israel, an seinen Landsleuten, den Juden. Das

Wort des Apostels aus Röm 1,16 „den Juden zuerst, dann den Griechen" ist daher chronologisch erst *nach* der Kreuzigung, der Auferstehung und der Himmelfahrt und *nach* der Ausgießung des Heiligen Geistes zutreffend gewesen. Zunächst war Jesu Wirken ein Dienst an Juden und für Israel. Davon legen die Evangelien Zeugnis ab. Durch das Sterben am Kreuz als „Lamm Gottes, das die Sünde der Welt trägt" (Joh 1,29) und die Auferstehung von den Toten (Röm 4,15) wird aus der Partikularität des Heils für Juden die Universalität des Heils für die ganze Welt (Röm 5,12-21; Joh 3,16; Phil 2,5-11 usw.).

Allerdings war die Universalität des Heils für die ganze Welt von Anfang an die erklärte Absicht Gottes in seinem Heilsplan (vgl. Gal 4,4-5; Phil 2,5-11). Deshalb sollten wir nicht das zunächst partikulare Wirken Jesu an Israel von seinem universalen Auftrag für die ganze Welt strikt trennen. Wir sollten eher von einem heilsgeschichtlichen Fortschreiten der Absichten Gottes und ihrer wachstümlichen Verwirklichung sprechen: Das Kommen Jesu für Israel, erste Anfänge der sichtbaren, anbrechenden Gottesherrschaft in Jesu Person und Werk, dann die Fortentwicklung und der Übergang der Herrschaft des „Kyrios Jesus" (des Herrn Jesus) in der Gemeinde als Ziel (z.B. Eph 2,11-3,6), das von Anfang an in Gottes Heilsratschluss beschlossen lag (Joh 3,16; Eph 1,1-23; 2,1-10).

(6) Neben den Wundertaten und den Gleichnissen Jesu stellen beispielsweise auch die ***Bergpredigt*** und die ***Endzeitreden Jesu*** in den Evangelien wichtige Fragen. Wer ist in der Bergpredigt angesprochen? Die Empfänger der Bergpredigt waren zunächst einmal Juden/Israeliten, vor allem anderen aber die Jünger Jesu. Die Bergpredigt ist ohne Frage das wichtige Regierungsprogramm für das Reich Gottes, das in der Person Jesu, des Gottessohnes und Messias, „mitten unter ihnen" (den Israeliten und den Jüngern) vorhanden war (Mt 12,28; 21,43; Mk 1,15; Lk 4,43; 8,1 usw.). Das Reich Gottes wurde durch das Wirken Jesu zwar noch nicht in Israel im Sinne der irdisch-politischen Königsherrschaft (Davidbund) realisiert, aber in seiner Person und in seinem Wirken ist das Reich Gottes schon angebrochen. Es ist beides, es hat in Jesus und seiner Herrschaft begonnen, es ist *gegenwärtig*. Zugleich ist es *zukünftig* wie es beispielsweise während des Abendmahls mit seinen Jüngern deutlich wird, wo Jesus sagt, dass das Reich Gottes (auch) zukünftig kommen würde (Lk 22,16-18). Obwohl es nahe herbei gekommen war, Menschen Buße tun sollten, um hineinzugelangen, es sogar in der Person Jesu konkret in diesen Weltlauf (Äon) eingebrochen ist und geistliche Herrschaft (des Herzens) über die Seinen ausübt (1Thes 2,12; Röm

14,17; Kol 4,11), wird Jesus erst zukünftig wieder vom Gewächs des Weinstockes trinken im vollendeten Reich Gottes. Nach der Kreuzigung und Auferstehung wurde das Reich Gottes auf Erden in seiner irdisch-politischen Gestalt zwar noch nicht verwirklicht (vgl. Lk 1,6-7), doch die geistliche Herrschaft hat es über den Weg der Apostel bis in die Gemeinde Jesu angetreten (Röm 14,17).

(7) Des Weiteren fragen wir: Von wem redete Jesus in den Endzeitreden? Ist die ganze Welt gemeint? Wohl kaum. Es gibt markante Hinweise in den Texten, die im Literalsinn erfasst typisch jüdisch und auf Juden bezogen zu lesen sind (vgl. Mt 24 und 25; Lk 22,29-30). Angesprochen sind demnach zukünftig/endzeitliche jüdische Menschen, aber erneut auch die Jünger Jesu. Ist die Gemeinde Jesu gemeint? Selbst wenn es noch keine Gemeinde Jesu zu dieser Zeit im Sinne von Apg 2, 1Kor 12,27 oder Eph 2,11-3,6 gegeben hat, auf die diese Wort hätten angewendet werden können, so wird doch keimhaft über die anwesenden Apostel die Gemeinde adressiert.

4.2. Was lernen wir aus diesem Überblick zu den Evangelien?

Zum einen lernen wir, dass man genau lesen muss, wer jeweils in einem Evangelientext tatsächlich adressiert ist. Das ist ähnlich zu handhaben wie bei der Lektüre anderer biblischer Passagen. Der „Sitz im Leben" der ursprünglichen Worte und Taten Jesu ist das *Judentum*, das seinem Messias Jesus und dessen Botschaft von der anbrechenden Gottesherrschaft begegnet. Dann sind oft zugleich auch die zwölf Jünger als *Keimzelle der Gemeinde Jesu* angesprochen. Die berufenen Jünger sind zugleich auch die Apostel und Säulen der Gemeinde der ersten Christen (Gal 2,7-9). Die Zwölf (vornehmlich) wirksam unter Juden (Gal 2,7), der Apostel Paulus (primär) unter Heiden (Apg 15,12) und alle miteinander stets unter allen Menschen (Mt 28,20; Apg 1,8; 1Tim 2,4). Es sind also auch solche angesprochen, die nach Pfingsten an Christus als Herrn und Erlöser glaubten und das ins Leben riefen, was Gemeinde zur Gemeinde macht (Eph 1,22-23; 2,11-3,6). Diese wichtige Beobachtung wird ergänzt durch die Tatsache, dass die Verfasser der vier Evangelien ja selbst auch zu diesen Christus-Gläubigen nach Pfingsten gehörten. Deren Absicht war es, *an Gemeinden Jesu* zu schreiben, nicht an ungläubige Juden, die Jesus weder kannten, noch an ihn glaubten. Über die Apostel als Augenzeugen des Wirkens Jesu wurde die „Zuverlässigkeit der Dinge", in denen die Gläubigen unterrichtet werden sollten (Lk 1,4; Mt 28,19; Joh

16,13), an die Gemeinde als Leib Christi nach Pfingsten weitervermittelt und dort anwendbar.

Aus diesem Blickwinkel wird klar, dass die Evangelien gottgewollte Dokumente sind, die der Gemeinde Jesu gehören und an sie gerichtet sind mit der Absicht: „Da es nun schon viele unternommen haben, einen Bericht von den Ereignissen zu verfassen, die sich unter uns zugetragen haben, wie sie uns die überliefert haben, die von Anfang an Augenzeugen und Diener des Wortes gewesen sind, hat es auch mir gut geschienen, der ich allem von Anfang an genau gefolgt bin, es dir, hochedler Theophilus, der Reihe nach zu schreiben, damit du die Zuverlässigkeit der Dinge erkennst, in denen du unterrichtet worden bist“ (Lk 1,1-4). Und Johannes ergänzt: „Auch viele andere Zeichen hat nun zwar Jesus vor den Jüngern getan, die nicht in diesem Buch geschrieben sind. Diese aber sind geschrieben, damit ihr glaubt, daß Jesus der Christus ist, der Sohn Gottes, und damit ihr durch den Glauben Leben habt in seinem Namen“ (Joh 20,30-31). Und alles, was Jesus gelehrt hat, gehört in den Auftrag der Völkermission (Mt 28,18-20; Lk 24,44-48) und zum Dienst des Heiligen Geistes (Joh 16,13).

Wir sehen die fortschreitende, sich allmählich entfaltende heilsgeschichtliche Wirklichkeit in folgenden Grundzügen: Jesu Wirken beginnt unter Juden. Die in die Nachfolge gerufenen Jünger werden ungefähr drei Jahre lang in das „Neue“ eingeführt, das mit Jesu Kommen angefangen hat. Jesus teilt diesen Nachfolgern das vom Vater offenbarte Wort mit, das sie bewahren sollen (Joh 17,6-8). Der Heilige Geist würde nach der Himmelfahrt Jesu in diese offenbarte Wahrheit einführen und die Jünger an alles „erinnern“, was Jesus gelehrt hatte (Joh 14 und 16). Die Jünger wurden durch mehrere Leidensankündigungen auf die heilsnotwendige Kreuzigung Jesu und die Auferstehung von den Toten vorbereitet, so dass sie bereits vom alttestamentlichen Hintergrund her das sich dort vollziehende Heilsgeschehen hätten verstehen können, das Jesus ihnen mitteilte (Lk 24,25-32). Alle diese Dinge sollten auch den getauften Jüngern aus den Nationen der ganzen Welt mitgeteilt werden (Lk 24,44-48).

Was bedeutet das? Es bedeutet, dass wir als Christen jeden Vers der Evangelien nach dem Grundsatz von beispielsweise 2Tim 3,16 oder eben im Sinne von Joh 20,30-31 anwenden dürfen. Dabei sollen wir Einzelaussagen daraufhin prüfen ob und wie diese auf das Leben von Christus-Gläubigen (im Sinne von Eph 1,13-14 oder Gal 2,20 usw.) bezogen werden können bzw. ob diese nicht auf sie bezogen werden können.

4.3. Die Bergpredigt – Werkgerechtigkeit oder Gnade?

Ähnliches wie eben beschrieben gilt auch für die *Aussagen der Bergpredigt*. Wer aufmerksam die Bergpredigt (Mt 5-7; Lk 6,20-49) oder ethische Anweisungen in den Evangelien studiert und diese Aussagen mit den Briefen im Neuen Testament vergleicht, die das Leben im Geist (Röm 8, Gal 6) und die ethischen Richtlinien für die „Heiligen" beschreiben (Gal 5), der wird dort viele bleibende Gemeinsamkeiten erkennen können, aber auch Unterschiede. Die „Gerechtigkeit vor Gott" in der Bergpredigt ist in mancher Hinsicht verschieden zur Glaubensgerechtigkeit, die vor Gott gilt, wie sie z.B. der Römerbrief schildert. Diese unterschiedliche Akzentuierung mag so ähnlich beurteilt werden wie die Unterschiedlichkeit zwischen dem Römer- und dem Jakobusbrief.

Beobachtungen solcher Art werden immer wieder vorgebracht. Schon Luthers Schriftauslegung nach dem Prinzip von „Gesetz und Evangelium" hat deutlich gemacht, dass die Bergpredigt im Sinne von „guten Werken" ohne rechtfertigenden Glauben nicht verwirklichbar sei. Auch Adolf von Harnack aus dem Bereich der Bibelkritik behauptete in seinem Buch *Das Wesen des Christentums* (Leipzig 1900, zuletzt aufgelegt 2007) stellvertretend für viele Ausleger, die das seitdem ähnlich interpretierten, dass die Bergpredigt das „Heil aus Werken" vertrete. Und John MacArthur fragt, wo in der Bergpredigt die klassische Versöhnungslehre des Protestantismus zu finden sei.[223] Haben wir hier einen Widerspruch im Verhältnis von Glaube und Werke bei Jesus und Paulus vorliegen? Vermutlich nicht. Wir werden aber möglicherweise auf unterschiedliche Perspektiven hingewiesen, von denen ausgehend man die Texte auslegen muss.

Darauf müsste man sich zunächst einmal einigen: Die Bergpredigt will keinen Heilsweg aufzeigen. Vielmehr spricht sie zu von Jesus berufenen Nachfolgern (Mt 4), die heilsgeschichtlich in einer Übergangssituation vom „Alten" zum „Neuen" neue Offenbarungen empfangen haben, die dann im Laufe der fortschreitenden Offenbarung, wie sie in den übrigen neutestamentlicher Schriften vorliegen, weiter entfaltet werden. Dennoch wird man sich nicht der Beobachtung entziehen können, dass die Bergpredigt und v.a. bestimmte Passagen der apostolischen Briefliteratur nicht das Gleich lehren.

Vergleichen wir die ethischen Handlungsanweisungen der Bergpredigt z.B. mit den Aussagen des Paulus, dann wird klar, dass solches Han-

---

[223] John MacArthur: *The Gospel According to Jesus*, Grand Rapids 1988, S. 179.

deln, wie es in der Bergpredigt gefordert wird, nach paulinischem Verständnis nicht ohne Weiteres „im Fleisch" umgesetzt werden kann (Röm 3,19-26 oder 7,7-24; Eph 2,8-10 usw.). Kein Mensch auf der Welt könnte – so die Argumentation des Paulus hinsichtlich der Gerechtigkeit aus Glauben, die er predigt – die „Gebote" des Gesetzes erfüllen, also auch nicht die Anweisungen der Bergpredigt ohne Weiteres ausführen. Keiner konnte oder kann das, sofern die paulinische Lehre von der Rechtfertigung aus Gnade und Glaube ernst genommen wird. Kein Mensch kann – so müsste man konsequenterweise die Argumentation des Paulus in seinen Briefen zu Ende denken – das „Doppelgebot der Liebe" (Mt 22,37-40) erfüllen. Alle Menschen sind vielmehr Sünder, keiner liebt Gott, weder Juden noch Griechen. Nur die – so Paulus – die im Glauben gerecht geworden sind (Röm 3,23-30; 6,1-23 u.v.a.), die können die Liebe, die durch den Heiligen Geist in ihre Herzen ausgegossen wurde (Röm. 5,5), umsetzen. Diese Liebe wiederum erfüllt das Gesetz (Röm 13,8-12). Voraussetzung für das Tun der Werke ist die Versöhnung (Eph 2,8-10).

Ferdinand Hahn schlussfolgert aus dem Dilemma: „Es bleibt nur die Möglichkeit, Jesu Auslegung des Gotteswillens [wie er u.a. in der Bergpredigt zum Ausdruck kommt] in dem Sinn als „eschatologische Ethik" zu begreifen, dass es um die Ordnung der neuen Welt, des anbrechenden Gottesreiches geht. (...) Jesu ethische Verkündigung ist nur zu verstehen im unmittelbaren Zusammenhang mit seiner Botschaft von der anbrechenden βασιλεία τοῦ θεοῦ" (= Königsherrschaft Gottes).[224] Hahn deutet indirekt an, dass es bei der Ethik Jesu um etwas eigentlich „Endzeitliches" gehen müsse, das schon jetzt gültig werden könne.

Mit allen möglichen Formulierungsvarianten bemühen sich die Ausleger darum, dieses Dilemma zwischen der Ethik Jesu und der des Paulus zu umschiffen. Viele Neutestamentler und Systematiker der Theologie sehen diesen Unterschied zwischen Evangelien-Ethik und Gemeinde-Ethik. Ihr Urteil lautet lapidar in etwa so: „Die Gemeindeethik hat im Urchristentum die Jüngerethik Jesu weitgehend abgelöst."[225] Zur Begründung dieser Unterschiede ist dann von inhaltlichen Veränderungen durch den Einfluss des Paulus die Rede oder vom Einfluss des griechischen Sprachraums oder von Einzelüberlieferungen der Worte Jesu (Quellenscheidung), die keine einheitliche Tradition gebildet hätten und daher sich nicht hätten durchsetzen können usw.

---

[224] Ferdinand Hahn: *Theologie des Neuen Testaments*, Bd. I, 2., durchges. u. um ein Sachregister erg. Aufl., Tübingen 2005, S. 95.

[225] F. Hahn: *Theologie des Neuen Testaments*, Bd. II (2005), S. 669.

Die Überlegung, dass die vermeintliche Unterscheidung zwischen Evangelien-Ethik und Gemeinde-Ethik „heilsgeschichtlich“ begründet sein könnte und die Unterschiede nur aus dieser Sicht plausibel erklärbar sind, wird oft übersehen oder ignoriert. Außerdem werden die Übereinstimmungen zwischen Evangelien-Ethik und Gemeinde-Ethik, das also, was inhaltlich kontinuierlich bleibt, viel zu wenig Ernst genommen und berücksichtigt, so dass eine scharfe Abtrennung beider Ethiken voneinander gar nicht geboten scheint. Andere betonen außerdem, dass ja in der Bergpredigt durchaus nicht von „Werkgerechtigkeit“ die Rede sei (bzw. nicht sein müsse), sondern die „Erfahrung des angebrochenen Heils“ (des Reiches Gottes in der Person Jesu) dem dort geforderten ethischen Handeln vorausgesetzt werde.[226] Diese Lösung hört sich zumindest plausibel an.

D. Martyn Lloyd-Jones, der bekannte reformierte Theologe, schreibt in seiner guten Auslegung zur Bergpredigt, dass beispielsweise die Bergpredigt für alle Christen gemeint sei, weil sie ein vollkommenes Bild des Lebens im Reich Gottes verkörpere. Dabei wird das „Reich Gottes“ als etwas Geistliches angesehen, etwas, das im Herzen der Gläubigen stattfinde, allerdings ohne materielle oder politische Auswirkungen.[227] Das „Reich Gottes“, wie es im AT für Israel vorhergesehen wird, trägt zugleich auch irdisch-materielle und „politisch“ Charakterzüge (vgl. auch Apg 1,6-8 u.a.). Während also die geistlichen Aspekte der Gottesherrschaft über die Vermittlung der Apostel und Jünger innerhalb der Gemeinde realisiert werden, stehen andere Aspekte der gleichen Gottesherrschaft noch aus. Dieses Königreich ist das davidische Königreich auf Erden (2Sam 7,12-13 u.a.), das lange zuvor für Israel verheißen war und das für Juden von großer Bedeutung ist. Es war damals zur Zeit der irdischen Wirksamkeit Jesu noch nicht vollendet. Die zukünftige, das Heil voraussetzende Gottesherrschaft wird das geforderte Handeln der Bergpredigt ermöglichen, sobald die Königsherrschaft Jesu im Millennium angebrochen sein wird. Eine abschließende Vollendung dieser Gottesherrschaft im Millennium ist eine denkbare Lösung.

Wie soll man das alles nun verstehen? Warum fordert Jesus die Einhaltung der Bergpredigtgebote als Ausdruck der Verwirklichung des Reiches Gottes? Einerseits bezeichnet Jesus den einen „klugen Mann“, der seine Worte tut (Mt 7,21.24). Andererseits verdeutlicht der Apostel Pau-

---

[226] Ebd.

[227] D. Martyn Lloyd-Jones: *Studies in the Sermon on the Mount*, Grand Rapids 1959, 1:15-16.

lus, dass im Grunde kein Mensch, weder ein Jude, noch ein Heide (Röm 3,9) die Erfüllung von Geboten und vom Gesetz jemals vollbringen kann. Was soll das bedeuten? Als Heilsweg für den natürlichen Menschen sind Werke es ausgeschlossen. Als notwendige Frucht im gerechtfertigten Menschen sollen sie sichtbar werden (Gal 5,18-25).

Grundsätzlich gilt in etwa das, was auch F. Hahn zusammenfassend schreibt: „Die Verkündigung und Theologie des Apostels Paulus zeigt insgesamt eine fundamentale sachliche Übereinstimmung mit Jesu Botschaft." Doch wird ebenfalls deutlich, dass es wahrnehmbare Unterschiede gibt, weil bei Paulus u.a. „die Person Jesu nicht nach irdischen Kriterien betrachtet wird, sondern in seiner spezifischen Gestalt als der von Gott in die Welt Gesandte, der für uns gestorben ist und von Gott auferweckt wurde."[228] Paulus argumentiert von Kreuz und Auferstehung herkommend, während Jesu Ethik auf Kreuz und Auferstehung zugeht. In der Anteilhabe an und in der Beziehung zu Jesus, und nur dann, ist die Voraussetzung gegeben, das zu tun, was geboten ist (Joh 15,1-17).

Unter dem Blickwinkel dieser bestehenden Beziehung zu Jesus lassen sich Aussagen, die nach „Werkgerechtigkeit" klingen, erfassen (vgl. z.B. Mt 19,21). Es wäre wohl kaum richtig erfasst, wollte man solche Aussagen doch wieder als Heilsweg in das Evangelium einführen nach dem Motto: „Wer für die Armen sein ‚Hab und Gut' aufgibt usw., der kommt dadurch in den Himmel" (und erhält ewiges Heil durch das Tun von „guten Werken"). Diese Auslegung ist wohl auch in den Evangelien nicht intendiert gewesen. Demgegenüber lassen sich solche Aussagen unter den Voraussetzungen der prinzipiell von Gott gewollten Heilsgeschichte verstehen, die sich mit dem Kommen Jesu in den Evangelien Schritt für Schritt kontinuierlich offenbart und dementsprechend inhaltlich entfaltet hat (Joh 12,23-26).

Die Evangelien gelten uneingeschränkt für die Gemeinde. Alle Evangelien besitzen gemeinderelevante Offenbarungen Gottes. Ausleger aus dem Lager der Dispensationalisten, die behaupten, dass die Bergpredigt oder weite Teile der Evangelien eigentlich nichts mit der Gemeinde zu tun hätten, sondern nur mit dem tausendjährigen Reich für Israel, irren. Wieso sollten sonst die Leute im tausendjährigen Reich dafür beten, dass das „Reich" kommen soll, wenn es „dann" bereits da wäre (Mt 6,10)? Und wieso soll jemand im Millennium, in dem die Gerechtigkeit regieren wird, vor Verfolgung bewahrt werden (Mt 5,10)? Das würde keinen

[228] Ebd., S. 329.

Sinn ergeben, wäre eine einseitige Auslegung auf die Zukunft hin wirklich sachgerecht. Die Bergpredigt ist innerhalb der Gemeinde zu predigen, auszulegen und anzuwenden. Doch das „Wie" der Anwendung ist hier entscheidend. Und dabei kommt die heilsgeschichtliche Schriftauslegung zu Wort, die Unterschiede betont und vor falscher Anwendung bewahrt.

Wir haben also in den Gleichnisreden Jesu und der Bergpredigt Aspekte des Reiches Gottes vorliegen. Dieses Reich Gottes der Königsherrschaft des Messias gilt Juden, wie es im Alten Testament vorhergesagt wurde, zugleich der Gemeinde, die über die zwölf Apostel Empfänger der Botschaft werden. Die Herrschaft Jesu ist bereits angebrochen und Wirklichkeit in der Gemeinde. Die endgültige Erfüllung der Verheißungen auch für Israel ist während Jesu irdischer Wirksamkeit und der anschließenden Ausbreitung des Evangeliums zunächst nur für einen „Überrest" in Erfüllung gegangen (Röm 11,1-5). Für „ganz Israel" (Röm 11,25-28) im Sinne der Herrschaft dessen, der auf dem irdischen Thron Davis sitzt, ist die Erfüllung noch nicht geschehen. Sie steht noch aus. Demnach ist die Bergpredigt auch zusätzlich eng verbunden mit der zukünftigen Königsherrschaft Jesu für sein Volk im Millennium. In dieser Zeit wird die Bergpredigt das Leben im Reich Gottes regeln, wobei die Gottesherrschaft und das erworbene Heil vorausgesetzt sind. Immer dann, wenn das messianische Königreich gepredigt wird, wird es vom Ruf des Herrn zur Umkehr begleitet (Mt 3,2; 4,17; Mk 1,15 u.a.). So wird es auch in der Zukunft sein, bevor Israels nationale Erweckung bevorsteht und dabei die „Trübsale" der Endzeit überwunden werden (Röm 11,25-28 u.a.).

Die Rede vom „Reich Gottes" bei Paulus beschreibt die geistliche Herrschaft des erhöhten Jesus Christus als Herr für die Gläubigen (Röm 14,17). In seinen Briefen an die Gemeinden dominiert dieses Thema nicht, vergleichen wir es mit Jesus und mit Johannes dem Täufer in den Evangelien. Einmal predigt Paulus das Reich Gottes seinen „Landsleuten nach dem Fleisch", den Juden, und legt von daher das Evangelium von Jesus aus (Apg 28,23.31). Dann beschreibt er eine Dimension des Reiches Gottes, die geistlich eine Einstellungssache von Gläubigen adressiert, im Sinne der Herrschaft des Herzens durch den Heiligen Geist mit Konsequenzen für den Lebenswandel (Röm 14,17; 1Kor 4,20; 6,9-10; Gal 5,21; 1Thes 2,12 u.a.). Wo im paulinischen Sinn das nicht sichtbare Reich Gottes vorhanden ist (im Herzen der Wiedergeborenen), da ist Gott der oberste Richter, Regent und Herr. Gerechtigkeit, Friede,

Freude im Heiligen Geist dominieren. Sichtbar ist der Lebensstil, der sich von solchen, die nicht von Gott regiert werden, diametral unterscheidet. Auch dieser Gesichtspunkt verknüpft die Reichs-Gottes-Verkündigung Jesu mit der des Apostels Paulus und verdeutlicht dabei, dass das Reich Gottes als Einheit in unterschiedlichen „Entwicklungszuständen" zu verstehen ist.

4.4. Was lernen wir aus diesen Beobachtungen?

(1) Viele Passagen der Evangelien, inklusive der Gleichnisse, der Reichsgottesverkündigung und der Bergpredigt, erläutern die Grundlage der Umkehr und der Buße während der irdischen Wirksamkeit Jesu mit dem Ziel des Glaubens und der Gemeinschaft mit ihm. Zunächst werden Israeliten aufgefordert, in ihrem Herzen eine Sinnesänderung vorzunehmen, umzukehren und sich dem Herrn zuzuwenden, von dem sie als Israeliten abgefallen sind (Mk 1,1-4). Wird diese Umkehr vollzogen, kann sich bereits die verheißene Königsherrschaft durchsetzen. In der Person, im Reden und Wirken Jesu ist das Reich Gottes bereits „nahe" und „mitten unter den Juden" anwesend. Immer dann, wenn dieses Königreich für Juden gepredigt wird, wird vollzogen, dass Israeliten vorbereitet werden, Buße zu tun und ihrem Gott zu begegnen. Das gilt auch hinsichtlich der zukünftigen Erfüllung des Königreiches mit dem Messias-König Jesus auf dem Thron Davids, einer Zeit, die „Millennium" oder „tausendjähriges Reich" genannt wird (Offb 20,1-6).

(2) Alle Passagen der Evangelien, alle Worte der gesamten Bibel sind gleichzeitig auf Gläubige der Gemeinde Jesu zu beziehen (2Tim 3,16), wenn auch die Christus-Gläubigen nicht immer direkt und wörtlich adressiert sind und das „Wie" der Anwendung heilsgeschichtlich differenziert durchgeführt werden sollte.

(3) Das Reich Gottes bei Paulus bezeichnet eine unsichtbare Qualität der Herrschaft Gottes, an der die Gemeinde Jesu teilhat. Diese steht in unmittelbarer Kontinuität mit der Reichs-Gottes-Verkündigung Jesu. Die Verwirklichung der sichtbaren, irdisch-politischen Königsherrschaft Gottes in der Endzeit ist damit nicht gemeint, allerdings ihre geistliche Vorschattung.

(4) Wir werden am besten den Voraussetzungen gerecht, von denen wir weiter oben sprachen, wenn wir die Bibel im Literalsinn auslegen, auch die Evangelien. Dadurch werden die Einheit und die Vielfalt der Schrift zugleich gewahrt.

5. Welche Epochen der Heilsgeschichte lassen sich finden?

Nachdem wir wegweisende Beobachtungen aus der Bibel abgeleitet haben, die für heilsgeschichtliches Denken von Bedeutung sind, wollen wir nun versuchen, von dort herkommend einzelne Epochen der Heilsgeschichte einzugrenzen. In Kapitel 3 haben wir gesehen, wie das andere Christen in der Vergangenheit gemacht haben. In den bisherigen Kapiteln dieses Buches wurde auf den einen oder anderen Charakterzug von heilsgeschichtlichen Epochen hingewiesen. Allerdings wird hier nicht einem bestimmten Modell der Vorzug gegeben. Vielmehr soll vom biblischen Befund ausgegangen werden. Die hier vorgestellten Ergebnisse überschneiden sich mit verschiedenen heilsgeschichtlichen Lösungen. Schlussfolgern wir nun, welche Zeitalter im biblischen Heilsplan Gottes ermittelt werden können, klären wir die Frage, von was wir eigentlich sprechen, wenn wir von Stadien, Epochen oder Zeitaltern der Heilsgeschichte reden.

Die Beobachtung ist wichtig, dass ein Zeitalter nicht in erster Linie einen bestimmten, abgrenzbaren Zeitabschnitt beschreibt, der von ähnlichen heilsgeschichtlichen Perioden lediglich schematisch zu unterscheiden wäre. Dass ein Zeitalter im Sinne einer Ökonomie auch ein Zeitabschnitt ist, das stimmt zwar, ist jedoch nicht das wichtigste, was dazu gesagt werden sollte (vgl. 1Mo 3,15-19.23; 12,1-7; 2Mo 19,5-6; Gal 4,4; Offb 20,4 usw.). Eine heilsgeschichtliche Epoche ist eine Qualitätsbestimmung, eine göttliche Ordnung (Verwaltungseinheit, Ökonomie), mit deren Hilfe Gott während eines bestimmten Zeitraums auf eine jeweils spezifische Art und Weise in der Welt unter den Menschen regiert und agiert. Dabei richtet Gott die Angelegenheiten der vor ihm verantwortlichen Menschen so ein, dass eine Beziehung zwischen ihm und den jeweils angesprochenen Menschen möglich ist bzw. möglich wird.

Eine heilsgeschichtliche Epoche ist auch eine Art göttlicher Entwurf, der als Vehikel dazu dient, die Offenbarung(en) der göttlichen Wahrheit, die Ratschlüsse und die Absichten Gottes sowie die Offenbarung seiner Gnade und Treue einer Auswahl von Menschen auf eine bestimmte Weise bekannt zu machen und sie dabei zu einem bestimmten Verhalten zu verpflichten. Eine heilsgeschichtliche Epoche umfasst daher auch immer eine bestimmte charakteristische Zeitspanne, innerhalb derer Gott jeweils eine besondere, für diese Periode spezifische Umgangsweise mit der Menschheit einführt. Annahme oder Verwerfung, Rettung oder Verdammung werden innerhalb der Vorgaben eines solchen Stadiums konstituiert.[229] Die Menschheit bzw. die daraus repräsentativ herausgerufene Gruppe wird in jeder der einzelnen Ökonomien jeweils unter eine festgelegte Verantwortung und Verpflichtung gestellt, den Willen Gottes zu erfüllen.

Das primäre Ziel Gottes ist es, dass alle Menschen in einer Beziehung zu ihm und in Gemeinschaft mit ihm leben sollen. In jeder Ökonomie soll dieses Ziel der Gott-Mensch-Beziehung erreicht bzw. (wieder-) hergestellt werden.

Die einzelnen Ökonomien wiederum lassen sich durch primäre und sekundäre Wesensmerkmale charakterisieren, die aus den jeweiligen Bibelstellen abgeleitet oder geschlussfolgert werden können. Die **primären Wesensmerkmale** sind (a) die Herrschaft Gottes; (b) die Verantwortlichkeit der Menschheit vor Gott innerhalb der jeweiligen Periode; sowie (c) die Auswirkungen der souveränen Gnade Gottes. Die **sekundären Wesensmerkmale** eines Zeitalters können durch ein (heilsgeschichtlich) dreigliedriges Schema zusammengefasst wiedergegeben werden: (d) eine Prüfung der Treue des Menschen innerhalb seines Verantwortungsbereichs der jeweiligen Ökonomie; (e) das grundsätzliche und unumkehrbare Versagen bzw. Scheitern der Menschen vor Gott; und (f) das jeweils daraus resultierende Gerichtsurteil Gottes.

Nicht entscheidend ist es zu Beginn einer neuen Dispensation, dass es zu einer Initiations-Offenbarung Gottes kommt, die das Neue einleitet, um beispielsweise die Herrschaftsform Gottes und die veränderten Konditionen der jeweils neuartigen menschlichen Verantwortung herauszustellen. Auf jede von Gott gewollte heilsgeschichtliche Verwaltungseinheit folgt in der Regel eine Art von Gott geduldeter Bewährungs- oder Übergangszeit bis zum Beginn einer neuen Ökonomie unter veränderten Vorzeichen und Bedingungen, bei gleichzeitiger Wahrung von Bleibendem (Diskontinuität und Kontinuität).

5.1. Die biblischen Zeitalter

Bei der Lektüre der Bibel fallen folgende Epochen ins Auge, die man im Rahmen der fortschreitenden Offenbarungsstufen unterscheiden kann:

---

[229] Das soll nicht bedeuten, dass es neben der gnadenhaften Erlösung noch andere Wege zum Heil geben könnte. Das ist vom biblischen Befund her kategorisch auszuschließen. Sowohl die Gottesbeziehung, als auch das ewige Heil basieren ausschließlich auf Gottes Gnade. Heil kann zu keiner Zeit innerhalb der Epochen der Heilsgeschichte durch Verdienste oder Werke des Menschen erreicht werden.

1. das Paradies bis zum Sündenfall, 2. die Menschheit außerhalb des Paradieses von Adam über Noah bis Abraham, 3. die Epoche von Abraham bis zum Sinai, 4. Israel (unter Gesetz, Priestertum und Königtum und parallel gleichzeitig zum christlichen Zeitalter), 5. der Einbruch der Ewigkeit durch Jesus Christus in Raum und Zeit (Zeit der Gemeinde, des Heiligen Geistes oder der Gnade), 6. die tausendjährige Königsherrschaft Christi (Millennium) und 7. der ewige Zustand der neuen Erde und des neuen Himmels.

In jedem Zeitalter manifestiert sich Gottes Herrschaft über den Menschen auf unterschiedliche Weise in Beziehung zur jeweiligen Verantwortlichkeit und Treueverpflichtung des Menschen, zu der er verpflichtet wurde. Die konkreten Bedingungen einer Ökonomie dürfen dabei jedoch weder ohne weiteres auf eine vorhergehende, noch auf eine nachfolgende Epoche übertragen werden, es sei denn, dass dies ausdrücklich durch eine Offenbarung Gottes legitimiert worden wäre.

Das Paradies

Adam und Eva vor dem Fall waren im eigentlichen Sinne des Wortes weder gerecht vor Gott, noch heilig im Wesen. Die ersten Menschen im Paradies befanden sich vielmehr im Zustand der Unschuld und repräsentierten die Krone der natürlichen Schöpfung. Adam als Geschöpf und im Ebenbild Gottes (1Mo 1,26-27) wie auch als Gefallener, der Gut und Böse zu unterscheiden vermochte (1Mose 3,22) wurde zum Haupt einer „neuen" Menschheit. Insbesondere durch seinen Fall wurde er das repräsentative Haupt der sündhaften, von Gott getrennt lebenden Menschen (vgl. Röm 5,12-21). Gott musste mit ihm und seinen Nachkommen anders umgehen, als es noch im paradiesischen Zustand der kreatürlichen Unschuld möglich gewesen war. Dieser Übergang von einer vorherigen in eine neue heilsgeschichtliche Epoche ist in der Bibel gut erkennbar.

Durch den Sündenfall und die Vertreibung aus dem Paradies begann für die Menschheit etwas Neues in ihrem Verhältnis zu Gott, das es so im Paradies noch nicht gegeben hatte und nicht geben konnte. Der Umgang Gottes mit den Menschen änderte sich primär auf der qualitativen Seite, von einer direkten Kommunikation und unmittelbaren Nähe hin zu einer für den Menschen unüberbrückbaren qualitativen Distanz.

Nach dem Sündenfall von Adam über Noah bis Abraham

Die Veränderungen des Verhaltens Gottes zwischen dem Vorher und dem Nachher des Sündenfalls hatte für die gefallene Menschheit eklatante Folgen. Die Zeit zwischen der Vertreibung aus dem Paradies und der Sintflut war eine herrschafts- und gesetzlose Zeit, in der Gott das willkürliche Treiben des abtrünnigen Menschengeschlechts offensichtlich zuließ, und sich nur vereinzelt direkt bezeugte, dennoch stets in Gnade wirkte.

Im nach-paradiesischen, aber noch vor-noahitischen Zustand, also in der Zeit vor der Sintflut, stand die gesamte Menschheit unter dem Urteil einer von Gott abgefallenen Schöpfung, damit ohne direkten Bezug zur unmittelbaren Gemeinschaft mit Gott und damit offensichtlich ohne dessen direktes, ordnendes und den Menschen zur Verantwortung ziehendes Regierungshandeln. Ein jeder tat, was er wollte. Dieser Zustand ist in gewisser Weise der Zustand der Heidenvölker weltweit durch die Menschheitsgeschichte hindurch bis zum Kommen Jesu („Zeiten der Unwissenheit", siehe Apg 17,27.30).

Vor der Flut (1Mo 3,23 bis 7,24) handelte Gott mit seinen Geschöpfen nicht nach bestimmten Gesetzmäßigkeiten oder nach einer eingeführten, dem Menschen bekannt gemachten Ordnung. Es existierte keine direkte Herrschaft Gottes über seine Geschöpfe, abgesehen von seiner das Universum und das natürliche Gleichgewicht der Natur erhaltenden Macht (*providentia und gubernatio Dei).* Es gab keine über das Gewissen hinausgehenden Verhaltensregeln oder Gesetze (1Mo 2,16.17 und 3,22-24). Erst nach der Flut und dem Gericht über die ‚alte' Welt begann Gott auf eine bestimmte Art und Weise nach vorgegeben Gesetzmäßigkeiten mit den Menschen Umgang zu pflegen, eben mit einer nun durch die Sintflut von ihrer Unreinheit gereinigten Menschheit.

In 1Mo 9 beginnt Gott eine neue Welt, in gewisser Weise ein neues Zeitalter (Ökonomie). Erst in dieser „neuen Welt" und dem Neuanfang mit einer „neuen Menschheit" begann Gottes direkte und unmittelbare Herrschaft über die Erde unter der repräsentativen und verantwortlichen Leitung von Noah und seinen Nachkommen (1Mo 9,1-17). Noah war der erste, dem eine Regel als Ausdruck seiner von Gott erwarteten Verantwortung gegeben wurde (1Mo 9,1-7). Der ewig gültige, bedingungslose Bundesschluss jedoch war reine Gnade und nicht an die Einhaltung von Verpflichtungen auf der Seite von Noahs Nachkommen geknüpft (1Mo 9,9-17). Das Versagen der Menschen in ihrer Verantwortung vor Gott folgte allerdings auf dem Fuß, beispielsweise als Noah sich betrank und dadurch seine gottgegebene Autorität vor seinem Sohn verlor oder beim Turmbau zu Babel (1Mo 11,1-9). Die Menschen nach dem Sündenfall und trotz der Läuterung durch die Sintflut zeigen auf, dass sie nicht zur dauerhaften Verwaltung der Erde an Gottes Statt geeignet waren. Erneut schritt das „Böse" (das Sündigen; vgl. Röm 5,12) relativ ungehindert fort. Die Sprachverwirrung und die Entstehung verschiedener Nationen war die konsequente Folge dieses Scheiterns und könnte quasi als Gerichtshandeln Gottes gedeutet werden.

Abraham

Nach der Sintflut trat schließlich Abraham auf den Plan. Dieser wurde von Gott aus seinen Lebenszusammenhängen herausgerufen und zugleich auf der neuen Grundlage der Grundsätze von *Verheißung und Glauben* in eine völlig neue Beziehung zu Gott gestellt, die es chronologisch und qualitativ so *vorher noch nicht* unter den Menschen gegeben hatte (Diskontinuität). Diese Epoche ab Abraham gründete auf bedingungslosen und unverdienbaren Verheißungen, die unabhängig von der menschlichen Verantwortung und ohne irgendeine gebotene Verpflichtung gegeben wurde. Die galt in ähnlicher Weise bereits für den bedingungslosen Noahbund. Doch dort war die Verbindung des Bundesschlusses zum Grundsatz von Verheißung und Glauben noch nicht so ausgeprägt vorhanden, wie schließlich bei Abraham, dem „Vater der Glaubenden" (Röm 4,12.16; vgl. auch Hebr 11,17).

Gott offenbarte sich Abraham als „Gott der Verheißung". Er rief ihn aus der übrigen Menschheit heraus, um auf lange Sicht gesehen ein Volk zu sammeln, durch das er selbst auf Erden repräsentiert und verherrlicht werden sollte, darin quasi als ein vorbildhaftes Zeugnis für die übrigen Völker, jedoch im bleibenden Kontrast zu ihnen. Bei Abraham finden wir Grundlagen vor, auf die später der Apostel Paulus zur Zeit der Gnade erneut hinweist. „In Christus" sollen diese ihre vollkommene Bestimmung und Erfüllung finden: Berufung – Erwählung – Gehorsam – Verheißung – Glauben. Insbesondere Paulus verdeutlicht, dass der Gnadenbund Gottes mit Abraham zu keiner Zeit aufgehoben oder gar beendet worden ist. Vielmehr verdeutlicht er, wie Abrahams Segen zunächst für Israel und dann auch für die Heidenvölker durch den Glauben an Jesus Christus fortgesetzt wird (Röm 4,12.16; Gal 3,6-18; Röm 11,28).

Die Hinwendung Abrahams nach Ägypten, seine Lügen und Ausreden sowie die eigenwillige Zeugung eines Nachkommens mit Hagar als Ausdruck des Misstrauens Gott gegenüber sind Zeichen des Unglaubens. Sie weisen auf das Scheitern Abrahams hin. Das bedeutet: ein leitendes göttliches Prinzip der neuen Welt nach der Flut umfasste in gewisser Weise einen täglichen Tun-Ergehens-Zusammenhang (ohne dass bereits ein Gesetzeskodex von Verhaltensvorschriften von Gott gegeben worden wäre). Bei Abrahams Berufung demgegenüber treten die sich gegenseitig bedingenden Prinzipien der Gnade und Souveränität Gottes in Erscheinung. Die Gnade Gottes in Verbindung mit dem Glauben bleibt während der heilsgeschichtlichen Epochen bedingungslos bestehen, nur unterbrochen durch die Einführung des mosaischen Gesetzes 430 Jahre nach der Gabe der Verheißung (Gal 4,17; Röm 5,20). Das mosaische Gesetz konnte die Gültigkeit des Abrahambundes nicht aufheben.

Israel unter Gesetz und Verheißung

Auf die Abraham-Epoche, sofern diese eine abgeschlossene Epoche bildete, folgte eine weitere, wichtige neue Umgangsform Gottes unter den bereits eingeführten und weiterhin gültigen Prinzipien von „Berufung und Erwählung", jedoch auf eine Weise, die so zuvor noch nicht in der Menschheitsgeschichte vorzufinden gewesen war. Die Existenz des Bundesvolkes Israels wird durch das mosaische Gesetz und durch das Königtum bis zur babylonischen Gefangenschaft bzw. bis zum Kommen Christi (Gal 3,24-25) unterteilt. Das Gesetz bindet, erzieht und wirkt für Israel bis heute, bis der Glaube an Christus davon befreit (Gal 3,24-25; Röm 7,1-6; Röm 11,25-29; vgl. Röm 3,19 „alle Welt").

Durch die Befreiung aus der ägyptischen Knechtschaft und die Auserwählung eines besonderen Volkes des Eigentums Gottes konnte eine neue Ökonomie eingeführt werden. Sie basierte auf einer neuartigen Grundlage in der Beziehung zwischen Gott und Auserwählten, nämlich auf der Grundlage der absoluten *Heiligkeit und Gerechtigkeit Gottes*, wie sie im mosaischen Gesetz zum Ausdruck kommt (2Mo 19,10-25; 3Mo 10,3; vgl. auch Röm 7,7-16). Erst seit dieser Zeit der mosaischen Gesetzgebung wurde Gottes Heiligkeit und des Menschen verpflichtende Gesetzeserfüllung die besonderen Art und Weise, wie die Beziehung zwischen Gott und seinem auserwähltem Bundesvolk Gestalt gewann, nicht bereits vorher. Segen und Fluch Gottes und die Verheißungen in Verbindung mit dem geschlossenen Bund hingen von nun an vom gesetz- und gebotsgebundenen Gehorsam des Menschen ab, der sich zur Treue verpflichtet hatte, das heilige Gesetz Gottes vollständig einzuhalten. Der Abrahambund blieb weiterhin in Gültigkeit.

Durch die Gabe des mosaischen Gesetzes, inklusive der Heiligkeits- und Opfergesetze, sollte Israel (als das auserwählte Volk der Liebe Gottes – 5Mo 7,7-8) davon überzeugt werden, dass 1. Gott heilig und allmächtig ist und dass es 2. dem Menschen (letztendlich) unmöglich ist, die gegebenen Gebote aus eigener Kraft einhalten zu können (so die paulinische Deutung). Gott wollte zu keiner Zeit das Gesetz als ein Mittel einsetzen, um dadurch Israel oder gar die abtrünnige Menschheit zu erlösen, zu retten oder zu sich zurück zu bringen. Das Gesetz war nie als Heilsweg gedacht gewesen. Im Gegenteil, durch die vollkommene moralische Beschreibung dessen, wie der Mensch sein sollte, offenbart das Gesetz in jeder Hinsicht die unausrottbare menschliche Verdorbenheit und Ungerechtigkeit, selbst unter den Auserwählten und Privilegierten Gottes (= Israel), ganz zu schweigen von den gesetzlosen Heidenvölkern.

Durch diese Vorgehensweise Gottes sollte die aufrichtige Sehnsucht nach einer echten Erlösung durch Begnadigung des heiligen Gottes unter den Menschen geweckt werden, einer Erlösung, die das Gesetz von seiner Intention her nicht anbieten konnte und auch nicht anbieten wollte, und die ausschließlich auf dem Prinzip der Gnade beruht. Daher ergibt die Notwendigkeit des levitischen Versöhnungsdienstes durch stellvertretende Opfer Sinn, basierend auf Gnade. Auf der gleichen Grundlage von Berufung und Erwählung (wie bei Abraham) werden dessen Nachkommen – *das Volk Israel* – Objekte der Fürsorge Gottes, allerdings wiederum unter den Bedingungen einer neuen Epoche. Israel ist nun nicht nur der Empfänger der bedingungslosen (Väter-)Verheißungen, wie sie an Abraham, Isaak und Jakob ergingen. Zugleich wird das Prinzip der Herrschaft Gottes und der damit verbundenen menschlichen Treueverpflichtung bei „Israel" zusammengeführt. Ein vorgegebenes „Gesetz" ist einzuhalten, wie es bereits bei Adam und unter Noah in einem singulären Gebot angedeutet war.

Innerhalb der zeitlich lange andauernden Epochen für „Israel", wobei der Zustand unter dem Gesetz und der unter den Verheißungen des Abrahambundes (Röm 11,28) bis heute gültig sind, finden wir drei Möglichkeiten der menschlichen Beziehungsaufnahme mit Gott: 1. mittels der **Propheten** (Instrumente der Kommunikation zwischen Gott und Menschheit), 2. mittels der **Priester** (Instrumente der Annäherung zu Gott, während Gott selbst als König regierte) und 3. mittels der **Könige** (Instrumente der repräsentativen Macht und Herrschaft Gottes auf Erden). Die Propheten wirkten während der gesamten Heilsgeschichte Gottes als Kommunikatoren und „Mittler" zwischen Gott und seinem Volk (1Kö 17,1; 18,1; Amos 1,1; Jer 1,11 u.a). Die Priesterschaft nahm ebenfalls eine Mittlerfunktion mit der Absicht ein, Israel mit Gott unter den Anforderungen des Gesetzes zu verbinden, wie es bereits beim Auszug aus Ägypten vorgesehen und geplant gewesen war. Dem Priestertum wurde zusätzlich noch eine modifizierte Rolle zugedacht. Es sollte – mittels Kulthandlungen – trotz des Versagens und Ungehorsams weiterhin die Segnungen Gottes an das Volk weitergeben als Ausdruck der Gnade Gottes unter dem Gesetz. Durch die verschiedenen Opferrituale, die die Priester stellvertretend für das Volk darbrachten, wurde Gnade dem gnadenlosen, gerechten und heiligen Gesetz hinzugefügt und dadurch Gottes Erbarmen über das ungehorsame Volk illustriert und vorweggenommen (Illustration: Bundeslade mit Thron der Gnade, darin die Gebotstafeln).

Nach einer Zeit der göttlichen Geduld (Richterbuch und Samuelbücher) traten die gesalbten Könige in Erscheinung, die ihrerseits sehr bald in ihrem ihnen zugedachten Verantwortungsbereich vor Gott scheiterten durch den Vollzug des Götzendienstes als einem Ausdruck der Untreue und des Abfalls von Gott. Dies wiederum geschah bereits zur Zeit Salomos. Die Trennung Israels in zwei Königreiche, die assyrische Vernichtung des Nordreiches, die Zerstörung Jerusalems und die Deportation des Südreiches in die babylonische Gefangenschaft illustriert den Vollzug des göttlichen Gerichts über Israel.

Die Grundsätze der der „Erwählung aus Liebe“ und der „Absonderung von der Welt“ sowie der der „gnadenhaften Berufung“ durch Gott vervollständigen die neue Ökonomie, so dass in Israel folgende Einzelaspekte von Bedeutung werden: 1. die souveräne Herrschaft und Heiligkeit Gottes ist gegeben, 2. die menschliche Verantwortung (gemessen am mosaischen Gesetzeskodex) gilt, 3. die unverdiente Verheißung von Segen gilt, 4. die unverdienbare Gnade wirkt, 5. die Absonderung von der Welt ist notwendig und 6. die souveräne Berufung durch Gott gilt. Alle heilsgeschichtlichen Qualitäten vorhergehender Ökonomien wurden in Israel miteinander vereint. Allerdings versagte auch Israel darin, seinen Treueverpflichtungen vor Gott nachzukommen. Das goldene Kalb war bereits der erste gravierende Ausdruck des prinzipiellen Abfalls und Unglaubens, *bevor* Israel überhaupt die Konditionen und den Inhalt des Bundesschlusses mit Gott empfangen hatte. Zum auf das Versagen folgenden Gericht Gottes ist in der Bibel nicht viel zu finden. Möglicherweise wird das Gerichtshandeln Gottes im Sinne des Fluches durch das Scheitern unter dem Priestertum und unter den Königen fortgesetzt. Das endgültige Scheitern der Ökonomieordnung unter Israel (Gesetz und Königtum) kulminierte schließlich in der Verwerfung des Messias Jesus (Röm 11,1.26). Die Verheißungen an die Väter (Abraham und seine

Nachkommen der Isaak-Jakob-Linie) bleiben allerdings trotz des Scheiterns unter dem Gesetz sowie unter dem Priestertum und dem Königtum weiterhin gültig und unangetastet (Kontinuität).

Nachdem Israel unter Gesetz und Königtum versagt hatte, können wir folgende Beobachtungen in der Bibel machen: (1) Für die Heidenvölker weltweit ohne Gesetz und ohne Bundesschlüsse mit Gott (Röm 9,1-5) gilt nach wie vor, was nach dem Sündenfall bzw. nach der Sintflut galt, dass sie in „Zeiten der Unwissenheit" leben (Röm 1,18-32; Apg 17,27.30), bis der Segen Abrahams durch den Glauben an den Herrn Jesus auch ihnen zuteil wird (Röm 4,16; Eph 2,11-17). (2) Für Israel gilt nach wie vor die Abrahamverheißung (Röm 11,28). Es steht aber zugleich nach wie vor „unter dem Gesetz" als Zuchtmeister auf Christus hin (Gal 3,24-25; Röm 11,1.11.14.26). (3) Mitten in diese gleichzeitig parallel laufenden heilsgeschichtlichen Epochen für Heiden und Juden kommt nun der Sohn Gottes und bringt etwas Neues. Die Ewigkeit bricht hinein in den gegenwärtigen bösen Äon (Phil 2,5-11). Durch seinen Kreuzestod und die Auferstehung von den Toten wird der Abrahambund für Juden und Heiden (1Mo 12,1-3) im Glauben verwirklicht. Ein „neuer Mensch" ist die Folge (Eph 2,11-17; 3,5-6; 2Kor 5,17), der im „Leib Christi", der Gemeinde der Heiligen Gestalt gewinnt (Eph 1,1.22-23; 1Kor 12,1). Wir müssen gegenwärtig demnach mit drei in etwa zeitgleichen Zuständen rechnen, einen für Juden (unter dem Gesetz), einen für Heiden (ohne Gesetz und unter 1Mo 3,22) und einen für Christus-Gläubige aus Juden und Heiden (1Kor 12,12-13; Kol 1,18-20; Eph 2,11-3,6). Es bestehen sozusagen drei Epochen gleichzeitig nebeneinander, die Zugang und Eingang zum „Neuen" finden, das Christus für Juden und Heiden durch den Glauben brachte (Röm 3,22-30; Eph 2,8-10; vgl. Röm 11,11-32).

Der Leib Christi und die gegenwärtig heilsgeschichtliche Epoche

Die für unsere Untersuchung wichtige heilsgeschichtliche Epoche des gegenwärtigen christlichen Zeitalters bzw. die des Heiligen Geistes unterbricht die Epoche der Nationen und die des Gesetzes Israels.

Die Herrschaft Gottes innerhalb des gegenwärtigen Zeitalters sieht um Christi Willen so aus, dass ein Christ menschlichen Ordnungen, Gewalten, Regierungen und Institutionen prinzipiell unterworfen bleibt und er sogar für Christus und die göttliche Gerechtigkeit Leid und Verfolgung auf sich nehmen muss. Gott lässt es zu, dass den Christen auch böswillige Ablehnung und grausamer Widerstand zustoßen kann; sie werden von Gott zu keiner Zeit grundsätzlich aus diesen Widrigkeiten herausgenommen, davon befreit oder zur Rebellion dagegen aufgerufen. Der Christ muss vielmehr die vorhandenen nationalen und internationalen Obrigkeiten anerkennen, ob sie nun gut oder böse sind, dabei jedoch in allem Gott mehr gehorchen als den Menschen. Er leidet dabei nach dem Vorbild Christi in den Händen böser Menschen. Desgleichen sind die Frauen ihren Männern unterstellt und die Männer haben in völliger Hingabe ihre Frauen zu lieben. Alle Christen müssen in der Furcht des Herrn dem Vorbild Christi nachfolgen und dürfen nur das tun, was gut und ehrbar ist, in dem sie alles Böse meiden, dem Frieden nachjagen und ein stilles sowie ein offensiv missionarisch bzw. sozial-diakonisch orientiertes Leben gemäß dem Evangelium vor Menschen und Gott führen.

Auf diese Weise ordnet Gott den gegenwärtig noch andauernden Zeitlauf (Äon, nicht Ökonomie) der Welt, in dem die Ökonomien der Heiden, des Gesetzes und des Christus gewissermaßen ineinander verwoben sind. Das bedeutet allerdings auch, dass Gott in dieser komplexen Zeitepoche der Heilsgeschichte nicht immer direkt oder augenblicklich auf aktuelle Erscheinungsformen des Bösen und des Widergöttlichen reagiert. Die Macht des Bösen, die an vielen gottwidrigen Zuständen in der Welt sowie an der Feindschaft gegenüber Gläubigen erkannt werden kann, bleibt vorläufig während der Heilszeit der Kirche weitgehend ungehindert am Werk.

Gottes direkte Herrschaftsausübung, die das Böse in der Welt und seine Auswirkungen augenblicklich stoppt, ist prinzipiell immer möglich in Gottes Souveränität, geschieht aber dauerhaft erst wieder wenn er zum Gericht wiederkommen wird. Diese Herrschaft Gottes wird schließlich in dem zu seinem Messias bekehrten Übriggebliebenen Israels und den Christusgläubigen verwirklicht werden.

Das Kommen Christi aus der Ewigkeit Gottes in die irdische Welt (Phil 2,5-11) basiert auf der Liebe Gottes (Joh 3,16), auf der Tatsache, dass die Zeit erfüllt war (Gal 4,4), sowie auf dem Versagen aller vorangegangenen Epochen der Heilsgeschichte, die alle miteinander in der Verwerfung und Kreuzigung Christi durch Juden und Heiden gleichermaßen kulminieren. Juden und Heiden bleiben währenddessen auf unterschiedliche Weise der irdischen Herrschaft Gottes und der damit verbundenen Verantwortung vor Gott unterworfen. Das bedeutet gewissermaßen, dass gegenwärtig alle drei, (a) die Nationen, (b) das beiseite gesetzte Israel unter dem Gesetz und (c) die Gemeinde Jesu nebeneinander bestehen. Sobald allerdings jemand zum Glauben an Christus gelangt, steht er – ob ehemals Jude oder Heide – nicht mehr unter der irdischen Herrschaftsausübung Gottes mit allen seinen Bedingungen und Verpflichtungen. Er wird in den Leib Christi eingegliedert. Als jemand, der seit seiner Wiedergeburt am selben Ort wie Christus gesehen wird (Gal 2,20), geht es von nun an vornehmlich um Gnade (1Kor 1,30; 2Kor 12,9 usw.).

Das tausendjährige Königreich (Millennium)
Solange Christus noch nicht wiedergekommen ist, solange wird keine direkte Herrschaft Gottes auf Erden durchgeführt. Mit Christi Parusie jedoch werden die Grundsätze dieser Art der göttlichen Herrschaftsausübung erneut eingesetzt und praktiziert. Das tausendjährige Königreich, währenddessen der Satan gefangen und Christus inthronisiert sein werden, bewirkt eine gewisse moralische Erneuerung (Offb 20,1-6). Unter heilsgeschichtlich denkenden Auslegern werden (wenigstens) zwei Positionen des Millenniums diskutiert: Die eine geht davon aus, dass die Gemeinde Jesu nach 1Thes 4,13-18 *vor* den endzeitlichen Trübsalgerichten und dem anschließenden Beginn des Millenniums von der Erde zu Christus hin entrückt worden sein werde (prätribulationalistischer Prämillenialismus).[230] Eine andere Auffassung meint, dass die Gemeinde die endzeitlichen Trübsalzeiten erleiden müsse und erst mit dem Kommen Jesu (Mt 24,30 par.) entrückt und dann im tausendjährigen Reich zusammen mit Christus und dem bekehrten Israel mitregieren werde (posttribulationalistischer Prämillennialismus).[231] Ein wieder aufgerichtetes Jerusalem wird die Hauptstadt der Regierungsherrschaft Gottes auf Erden sein und es wird eine globale Ausrichtung der Völker zum Zion hin geben (Jes 2).

Der Zustand in Ewigkeit
Der ewige Herrlichkeits-Zustand folgt der Epoche des Millenniums und dem Völkergericht vor dem Thron Gottes. In diesem Zustand, in dem schließlich Gerechtigkeit herrschen wird, gibt es schließlich kein Leid, kein Geschrei und keine Tränen mehr.[232] Gott wird in Gnade und

---

[230] Vgl. Berthold Schwarz: „Kann die ‚Vor-Entrückungslehre' biblisch plausibel dargestellt werden? Bemerkungen zu einem umstrittenen Detail der Endzeitlehre", in: *Bibel und Gemeinde* 02/2008, S. 39-47; Fortsetzung unter gleichem Titel, in: *Bibel und Gemeinde* 03/2008.

[231] Vgl. die Argumente im Pro und Contra skizziert und ansatzweise diskutiert bei L. Dwight Pentecost: *Bibel und Zukunft. Untersuchung endzeitlicher Aussagen der Heiligen Schrift*, Dillenburg 1986, S. 152-383.

[232] Die Zuordnung und Aufteilung der Ewigkeit in zwei wörtlich zu verstehende Örtlichkeiten (Erde und Himmel) mit diesen zugeordneten „Personengruppen" (Israel und

Liebe herrschen und unaufhörlich seinen Segen fließen lassen (Offb 21-22).

Fazit: Die biblischen Ökonomien als biblisches Gesamtpanorama, die von der Bibel abgeleitet sein wollen und hier nur im Überblick skizziert wurden, verdeutlichen, wie wichtig es ist, was wir anfangs sagten: Der Bibelleser muss beim Bibelstudium prüfen, von welcher Zeit ein Bibelwort redet und wer die Adressaten, Empfänger oder Handelnden in diesem Abschnitt sind. Insbesondere im Blick auf die jeweilige Zuordnung der alt- und neutestamentlichen Bibeltexte auf die noch ausstehenden endzeitlichen Epochen ist höchste Aufmerksamkeit gefordert.[233]

5.2. Verantwortlichkeit und das Kreuz Christi

Das Konzept von der Verantwortlichkeit des Menschen erfährt eine Aufsehen erregende Wende, sobald von Jesus Christus die Rede ist. Von Adam bis zum Kommen Christi stand die Menschheit unter dem Prinzip der Verantwortlichkeit vor Gott gemäß der jeweiligen Bedingungen, die für die jeweilige heilsgeschichtliche Epoche zutrafen. Dem gegenüber stand stets die Gnade Gottes, wie sie u.a. in den bedingungslosen Bundesschlüssen (Noah, Abraham usw.) zum Ausdruck kommt. Die zur Treue verpflichtende Verantwortlichkeit vor Gott jedoch endete mit dem Kreuzestod Jesu.

Mit anderen Worten, in jeder nur erdenklichen Weise wurde die Menschheit seit der Schöpfung bis zum Kreuz in ihrer Verantwortung und Treue vor Gott getestet und geprüft, der Gehorsam wurde auf die Probe gestellt. Doch nun im Kreuz Jesu – insofern das Individuum, nicht die Herrschaft Gottes *an und für sich* gemeint ist – wird dieser tragische Kreislauf von eifrigen Bemühungen und kläglichem Scheitern, der zu keiner Zeit eine Besserung der Menschheit erkennen ließ, aufgebrochen. Die Resultate lassen nur zu deutlich erkennen, dass im Verhalten, Tun und Denken der Menschheit – auch im geliebten, auserwählten und pri-

---

Kirche) bleiben höchst umstrittene Thesen. Progressive Dispensationalisten beispielsweise lehnen diese endzeitlich beizubehaltende Trennung in Heilsgruppen ab, verstehen „den neuen Himmel und die neue Erde“ als Ausdruck der Ewigkeitswelt; vgl. C. A. Blaising/D. L. Bock: *Dispensationalism, Israel, and the Church. The Search for a Definition*, Grand Rapids 1992.

233 Ausführlich diskutiert werden unterschiedliche heilsgeschichtliche und nicht-heilsgeschichtliche Sichtweisen, insbesondere hinsichtlich der endzeitlichen Heilsgeschichte, bei J. Dwight Pentecost: *Bibel und Zukunft*, Dillenburg 1986.

vilegierten Volk Israel – immer nur Scheitern vorzufinden sein würde, das schließlich in der Verwerfung Christi als ihrem Höhepunkt eskalieren musste. Seit der Kreuzigung, Auferstehung und Erhöhung Jesu agiert Gott nur noch auf der Grundlage der Gnade (2Kor 5,19–6,2). Tiefer kann die Menschheit nach der Kreuzigung des Sohnes Gottes nicht mehr fallen. Das Kreuz offenbart und beweist allerdings nicht nur, dass der Mensch ein Sünder und Feind Gottes ist. Das wurde bereits durch den Sündenfall und andere daraufhin folgende Erscheinungen des Bösen in der Menschheitsgeschichte manifestiert. Sondern es beweist vor allem anderen, dass der Mensch in sich selbst unverbesserlich bleibt (Röm 5,5-12). Nun aber erscheint Christus als der zweite Mensch oder der sogenannte zweite Adam, um den ersten abzulösen (Röm 5,12-21).[234]

Am Kreuz hat Christus die Verantwortung aller Menschen vollkommen erfüllt und getragen. Er begegnet allem Versagen des Menschen, das aus dem verbotenen Essen der Frucht der Erkenntnis resultierte (Joh 1,29). Tatsächlich sind die beiden besonderen Bäume des Paradieses (1Mo 2,16.17; 3,22) theologisch in Christus vereinigt, will man hier eine typologische Interpretation gelten lassen, die die Grundsätze von Gehorsam und Leben in Christus vereint sieht, die er in allen Bedingungen vollkommen erfüllte, indem er die Sünden der Menschen stellvertretend getragen und hinweg getan hat durch seinen Opfertod und zugleich die Manifestation des (ewigen) Lebens in Gerechtigkeit verwirklichte. In dieser Sühnung des Sohnes Gottes wird die Verantwortung des Menschen vollständig getragen, und beide Bäume des Paradieses finden ihre Einheit und gleichzeitig unwiderrufliche Versöhnung in ihm und durch ihn.

Die beiden Bäume im Paradies – der Baum des Lebens und der des verantwortlichen Gehorsams – entfalten ihre Relevanz auch im Blick auf Gesetz und Gnade. Unter dem Prinzip des Gesetzes stand die Verantwortung des Menschen vor Gott an erster Stelle, das ewige Leben als Konsequenz hätte an zweiter Stelle folgen können für den, der die Vorschrift erfüllte. Unter der Gnade steht die Gabe des Lebens, das Leben selbst (= Christus), an erster und unverdienbarer Stelle, während die Verantwortung des Menschen vor Gott, den Willen Gottes erfüllen zu müssen, diesem Geschenk des Lebens bedingungslos nachgeordnet bleibt. Daher muss die individuelle Verantwortung des Christen aus seiner neuen Stellung vor Gott als eines Erben Gottes und Miterben Christi abge-

[234] Vgl. auch B. Schwarz: „Jesus – der erste neue Mensch", in: *Der Mensch in Gottes Heilsgeschehen. Eine biblische Anthropologie für die Gemeinde*, hg. v. Joachim Rieger u. Volker Gäckle, Neuhausen/Stuttgart 1996, S. 118-134.

leitet werden (Röm 8), nicht von einer anderen Grundlage herkommend (z.B. unter dem Gesetz stehen, Werke tun müssen usw.), damit der hervorgehobene und besondere Charakter des neuen Lebens in Christus vor aller Welt zum Ausdruck kommen kann.

5.3. *Heil und Rettung aus Gnade*

Überblicken wir dieses Konzept der heilsgeschichtlichtlichen Interpretation und Periodisierung, gilt es noch die wichtige Frage nach den Merkmalen der Rettung und der Erlösung innerhalb der Ökonomien zu beantworten. Die beiden Aspekte „Verantwortung“ und „Erlösung“ dürfen dabei nicht miteinander vermischt werden. Andernfalls würde es unmöglich sein, Gottes Handeln mit den Menschen nachvollziehen und verstehen zu können. Denn entweder geht dann die Zusicherung der unverbrüchlichen Treue Gottes den Menschen gegenüber verloren oder aber die Verantwortung des Menschen innerhalb einer bestimmten Ökonomie würde korrumpiert.

Die Lösung in diesem offensichtlichen Dilemma zwischen Verantwortung und Erlösung kann folgendermaßen beschrieben werden: Es ist die Ökonomie als heilsgeschichtliche Ordnung selbst, die auf der Grundlage der Verantwortlichkeit vor Gott gerichtet und verurteilt wird, während die Individuen innerhalb jeder Epoche *durch Gnade* und *durch Glauben* (nicht durch Werke oder durch eigene Verdienste) gerettet werden können. Vom Anfang bis zum Ende der Heilsgeschichte Gottes mit den Menschen geschieht Errettung immer exklusiv durch Gnade, im Glauben, ohne Ausnahme.

5.4. *Der Sieg Christi*

Weil das Versagen der Menschheit beständig durch die aufeinander folgenden Ökonomien fortschritt, ist sicher, dass alle Wege Gottes mit der Menschheit ausschließlich in Christus geheilt, versöhnt und zum Guten gebracht werden können. In Christus wird Gott verherrlicht, trotz des nachgewiesenen Versagens der Menschen in jeder von Gott eingeführten Epoche. Er vereinigt als der zweite Adam (Röm 5,12-21) die verschiedenen Wege Gottes in seiner eigenen Person. Gott hat durch den ersten Adam zu keiner Zeit der Heilsgeschichte verherrlicht werden können, außer dass er im Ebenbild Gottes geschaffen wurde. Nur Christus als Zentrum der Glorifikation Gottes ist in der Lage, die Absichten und Ziele jeder der vorausgegangenen Ökonomien in sich zu bündeln und vollkommen zu erfüllen sowie ihre Mängel zu beseitigen: Christus als Haupt einer neuen Menschheit, als Sieger über den Satan, als Erfüller und Täter des Gesetzes, als von den Toten Auferstandener und zugleich als Vorbild der Heiligen, als Hohepriester und Sühneopfer, als wahrer König über Israel, als Herrscher der Nationen und als Herr der Gemeinde verherrlicht Gott und erfüllt, was unter Menschen unerfüllt geblieben war bzw. bleiben musste. Der Sieg Christi beendet die Gesetzmäßigkeiten der Ökonomien, erfüllt die Verheißungen und eröffnet Perspektiven für ein neues bzw. ein neuartiges Leben „in ihm" und in seinem Sieg.

5.5. Die Ziele Gottes mit den Zeitaltern

Drei entscheidende Ziele Gottes in der Anwendung heilsgeschichtlicher Epochen fallen auf: (1) Zum einen sollen die Zeitalter den Charakter und das Wesen Gottes selbst reflektieren, damit die Gewissen der Menschen erkennen können, wer Gott ist, beispielsweise in seiner Heiligkeit oder Herrlichkeit, in seiner Güte oder Gerechtigkeit (Stichwort: *Gott*). (2) Zum anderen, dies resultiert aus dem ersten Ziel, soll durch die Aufeinanderfolge der Zeitalter die fortschreitende, kontinuierliche gnadenhafte Zuwendung Gottes der gefallenen Menschheit gegenüber manifestiert werden, trotz ihres kontinuierlichen Versagens (Stichwort: *Gnade*). Alle heilsgeschichtlichen Epochen zusammengenommen heben drittens (3) und maßgeblich die verschiedenen Wege Gottes hervor, die alle miteinander zur Verherrlichung Christi und seines Werkes dienen (Stichwort: *Christus als Mittelpunkt*).

Die drei großen Zuständigkeitsbereiche, in denen diese Herrlichkeit Christi – jeweils auf unterschiedliche Weise – betont wird, sind der *Leib Christi, Israel* und die *Nationen*. Der Weg zur Verherrlichung Gottes kann nur über und durch den Sohn geschehen. So kommentiert Charles C. Ryrie, dass das ordnende Prinzip, das die Föderaltheologie im praktischen Vollzug vertrete, sich stets auf die Heilsfrage konzentriere (Soteriologie). Der Dispensationalismus demgegenüber jedoch den doxologischen Aspekt der Verherrlichung Gottes betone, wobei die heilsgeschichtlichen Epochen Gottes Herrlichkeit auf unterschiedliche Weise offenbaren würden.[235]

---

[235] C. C. Ryrie: *Dispensationalism Today* (1965), S. 102; vgl. dieses Motiv auch bei Darby: *Collected Writings* 8, S. 26.

Es ist offensichtlich, dass die Beziehung zu und die Gemeinschaft mit Gott für den Menschen nicht durch die Einhaltung von Vorschriften, Gesetzen und Geboten oder durch Treuebezeugung hergestellt oder erhalten werden kann. Dies ist nur durch eine grundsätzliche, gnadenhaft gewirkte Wesenserneuerung erreichbar, indem der Mensch „neu wird" (Röm 6,1-11; 2Kor 5,17 u.a.). Die Grundlage, auf der sowohl die neue Natur des in Christus erlösten Menschen, als auch konsequenterweise die Gemeinschaft Gottes mit dem Menschen beruht, bilden Kreuzigung, Auferstehung und Erhöhung Christi sowie die Ausgießung des Heiligen Geistes (Apg. 2).

Die Anordnung und Aufeinanderfolge der heilsgeschichtlichen Epochen Gottes enden schließlich mit dem Endgericht über den Satan und dessen Helfern, die ihn unterstützten und am Ende des Tausendjährigen Reiches mit ihm in der „Feuersee" geworfen werden. Der Zustand der Ewigkeit ist keine zeitlich begrenzbare Periode mehr, sondern zeitlose Gottesgemeinschaft.

6. Abschließende Bemerkungen

Heilsgeschichtliche Theologie und Bibelauslegung ist nicht unbestritten. Einige Kritiker gehen in ihrem Urteil soweit, dass sie das Modell der heilsgeschichtlichen Periodisierung, v.a. das des traditionellen Dispensationalismus in seiner theologischen Erscheinungsform als „zweifelhaften Evangelikalismus" *(dubious evangelicalism)* oder gar als „ein anderes Evagelium" (*another gospel* – in Anlehnung an Gal 1,11) in den Bereich der Irrlehre abdrängen.[236] Schlagworte wie Antinomismus bzw. Semi-Pelagianismus, Arminianismus[237], billige Gnade, spekulativ-apokalyptische Eschatologie oder die Lehre von mehreren Heilswegen machen die Runde. All das wird den Anhängern des Dispensationalismus unterstellt.[238]

---

[236] Vgl. u.a. John H. Gerstner: *Wrongly Dividing the Word of Truth: A Critique of Dispensationalism,* 2. Aufl., Morgan (PA): Soli Deo Gloria 2000, S. 301 und 302. Eine nützliche und sachgerechte Erwiderung Gerstners schon früher vorgebrachte Kritik siehe beispielsweise bei David L. Turner: *„‚Dubious Evangelicalism'? A Response to John Gerstner's Critique of Dispensationalism",* in: *GTJ* 12 (1991), 263-277.

[237] Im Deutschsprachigen sind die Arminianer eher unter „Remonstranten" bekannt; vgl. W.-D. Hauschild: *Lehrbuch der Kirchen- und Dogmengeschichte*, Bd. 2 (2001), S. 218-219.

[238] Vgl. K. A. Mathison: *Dispensationalism. Rightly Dividing the People of God?* Phillipsburg 1995; R. M. Henzel: *Darby, Dualism and the Decline of Dispensationalism. Reassessing the Nineteenth-Century Roots of a Twentieth-Century Prophetic Movement for the Twenty-First Century*, Tucson 2003 u.a.

Eine sachgerechte Erwiderung auf solche Vorwürfe, Vor- und Fehlurteile ist möglich.[239] Ein brüderliches Ringen um Wahrheit bei gegenseitigem Respekt wäre jedoch viel besser.

Die Lehre von unterschiedlichen Zeitaltern in einer bestimmbaren Anzahl sehen wir als biblisch begründet an. Gern möchten wir eine klare Aufteilung solcher Zeitalter vorliegen haben. Ja, in unserer Zeit gilt schon fast: Was nicht durch eine Nummer oder eine Gliederung exakt zu fassen ist, wird bereits kritisch beäugt. Anders bei Gott. Ihn können wir nicht in den Griff bekommen und auch seinen Heilsplan können wir nicht wirklich überzeugend wie einen U-Bahnfahrplan mit einem System von Einteilungen in die Tasche stecken.

Gegen die Einteilung der Heilsgeschichte Gottes in Zeitalter haben wir prinzipiell nichts einzuwenden, auch nichts gegen Chronologien und Schemata, da diese biblisch abzuleiten sind. Die Möglichkeiten eines gesamtbiblischen, heilsgeschichtlichen Panoramas wurde oben vorgestellt. Die Erfahrung zeigt jedoch, dass dort, wo in der Vergangenheit eine Periodisierung der Bibel nach Zeitaltertabellen statisch durchgezogen wurde, oftmals die Einteilung in Zeitalter wichtiger genommen wurde als die Aussagen der Heiligen Schrift selbst. Klaus Schmidt kritisiert daher zu Recht: „Wichtiger als das ‚absolute System‘ zu haben und wichtiger als die Einordnung jedes Ereignisses in die ‚100% genaue heilsgeschichtliche Kategorie‘ ist es, ernst zu nehmen, dass Gott unterschiedlich in der Geschichte gehandelt hat.“[240]

---

239 Vgl. z.B. C.C. Ryrie: *Dispensationalism* (1995) oder B. Schwarz: *Leben im Sieg Christi* (2008), Vierter Teil: Würdigung und systematisch-theologischer Ertrag.

240 Klaus Schmidt: *Heilsgeschichte und Schriftauslegung*, Wiedenest 2000, S. 17.

Kapitel 5

Bibellesen ohne Willkür:

Wie man die Bibel so verstehen kann, wie Gott sie gemeint hat

Möglicherweise wirkt die Überschrift zu diesem abschließenden Kapitel etwas provokant. Ganz sicher soll damit nicht der Anspruch erhoben werden, die Bibel perfekt zu verstehen. Die vollkommene Bibelauslegung gibt es nicht. Unser Erkennen ist und bleibt Stückwerk (1Kor 13,9). Aber unser Anspruch muss es sein, die Bibel nicht willkürlich zu lesen, sondern sie so zu verstehen wie Gott sie gemeint hat. Allein schon dieses Ziel zu haben, bedeutet in unserer postmodernen Zeit aber bereits, gegen den Strom zu schwimmen! Deshalb sind folgende kurze Hinweise zum Auslegungsziel angebracht:

1. Klarheit über das Auslegungsziel gewinnen

Zu biblischer Zeit haben die Propheten von Gott her Klartext gesprochen: „Es ist dir gesagt, Mensch, was gut ist und was der Herr von dir fordert…!“ (Mi 6,8).

Der moderne Mensch hat das auf seine Weise hinterfragt und relativiert: „Da wollen wir doch erst einmal sehen, wer da was gesagt haben soll, ob er das wirklich gesagt hat, ob es gut ist und ob wir uns das als Forderung gefallen lassen!“

Der postmoderne Mensch sagt: „Das ist ja nett, dass da einer etwas sagt und dass er meint, es sei für den Rest der Menschheit auch noch gut. Aber das ist erstmal seine Meinung – erst recht, wenn er meint, dass das Gottes Forderung sei! Vielleicht bin ich da ja ganz anderer Meinung! Immerhin, wir können uns gegenseitig ja erst mal stehen lassen mit unseren Meinungen. Und dann können wir miteinander ins Gespräch kommen und schauen, was dabei herauskommt …". Der (post-) moderne Mensch ist emanzipiert. Er lässt sich nicht einfach etwas gesagt sein, auch nicht von einem Autor. Das geht – bildlich gesprochen – so weit, dass man einen Autor nur noch bedingt ausreden lässt: Der postmoderne Leser fällt ihm immer schon ins Wort und redet sein Wort dazwischen. Konkret heißt das: Wenn der postmoderne Mensch ein Schriftstück liest, bringt er gegenüber dem Autor nicht die Achtung und Geduld auf, zunächst einmal so genau zuzuhören oder so genau nachzufragen, dass er am Ende so exakt wie nur möglich verstanden hat, was dieser sagen wollte (und sich dann anschließend seine Meinung dazu zu bilden und diese zu vertreten). Vielmehr postuliert der postmoderne Mensch, dass es gar nicht möglich sei, den ursprünglichen oder eigentlichen Sinn dessen zu erkennen, was jemand sagt oder schreibt. Und weil das nicht möglich sei, lohne es sich auch gar nicht, beim Auslegen oder Interpretieren strikt danach zu fragen, wie das Geschriebene denn vom Autor gemeint sei.

Schon vor 120 Jahren säte der Philosoph Friedrich Nietzsche den Gedanken, dass jede Interpretation vom Willen zur Macht geleitet sei.[241] Es sei die größte Fabelei, dass es das Ding an sich oder auch den Sinn an sich gebe, den man nur noch erkennen müsse. Im Erkennen, im Rekonstruieren werde das Ding bzw. der Sinn immer erst neu geschaffen. Der Interpret bemächtige sich in seinem Umgang mit den Worten eines anderen des Sinns. – Der bekannte Philosoph des 20. Jahrhunderts, Hans-Georg Gadamer, hat das Verstehen von Texten als ein „Gespräch" zwischen Autor und Interpret verstanden, bei dem es zu einer Verschmelzung der Horizonte von beiden komme.[242] In die Wiedererweckung des Textsinns beim Lesen flössen die eigenen Gedanken des Auslegers immer schon ein – und das sei gut so: Auf diese Weise käme es zu einer schöpferischen Aneignung der Texte.

Das heißt in der Konsequenz aber auch, dass der Autor nie wirklich sein eigenes Wort sagen darf, sondern jeder Leser eignet sich das Gesagte

---

[241] Vgl. dazu H. Hempelmann, „‚Der Wille zur Macht interpretiert': Grundsätze postmoderner, nachmetaphysischer Hermeneutik nach Friedrich Nietzsche", in: H. Stadelmann (Hg.), *Den Sinn biblischer Texte verstehen: Eine Auseinandersetzung mit neuzeitlichen hermeneutischen Ansätzen*, Gießen: TVG Brunnen, 2006, S. 213-233. Tiefster Hintergrund der Überlegungen Nietzsches ist, dass er nicht an vorgegebene Wahrheit und damit auch nicht an vorgegebenen Sinn glaubt, weil er nicht an einen Gott glaubt, der Sinn setzt. Erst recht wehrt sich Nietzsche entsprechend dagegen, dass sich der Einzelne durch andere Menschen Sinn vorgeben lässt.

[242] H. G. Gadamer, *Wahrheit und Methode: Grundzüge einer philosophischen Hermeneutik*, Tübingen: Mohr / Siebeck, 1986, S. 383-392.

subjektiv und ganz unterschiedlich an. Am Ende hat jeder seinen „Sinn", sein „Verständnis" – und man lässt diese sehr persönlichen Verständnisse friedlich nebeneinander stehen. – Längst ist dieser Umgang auch in der postmodernen Literaturwissenschaft Mode geworden. Lesen wird dann zu einer Art Picknick, zu dem der Autor die Wörter und der Leser den Sinn mitbringt.[243]

Der Yale-Professor E. D. Hirsch kritisiert diesen Ansatz, der den Autor entmündigt. Der Fehler liege darin, dass nicht genügend zwischen dem „Sinn" eines Textes und seiner „Bedeutung" für unterschiedliche Leser und Situation unterschieden werde.[244] Der „Sinn" des Textes ist immer das, was der Autor mit dem von ihm gewählten Wortlaut ausdrücken wollte. Für unterschiedliche Leser, die sich mit dem Text auseinandersetzen, mag dieser dann aber sehr unterschiedliche „Bedeutung" haben – bis hin zur Ablehnung dessen, was der Text inhaltlich sagt.

Auch in der Theologie gibt es längst so genannte „leserorientierte" Ansätze bei der Auslegung von Bibeltexten: Texte seien unabhängig von ihren Autoren und deren Aussageabsicht zu sehen; der Leser schaffe in der Begegnung mit dem Text den Sinn.[245] Insgesamt liegt allen diesen Ansätzen die Vorstellung vom mündigen, emanzipierten Leser zu Grunde, der sich Sinn nicht vorgeben lässt, sondern in Auseinandersetzung mit dem Text Sinn schafft bzw. über den Sinn entscheidet. Dass man – gerade wenn es um menschliche Texte geht – auch durchaus als mündiger Mensch gelten kann, wenn man dem Autor die Ehre gibt, „Verstehen" als das Entdecken der von ihm beabsichtigten Sinnaussage zu begreifen, um dann anschließend dazu in aller Freiheit Stellung zu nehmen, sei hier nur kurz erwähnt.

Die Heilige Schrift jedenfalls setzt im Blick auf den Umgang mit ihren Aussagen nicht den beliebig Sinn schaffenden Leser voraus, und damit auch nicht ein emanzipatorisches Verstehensmodell. Hier gilt eben das „Es ist Dir gesagt, Mensch, was gut ist und was der Herr von Dir fordert ...!" (Mi 6,8). Hier klingt das unendliche qualitative Gefälle an zwischen dem, was „der Herr" sagt und was der „Mensch" sich gesagt sein lassen soll. Letztlich, weil die Bibel als von Gott inspiriert verstanden wird (2Tim 3,16), gilt es ihren

---

[243] So ein Zitat des Literaturwissenschaftlers Northrop Frye, mit dem sich E. D. Hirsch, *Prinzipien der Interpretation* UTB-Taschenbücher 104, München: W. Fink, 1972, S. 15, auseinandersetzt.

[244] *Ebd.*, S. 22f.

[245] Eine Auseinandersetzung mit diesem Ansatz findet sich bei R. Gebauer, „Der ‚sensus literalis' neutestamentlicher Texte angesichts der Herausforderung leserorientierter Ansätze in der Exegese", in: H. Stadelmann (Hg.), *Den Sinn biblischer Texte verstehen*, Gießen 2007, S. 107-127.

Inhalt festzuhalten und unverändert zu verkündigen (2Tim 3,14; 4,2f). Diesem Wort Gottes soll nichts hinzugefügt und nichts davon weggelassen werden (5Mo 4,1-2; Offb 22,18f); es soll so, wie Gott es gemeint hat, festgehalten und weitergegeben werden (5Mo 6,1-6; 2Tim 2,2). Wer die Schrift verändert bzw. verwässert, zieht sich Gottes Gericht zu (vgl. 2Kor 2,17; 2Petr 3,16). Biblischen Autoren wie Paulus ging es darum, dass die Empfänger ihrer Briefe diese so verstanden, wie sie bei der Abfassung gemeint waren.

Das Auslegungsziel muss es deshalb sein, biblische Schriften jeweils so zu verstehen, wie sie ursprünglich gemeint waren. Und wenn der jeweilige Wortlaut der Heilige Schrift in der Tat auf das Wirken des Heiligen Geistes durch die biblischen Autoren zurückgeht, kann man auch sagen: **Auslegungsziel ist es, die jeweiligen biblischen Aussagen so zu verstehen, wie Gott sie gemeint hat – dabei aber unbedingt festzuhalten: Was Gott meint, weiß ich nur, wenn ich zutreffend erkenne, was der jeweilige biblische Autor meint**! Genau das war typisch für das Schriftverständnis der Reformatoren bzw. Martin Luthers: Die Schrift ist „Schrift Gottes", d.h. sie ist zunächst einmal „Schrift", menschliche, in ihrer Grammatik verstehbare, in ihrem Sinn erschließbare Schrift mit einem klaren Sinn; und sie ist als solche „Gottes" Schrift, ist damit wahr und autoritativ und unantastbar.[246] **Will also der Ausleger Gottes Sinn erkennen, muss er sich mit allem Eifer und aller Genauigkeit dem Literalsinn der Schrift, der jeweils vom Autor beabsichtigten Wortbedeutung zuwenden**. Heilsgeschichtliche Schriftauslegung weiß sich diesem Auslegungsziel verpflichtet. Sie will nicht nur im allgemeinen Sinn schriftgemäß sein, sondern zugleich konkret textgemäß.[247]

2. Keine Umdeutungen vornehmen

Bevor wir uns nun damit beschäftigen, wie heilsgeschichtliches Denken bei der Anwendung der Bibel hilft, müssen wir uns kurz einem besonderen Problem zuwenden.

---

[246] Vgl. dazu Armin Buchholz, *Schrift Gottes im Lehrstreit: Luthers Schriftverständnis und Schriftauslegung in seinen drei großen Lehrstreitigkeiten der Jahre 1521-1528*, 2. Aufl., Gießen: TVG Brunnen, 2008, S. 67ff.

[247] Wie im Einzelnen eine zugleich schriftgemäße und textgemäße Bibelauslegung aussehen könnte, die dem Literalsinn der Heiligen Schrift verpflichtet ist, kann hier nicht entfaltet werden. Gerne weisen wir dazu jeden Leser auf das folgende Buch hin: H. Stadelmann/Th. Richter, *Bibelauslegung praktisch: In zehn Schritten den Text verstehen*, 2. Aufl., Wuppertal: R. Brockhaus, 2007, 191 Seiten.

Manche evangelikalen Christen meinen, ganz besonders bibeltreu vorzugehen, wenn sie sich als Muster für ihre Bibelauslegung die Art und Weise vornehmen, wie irgendein alttestamentlicher Text im Neuen Testament verwendet oder angewendet wird – ganz so, als wollten die entsprechenden neutestamentlichen Stellen eine Methode der Bibelauslegung lehren. Je nach Stelle wurde dann schon gefolgert, dass es uns das Neue Testament vormache, Bibelstellen allegorisch (vergeistigend) auszulegen oder typologisch oder ganz wörtlich oder sehr frei, usw.

Manche greifen dann ein Beispiel heraus und bauen darauf eine ganze Theologie – etwa dass im Alten Testament Israel als „heiliges Volk" und „königliches Priestertum" bezeichnet werde, im Neuen Testament aber mit den gleichen Worten die Gemeinde – und dass daraus zu schließen sei, dass die ursprünglichen Zusagen an Israel, Gottes Volk zu sein, umgedeutet werden könnten und müssten und nun eben nicht mehr für Israel, sondern nur noch für die Kirche gelten würden. Oder dass der „Neue Bund" bei Jeremia zwar für die Zukunft eindeutig Israel verheißen werde, dann im Neuen Testament auf die Gemeinde bezogen werde – und deshalb zu schließen sei, dass die ursprüngliche Verheißung nicht mehr gelte, sondern umzudeuten sei und nun eben nur noch die Kirche (inklusive einzelner messianischer Juden) Verheißungsempfänger des Neuen Bundes sei, nicht aber mehr Israel als Volk.[248] Daraus wird dann gelegentlich gefolgert, dass durch den Fortgang der Heilsgeschichte alle biblischen Aussagen bzw. Zusagen grundlegend veränderlich seien und damit ihr Literalsinn uminterpretierbar sei.

---

[248] Ein weiteres Beispiel: E. Schnabel, „Die Gemeinde des Neuen Bundes in Kontinuität und Diskontinuität zur Gemeinde des Alten Bundes", in: G. Maier (Hg.), *Israel in Geschichte und Gegenwart*, Wuppertal: TVG R.Brockhaus, 1996, schließt aus der neutestamentlich bezeugten Erfüllung der alttestamentlichen Heilsverheißungen durch Jesus, „dass Jesus und die Apostel die alttestamentlichen Prophezeiungen ‚geistlich' interpretierten. Das heißt, viele ursprünglich ‚buchstäblich' real verstandene Verheißungen werden im Sinne einer ‚geistlich' realen Erfüllung interpretiert" (S. 179f). Und er folgert: „... Jesus erwartet anscheinend keine irdisch-buchstäbliche Erfüllung nationaler Verheißungen für Israel, sondern neben dem Weitergang der Geschichte und dem Gericht über Jerusalem die Verkündigung des Evangeliums von der Königsherrschaft Gottes unter allen Nationen ..., auf die ‚das Ende' folgt ..." (S. 184f; vgl. auch S. 206-207). Sein 66 Seiten langer, substantieller Aufsatz enthält viele exegetische Einzeleinsichten, die man durchaus teilen kann, ohne seine heilsgeschichtlichen Folgerungen zu teilen; er trifft aber auch viele exegetische Einzelentscheidungen in die immer gleiche Richtung, die man mit guten Argumenten in der Abwägung der Evidenzen anders treffen könnte – wobei im gegebenen Zusammenhang eine Fachdiskussion der Einzelargumente nicht möglich ist. Hingewiesen sei nur darauf, dass der Neutestamentler J. Thiessen, *Israel und die Gemeinde: Die Frage nach der Wiederherstellung Israels – eine hermeneutische und exegetische Herausforderung*, Hammerbrücke: Jota, 2007, zu ganz anderen Ergebnissen kommt.

Doch wer sagt denn, dass das Neue Testament uns durch seinen Umgang mit vielen alttestamentlichen Stellen eine Auslegungsmethode lehren will, die wir nur zu kopieren brauchten? Stimmt es denn, dass das Muster für Textauslegung heute aus dem Gebrauch des Alten Testaments im Neuen abzuleiten ist? Könnte es sein, dass diese Idee genau so wenig schlau ist, wie wenn Christen bis vor dreihundert Jahren aus der Bibel ableiteten, man dürfe nur die Berufe ergreifen, die die Bibel ausdrücklich nennt (oder wenn manche Evangelikale heute noch vertreten, nur die Krankheiten könne es geben, die in der Bibel erwähnt seien; da psychische Krankheiten aber in der Bibel nicht thematisiert würden, seien sie auch nicht existent).

Tatsächlich ist die Art und Weise, wie alttestamentliche Stellen in den verschiedenen neutestamentlichen Schriften aufgegriffen werden, viel zu unterschiedlich, als dass davon eine Methode zur Nachahmung abgeleitet werden könnte! Teils wird zitiert, teils finden sich lediglich Anklänge; teils bezieht man sich auf den hebräischen Text, teils auf die griech. Übersetzung des Alten Testaments, auf jüdisch-aramäische Übertragungen (Targume) oder auf freie Wiedergaben aus dem Gedächtnis; teils wird eine Stelle ihrem alttestamentlichen Zusammenhang entsprechend aufgegriffen, teils auf bestimmte frühjüdische Auslegungen alttestamentlicher Stellen angespielt; teils wird wörtlich, teils typologisch, teils allegorisch ausgelegt; teils wollen die Anklänge an alttestamentliche Formulierungen aber auch gar keine Auslegung des alttestamentlichen Sachverhalts sein, sondern lediglich im Anklang an den vertrauten Wortlaut den neuen (neutestamentlichen) Sachverhalt verdeutlichen; usw.[249]

Zudem bleibt zu berücksichtigen, dass die neutestamentlichen Autoren mit ihren Schriften neue Offenbarung von Gott her bringen, gleich ob sie zu ihrem jeweiligen von Gottes Geist gewollten Ergebnis durch ganz eigene Formulierungen, durch Auslegungen oder durch bestimmte Anwendungen alttestamentlicher Worte bzw. durch Übernahme vertrauter frühjüdischer Argumentationen kommen. Der moderne Ausleger, der ihre Methoden übernehmen wollte, ohne ihre Inspiration zu haben, hat jedoch keine Verheißung, dass seine Ergebnisse das widerspiegeln würden, was Gott meint und sagen will.

---

[249] Eine Reihe dieser Möglichkeiten klingen schon an in dem Vorwort der Herausgeber zu dem monumentalen Werk von G. K. Beale/D. A. Carson (Hg.), *Commentary on the New Testament Use of the Old Testament*, Grand Rapids/Nottingham: Baker/Apollos, 2007, S. XXIII-XXVIII. – Das Werk hat einen Umfang von 1239 Seiten. Seine Autoren sind für durchaus unterschiedliche heilsgeschichtliche Sichten bekannt.

Wer schriftgemäß und zugleich textgemäß auslegen will, wird gut beraten sein, alt- und neutestamentliche Texte jeweils so zu interpretieren, wie es ihrem Wortlaut im gegebenen Zusammenhang entspricht – und dann zu sehen, was andere Stellen in der weiteren Offenbarungsgeschichte zu gleichen oder ähnlichen Gegenständen zusätzlich zu sagen haben. Jesus jedenfalls warnt davor, alttestamentliche Aussagen so umzudeuten, dass sie dadurch „aufgelöst" werden. Er betont ihre Geltung, so wie Gott sie gegeben und gemeint hat, bis aufs i-Tüpfelchen (Mt 5,17-19). Und im selben Zusammenhang geht er dann einen Schritt weiter und stellt – als der verheißene „Prophet wie Mose" (5Mo 18,15; 34,10) – dem, was „den Alten gesagt" ist, die neue Torah des messianischen Zeitalters an die Seite: „Ich aber sage euch …!" (Mt 5,21ff).

Das ist für eine heilsgeschichtliche Schriftauslegung von Bedeutung. Die Aussagen, Verheißungen und Bundeszusagen des Alten Testaments gelten so, wie Gott sie gegeben hat und wie sie vor dem Hintergrund der bis dahin erfolgten Offenbarung verstanden werden mussten. Für einen neuen Abschnitt in der Heilsgeschichte kann Gott dann neue Offenbarung geben. Neue Offenbarung ergänzt frühere Offenbarung, aber sie verändert nicht deren Sinn. Gott ist ein verlässlicher Partner für die Empfänger seiner Offenbarung. Er führt sie nicht in die Irre. Er lässt sie nicht durch den Wortlaut und Zusammenhang dessen, was er sagt, etwas ganz Bestimmtes verstehen – was sich dann im Licht späterer Offenbarung als gar nicht zutreffend herausstellt, und sich die göttliche Zusage inhaltlich verändert. Heilsgeschichtliche Auslegung bleibt **konsequent textgemäß**, verliert in der Zuordnung der einzelnen biblischen Aussagen und in der Anwendung der jeweiligen Auslegung aber nie das Ganze der Offenbarung Gottes aus den Augen. Sie bleibt damit **konsequent schriftgemäß**, sieht das ganze Bild der heilsgeschichtlichen Offenbarung Gottes wie ein großes Puzzle, lässt aber jedes Puzzleelement die Konturen behalten, die seiner ursprünglichen Prägung entsprechen.

3. Den eigenen heilsgeschichtlichen Standort vergegenwärtigen

Gleich an welcher Stelle man die Bibel liest oder auslegt, ist zunächst wichtig zu wissen, aus welcher Perspektive man dies tut. Diese Perspektive kann nicht willkürlich gewählt werden. Man kann sie nicht täglich ändern. Sie ist uns von Gott vorgegeben, muss uns aber immer bewusst sein. Wer heute die Bibel liest, tut es als einer, der in der Zeit zwischen dem ersten und zweiten Kommen von Jesus lebt. Er mag sich gedanklich in andere Zeiten versetzen („Wie sähe das Ganze aus, wenn ich zur Zeit von König David leben würde?"). Tatsache aber bleibt, dass er heute lebt – und dass heute, von Gott her gesehen,

- die Zeit der Gemeinde Jesu Christi ist;
- diese Gemeinde nicht mehr unter dem Gesetzesbund vom Sinai, sondern im Neuen Bund und unter seinen Ordnungen lebt;
- diese Gemeinde in der Spannung zwischen jetzt schon geschenkter Heilswirklichkeit, aber noch nicht gegebener Vollendung lebt, weil mit Jesus die Gottesherrschaft der künftigen Welt zwar schon in dieser Welt angebrochen, aber noch nicht vollendet ist;
- andererseits weder das Kommen Jesu in Macht und Herrlichkeit schon hinter uns liegt, noch die endzeitlichen Verheißungen des messianischen Friedensreiches und der Neuschöpfung des Universums jetzt schon erfüllt sind.

Damit ist auch klar: **Die Verheißungen und Ordnungen, die Gott für die christliche Gemeinde gegeben hat, gelten für mich** als Bibelleser heute. Wenn ich noch kein Christ bin, bin ich von Gott zur Umkehr und zum Glauben gerufen, um durch Vergebung meiner Sünden ein begnadigter Mensch und ein Teil des neuen Gottesvolkes, der Gemeinde, zu werden. Bin ich Christ, bin ich gerufen, als Christ die Bibel zu lesen, alles was geschrieben steht zu glauben und zusammen mit meinen Mitchristen so zu leben, wie Gott es von Gliedern seiner Gemeinde erwartet.

Es ist, wie wenn ich bei meinem Auto das Navigationsgerät einschalte: Zuerst ortet das Gerät mit großer Genauigkeit, wo ich mich mit meinem Auto gerade befinde. Dann kann ich die nahe oder ferne Zieladresse eingeben. Und dann zeigt das Navigationsgerät im Einzelnen, wie die Strecke zwischen A und B jeweils aussieht. Versuchen wir also im Folgenden genau zu navigieren, wenn es um biblische Aussagen geht, die ganz unterschiedlichen Stellen in der Heilsgeschichte zugehören.

4. Den heilsgeschichtlichen Standort des auszulegenden Textes wahrnehmen und den Text seinem Literalsinn nach auslegen

Gleich welche Bibelstelle des Alten oder Neuen Testaments ich lese und auszulegen habe, muss ich nun überlegen, wo dieses Bibelwort heilsgeschichtlich hingehört. Dazu ist auch nützlich zu fragen, wann und an wen es geschrieben worden ist – viel wichtiger noch aber ist zu fragen, worauf es sich bezieht. Eine Bibelstelle kann z.B. zu neutestamentlicher Zeit an eine bestimmte Gemeinde geschrieben worden sein, sich aber auf die zukünftige Vollendung beziehen (etwa 1Kor 15,28). Die Abfassungszeit und die ursprünglichen Adressaten, über die ich in jedem Bibellexikon Auskunft finden kann, verdeutlichen mir, vor welchem Hintergrund der Text zu verstehen ist und was bis zu diesem Zeitpunkt an Offenbarung Gottes als bekannt vorausgesetzt werden kann. Das, worauf der Text sich inhaltlich bezieht, sagt dann etwas über diese Zeit und ihre Umstände aus. Manche Texte beziehen sich auf die Zeit vor dem Sündenfall, andere auf die Zeit der Patriarchen Israels, wieder andere sprechen Israel als Adressat des Gesetzes Gottes an; und andere haben mit der Zukunft zu tun, die noch auf ihre Erfüllung warten. Die Aufgabe ist dann immer die, dass ich den jeweiligen Text so, wie er (zu einer bestimmten Zeit für bestimmte Adressaten) gegeben ist, in seiner ursprünglichen Aussageabsicht verstehe. Dazu gilt es viele Dinge zu beachten: die ursprüngliche Kommunikationssituation (wer schreibt hier wo bzw. wann an wen und warum?); den Zusammenhang der Textstelle (unmittelbarer Kontext, Buchkontext, gesamtbiblischer Zusammenhang); die Gattung und Literaturformen des Textes; die Bedeutung der einzelnen Wörter im Text; den Gedankengang des Textes.[250] Habe ich all dies sorgfältig erarbeitet, weiß ich, was dieser Text an seiner Stelle sagen will.

Wie oben gesagt, **lege ich den Text als jemand aus, der weiß: Ich Ausleger lese den Text als jemand, der zur Gemeinde Jesu Christi gehört** (oder zumindest in die Zeit gehört, in der – nach biblischem Selbstverständnis – von Gott her die christliche Gemeinde gebaut wird).

Vielleicht zeigt mir meine Auslegung, dass mein Bibeltext unmittelbar in diesen Zusammenhang hineinspricht, also sich direkt auf Christen bzw. die christliche Gemeinde bezieht. Es könnte aber auch sein, dass ich sehe, dass der Text in eine andere heilsgeschichtliche Situation hinein spricht: sich auf die Patriarchen Abraham, Isaak und Jakob (vor der Zeit der Gesetzgebung am Sinai) bezieht – oder auf Israel in der Zeit der davidischen Monarchie; oder auf eine (von der Abfassungszeit aus gesehen) künftige weltweite Zerstreuung Israels; oder auf eine künftige Heilswirklichkeit, wie sie auf dieser Erde noch nie dagewesen ist; usw. Als Ausleger

[250] Dazu sei nochmals auf das Buch verwiesen: H. Stadelmann/Th. Richter, *Bibelauslegung praktisch: In zehn Schritten den Text verstehen*, 2. Aufl., Wuppertal 2007. Wie beim Autofahren-Lernen zeigt es Schritt für Schritt, wie man die einzelnen Elemente der Bibelauslegung lernen und darin Sicherheit gewinnen kann.

muss ich dann in der Lage sein, den Bibeltext in seinem Anderssein, in seiner Fremdheit wahrzunehmen und stehen zu lassen – und ihn eben nicht gleich zu „christianisieren". Also ihn nicht so lange zu interpretieren, zu vergeistigen, auf allgemeine Wahrheiten zu reduzieren und anzupassen, bis er nahtlos in mein vertrautes Gemeinde- oder Kirchenbiotop passt.

Man muss nüchtern feststellen können: Das Paradies findet nicht heute statt; die alttestamentlichen Gesetze sind nicht einfach Gemeindeordnungen; David war kein Christ; die bei Jesaja verheißene Umwandlung von Schwertern zu Pflugscharen wird nicht schon durch die UNO realisiert; die von Hesekiel verheißene Wiedervereinigung der zerstreuten zwölf Stämme Israels hat weder am Pfingsttag noch am ersten ökumenischen Kirchentag stattgefunden; und die Zeit, in der keine Krankheit, kein Schmerz und keine Tränen sein werden, ist nicht schon deshalb da, weil irgend ein Heilungsevangelist aus Afrika oder Südamerika die Stadthalle gemietet hat und jedem Gesundheit verspricht. **Ertragen wir es doch, dass nicht einfach alle biblischen Texte, Verheißungen oder Ordnungen auf die christliche Gemeinde heute gemünzt sind! Und nehmen wir ganz nüchtern eine heilsgeschichtliche Standortbestimmung des (nach seinem Literalsinn) ausgelegten Bibeltextes vor, der uns aufgetragen ist**.

Auch die – natürlich wahre und wichtige – Aussage Jesu, dass man in der Heiligen Schrift (Alten Testaments) forschen solle, denn „sie ist es, die von mir zeugt" (Joh 5,39), heißt ja nicht, dass jeder alttestamentliche Vers von Jesus spricht oder dass stereotyp alle alttestamentlichen Personen, Ordnungen oder Ereignisse zu typologischen Wegweisern auf Jesus hin umfunktioniert werden müssten! Sondern diese Aussage bedeutet, dass an vielen Stellen der Torah sowie der prophetischen und poetischen Schriften des Alten Testaments Hinweise oder gar ausdrückliche Verheißungen enthalten sind, die sich auf den kommenden Messias (und damit eben: auf Jesus) beziehen. Und wenn Gott irgendwelche Ordnungen der Torah (etwa das alttestamentliche Opferwesen und Priestertum) oder irgendwelche in bestimmter Weise geschilderte Gestalten des Alten Testaments als Sinnbilder bzw. Vorschattungen der später in Jesus in Erscheinung tretenden Wirklichkeit gedacht hat, hat er das im Neuen Testament dann schon ausdrücklich erklärt (vgl. Kol 2,16f; Hebr 8,5; 9,7ff), so dass christliche Ausleger nicht in alle möglichen alttestamentlichen Sachverhalte willkürlich irgendwelche Typologien hineinlesen müssen. Der auferstandene Christus hat seinen Aposteln jedenfalls ausdrücklich erklärt, inwiefern das Alte Testament auf das Leiden und die Auferstehung des Messias hinweist und somit die Heilsgeschichte auf ihn zuläuft (Lk 24,44ff). Das alles aber will nicht heißen, dass nun in jeden alttestamentlichen Vers ein unmittelbarer Christusbezug hineingelesen werden müsste. Und es heißt auch nicht, dass alle Texte des Alten Testaments willkürlich christianisiert werden dürften. Auslegen dessen, was in den Texten tatsächlich steht (Exegese), und Hineinlesen von irgendeinem mitgebrachten Sinn in Texte, die diesen ursprünglich gar nicht enthalten (Eisegese), ist und bleibt zweierlei!

Damit sind schon zwei für heilsgeschichtliche Auslegung wichtige Fragen beantwortet:

1. Wo stehe ich als heutiger Ausleger im Zusammenhang der Heilsgeschichte? Antwort: In der Zeit der christlichen Gemeinde – zwischen dem ersten und zweiten Kommen von Jesus.
2. Auf welche Zeit in der gesamten Heilsgeschichte bezieht sich mein Text seinem Wortlaut nach unmittelbar? Antwort: Das muss die jeweilige Auslegung zeigen. Nochmals: Es kann nicht die Aufgabe exakter Auslegung sein, jeden Text unter der Hand zu „christianisieren“! Dem Bibeltext ist die Ehre anzutun, ihn sagen zu lassen, was er sagen will.

5. Realisieren, dass die ganze Heilige Schrift für mich nützliches, relevantes und zu glaubendes Gotteswort ist

Als heilsgeschichtlich denkender Mensch, der heute zur christlichen Gemeinde gehört, habe ich unterscheiden gelernt, dass manche biblischen Texte unmittelbar in die Situation der Gemeinde hineinsprechen, während andere sich auf andere Zeiten oder Adressaten beziehen. **Das heißt nun aber nicht, dass diese anderen Texte für mich nicht von Bedeutung wären**!

Die Bibel sagt zu Christen ganz klar und sogar direkt auf die alttestamentlichen Schriften bezogen: „Alle Schrift ist von Gott eingegeben und (deshalb) nützlich zur Lehre, zur Überführung, zur Zurechtweisung, zur Unterweisung in der Gerechtigkeit …“ (2Tim 3,16). Also nicht nur die neutestamentlichen Schriften oder gar nur die paulinischen Gemeindebriefe sind „nützlich“ für Christen, sondern die ganze Schrift, unter betontem Einschluss des Alten Testaments!

Wenn Paulus an die Wüstenwanderung Israels nach dem Auszug an Ägypten denkt, sind für ihn das nicht Geschichten von gestern, die damals ihre Bedeutung hatten, aber für Christen heute nicht relevant sind. Vielmehr sagt er: „Das ist uns zum Vorbild [wörtlich: zum ‚Typos', d.h. als ‚Prägestock'] gegeben!" (1Kor 10,6). Von den alttestamentlichen Geschichten sollen also auch Christen etwas lernen, was ihr geistliches Leben prägt – wie ein Prägestock ein Stück Metall zu einer Münze formt. Und überhaupt bezeugt der Apostel: „Ich glaube allem, was im Gesetz und den Propheten geschrieben steht!" (Apg 24,14b). Die Heiligen Schriften der Vergangenheit haben für ihn jetzt, wo er Christ geworden ist, also nicht ihre Autorität verloren. Und auch Bibelaussagen, die sich auf die Zukunft beziehen, haben ihre Relevanz zugleich für das Verhalten heute. So soll das Wissen um die Vorgänge im Zusammenhang mit der Wiederkunft von Jesus den Christen heute Trost spenden (1Thes 4,18) und sie zu einem heiligen Leben motivieren (2Petr 3,11f.14). **Jeden Text der Bibel soll und kann ich als Christ also auf mich anwenden**, auch wenn er seine unmittelbare Bedeutung für vergangene oder künftige heilsgeschichtliche Kontexte hat.

Auf der einen Seite also soll ich unterschiedliche Bibeltexte bei der Auslegung unverbogen ihr Wort sagen lassen, soll sie nicht alle über einen (christlichen) Leisten schlagen, soll ihre jeweiligen heilsgeschichtlichen Bezüge unverstellt wahrnehmen und sie nicht (durch Vergeistigen, Umdeuten oder was auch immer) „christianisieren". Jeder Bibeltext hat also seinen ureigentlichen Sinn, seine Textbedeutung. Andererseits sind alle Bibeltexte aber Gottes Wort und gehen mich als solches etwas an! Jeder Bibeltext hat also auch seine Relevanz für mich, seine Bedeutsamkeit! Von daher müssen wir uns über Prinzipien für die Anwendung biblischer Aussagen Gedanken machen.

Gerade da hat heilsgeschichtliches Denken eine ganz wichtige Funktion. Heilsgeschichtliches Denken hilft, sowohl hinsichtlich der Textbedeutung, als auch hinsichtlich der anwendungsbezogenen Bedeutsamkeit, die Bibel so zu verstehen, wie Gott sie jeweils gemeint hat. Das führt uns dazu, nun heilsgeschichtliche Prinzipien für die Anwendung von Bibeltexten zu bedenken.

6. Die heilsgeschichtlich relevante Anwendung für die Gegenwart entdecken

Es kann nie um willkürliche Anwendung von Bibelaussagen gehen, sondern immer nur um eine dem offenbarten Willen Gottes entsprechende Anwendung der zuvor text- und schriftgemäß ausgelegten Bibeltexte.

Die ganze Bibel, haben wir gesagt, ist das wahre und autoritative Wort Gottes. Nichts, was in der Bibel steht, darf ich deshalb leichtfertig übergehen und beiseite schieben. Aber nicht alles, was die Bibel sagt, gilt für alle Menschen in gleicher Weise! Schon Martin Luther hat, als die ‚Schwärmer' seiner Zeit unter Hinweis auf alttestamentliche Ordnungen radikale Änderungen durchsetzen wollten, 1526 in seinem „*Sermon wie sich die Christen in Mosen sollen schicken*" zunächst zugespitzt formuliert:

> „Das Gesetz geht die Juden an, welches uns forthin nicht mehr bindet. Denn das Gesetz ist allein dem Volk Israel gegeben, und Israel hat es angenommen für sich und seine Nachkommen, und die Heiden sind hie ausgeschlossen [...]. Die Heiden sind dem Mose nicht schuldig, gehorsam zu sein; Mose ist der Juden Sachsenspiegel [...]. Man muss mit der Schrift säuberlich handeln und fahren. Das Wort ist in mancherlei Weise geschehen von Anfang. Man muss nicht allein ansehen, ob es Gottes Wort sei, ob es Gott geredet habe [was Luther klar bejaht; HSt], sondern viel mehr, zu wem es geredet sei, ob es dich treffe oder einen andern."[251]

Dann aber macht Luther deutlich, dass auch die Aussagen des alttestamentlichen Gesetzes Christen etwas zu sagen haben: weil etwa die 10 Gebote dem allen Menschen ins Herz geschriebenen ‚Naturrecht' entsprächen[252]; weil die anderen Gesetze und viele Geschichten darin als gute Beispiele für heute dienen könnten; weil sich in der Torah viele Verheißungen auf Christus und unsere Zeit fänden. Er deutet damit zumindest an, dass solche Teile der Heiligen Schrift, in denen Gott anderen Menschen zu anderen Zeiten andere Dinge sagte, als er sie in der neutestamentlichen Offenbarung der christlichen Gemeinde sagt, doch auch ihre Relevanz für Christen haben.

Eben diesen Punkt müssen wir jetzt aber noch präziser fassen; wir müssen fragen, nach welchen Prinzipien eine nicht willkürliche, konse-

---

[251] Martin Luther, „Sermon wie sich Christen in Mosen sollen schicken" [1526], in: *Dr. Martin Luthers Sämtliche Schriften*, hg. J. G. Walch, Bd. III: *Auslegung des Alten Testaments (Forts.)*, Nachdr. der 2. überarb. Aufl., Groß Oesingen: Harms, 1986, Sp. 9 und 12f.

[252] Den vielleicht doch eher problematischen Gedanken des Naturrechts, der aus Röm 2,14-16 abgeleitet wird, sollte man so besser nicht übernehmen; vgl. dazu H. Stadelmann, *Evangelikale Predigtlehre*, Wuppertal: R-Brockhaus, 2005, S. 79 Fn. 107: „Ich möchte hier nur schon anmerken, dass mir Luthers Kategorie des ‚Naturgesetzes' in Anwendung auf Heiden theologisch problematisch erscheint. Das ‚ins Herz geschriebene Gesetz' ist meines Erachtens kein heidnischer Allgemeinbesitz, sondern eine an Heidenchristen in Erfüllung gegangene Verheißung des Neuen Bundes (Röm 2,14ff; vgl. 2Kor 3,3ff; Jer 31,33; Hes 11,19; 36,26)."

quent am offenbarten Willen Gottes orientierte Anwendung biblischer Aussagen erfolgen kann. Folgende heilsgeschichtliche Prinzipien sollten unsere Anwendung bestimmen:

- **Ist ein Text unmittelbar für Christen geschrieben (wie z.B. ein Abschnitt im Epheserbrief), kann er inhaltlich direkt auf uns Christen heute angewendet werden**. Natürlich wird man darauf achten, dass eben das, was der Bibeltext sagt, verständlich, sinnvoll und der biblischen Aussageabsicht entsprechend in die verschiedenen heutigen (persönlichen und kulturellen) Zusammenhänge hinein übertragen wird. Man nennt das „Kontextualisieren", also biblische Aussagen in bestimmte Kontexte hinein übertragen.[253]
- **Ist ein Bibeltext in eine andere heilsgeschichtliche Epoche hinein gesprochen** – sei es nun, dass er sich unmittelbar auf die Zeit vor dem Sündenfall bezieht oder auf das alttestamentliche Volk Israel oder auf eine Zeit nach der Wiederkunft von Jesus, **wird nach dem Prinzip der indirekten Anwendung vorgegangen**. Das bedeutet konkret Folgendes: 1. Dieser Text wird zunächst unverfälscht in seiner klaren, ursprünglichen Aussageabsicht ausgelegt. 2. Dann wird gefragt, was das Neue Testament für die christliche Gemeinde zu eben der Sache offenbart, von der der Text spricht. 3. Zeigt sich, dass das Neue Testament zu dieser Sache genau dasselbe sagt – sich also in dieser Sache Kontinuität bzw. eine durchgehende Linie zeigt, lässt sich die betreffende Bibelaussage unschwer entsprechend anwenden. 4. Zeigt sich dagegen (wie etwa beim Beschneidungsgebot), dass das Neue Testament zu dieser Sache für Christen etwas anderes verfügt, wird der Ausleger zunächst erklären, was der Bibeltext in seinem ursprünglichen Zusammenhang sagt (und warum!), wird dann aber bei der Anwendung die Sache so auf die heutigen Hörer beziehen, wie es ausdrücklich Gottes offenbartem Willen für heute entspricht. – Wenn ein Text also seiner ursprünglichen Bedeutung nach nicht auf die christliche Gemeinde zielt, kann er immer nur unter Berücksichtigung neutestamentlicher Aussagen zur Sache – also ‚indirekt' – auf Christen übertragen werden. Die Textanwendung orientiert sich also immer an dem, was

---

[253] Wie das geht, ist sehr gut dargestellt in dem kleinen Büchlein von Paul G. Hiebert, *Kultur und Evangelium: Schritte einer kritischen Kontextualisierung*, Bad Liebenzell: Verlag der Liebenzeller Mission, 2005, 50 Seiten. „Kritisch" ist die Kontextualisierung insofern, als sie die Sachgemäßheit der Übertragung in heutige kulturelle Kontexte hinein immer kritisch am Maßstab der Bibel prüft.

von Gott her, nachweislich seines offenbarten Wortes, für hier und heute gilt!

Wie das aussehen kann, sollten wir uns nun abschließend an einigen Beispielen näher ansehen. Schon in Kapitel 1 war ja deutlich geworden, wie man mangels heilsgeschichtlicher Erkenntnis zu Fehldeutungen und Fehlanwendungen bezüglich der Bibel kommen kann. Beispiele können uns da helfen, Sicherheit zu gewinnen bei der schriftgemäßen, von Gott für unsere heilsgeschichtliche Zeit gewollten Anwendung biblischer Aussagen. **Denn was, wann und wie für wen gilt, legt – wenn es um Gottes Wort geht – nicht der Mensch fest, sondern Gott allein. Insofern ist heilsgeschichtlich durchdachte Bibelanwendung ein Akt gelebter Bibeltreue.**

7. Konkrete Anwendungsmöglichkeiten durchdenken

Es kann in diesem Abschnitt nur um einige Beispiele gehen, die helfen sollen, das heilsgeschichtliche Prinzip direkter und indirekter Anwendung zu verstehen:

Beispiel 1: Motive des Gehorsams

Nehmen wir an, in unserem Hauskreis ist der schöne Text aus 5Mo 10,12 an der Reihe: *„Und nun, Israel, was fordert der HERR, dein Gott, von dir als nur, den HERRN, deinen Gott,zu fürchten,auf allen seinen Wegen zu gehen und ihn zu lieben und dem HERRN, deinem Gott, zu dienen mit deinem ganzen Herzen und mit deiner ganzen Seele!“* Es ist ein alttestamentliches Wort, das sich sehr leicht auf Christen heute anwenden lässt.

Dieses Wort ist ausdrücklich dem Volk Israel gesagt, das in einzigartiger Weise als Bundesvolk Gottes erwählt wurde (vgl. V. 14f). Genannt werden nun die Motive für das Halten der alttestamentlichem Gebote (vgl. den Zusammenhang zwischen V. 12 und V. 13): nämlich die Ehrfurcht vor Gott; die Liebe; und die ungeteilte Dienstbereitschaft des Volkes Gottes.

Geht es um die Anwendung, muss zunächst (nach dem Prinzip der indirekten Anwendung) gefragt werden, was das Neue Testament zu dieser Thematik sagt. Allgemein ist schnell geklärt: Auch im NT gibt es Gebote – aber eben nicht das alttestamentliche Gesetz, sondern etwa die praktischen Anweisungen jeweils im ermahnenden Teil der neutestamentlichen Briefe. Vielleicht könnte der Hauskreis nun zuerst zusammentragen, was für konkrete Ermahnungen sich denn da im Neuen Testament für Christen finden! Konkret ginge es dann um die (indirekte) Anwendung dessen, was in 5Mo 10,12 gefordert wird; also um die Frage, ob eben die Punkte, die hier Israel gesagt sind, auch uns als Glieder des neutestamentlichen Gottesvolkes motivieren: Motiviert uns die Ehrfurcht vor Gott zum Gehosam? Dagegen spricht auch neutestamentlich nichts (vgl. Apg 10,35; 2Kor 5,11; 1Petr 2,17). Motiviert uns die Liebe? Auch im Neuen Testament ist die Liebe das zentrale Motiv unseres Handelns und Gehorsams (Mt 22,37; Joh 14,23; 1Jo 2,5; 3,18; 5,2f). Motiviert uns die Bereitschaft Gott zu dienen zu einem Verhalten, das Gott gefällt? Auch Dienstgesinnung ist ein neutestamentliches Motiv (Röm 7,6; 12,11; 2Kor 6,4f; Kol 3,24; 1Thes 1,9).

Es wird von daher klar: der Hauskreis kann das, was 5Mo 10,12 so eindrücklich zu den Motiven des Gehorsams sagt, unverändert auf sich beziehen. Denn die genannten Motive für den Gehorsam stehen auch Christen gut an.

Beispiel 2: Kleider, Vögel und Geländer

Ein paar Monate später ist der Hauskreis bei 5Mo 22 als Text für den Abend angelangt. Da liest man in den Versen 5-8 die interessanten Ausführungen: *„(5) Männerzeug darf nicht auf einer Frau sein [d.h.: Eine Frau soll nicht Männersachen tragen], und ein Mann darf nicht das Gewand einer Frau anziehen. Denn jeder, der dieses tut, ist ein Gräuel für den HERRN, deinen Gott. – (6) Wenn sich zufällig ein Vogelnest vor dir auf dem Weg findet, auf irgendeinem Baum oder auf der Erde, mit Jungen oder mit Eiern, und die Mutter sitzt auf den Jungen oder auf den Eiern, dann darfst du die Mutter auf den Jungen nicht nehmen. (7) Du sollst die Mutter unbedingt fliegen lassen, die Jungen aber magst du dir nehmen, damit es dir gutgeht und du deine Tage verlängerst. – (8) Wenn du ein neues Haus baust, dann sollst du ein Geländer um dein Dach machen, damit du nicht Blutschuld auf dein Haus bringst, wenn irgend jemand von ihm herabfällt."*

Jemand, der das Gespräch an diesem Abend leitet, hat sich gut vorbereitet, in Kommentaren nachgeschlagen und herausgefunden, dass es bei allen diesen Beispielen im Text immer um das eine Prinzip geht, dass Gott nämlich seine Schöpfung bewahren will: 1. Er will, dass der Unterschied zwischen Mann und Frau gewahrt bleibt – dass man also Männer und Frauen unterscheiden kann: Dass Männer wie Männer, und Frauen wie Frauen aussehen. 2. Er will, dass die Tiere geschützt werden und man nicht so rücksichtslos gegen sie vorgeht (indem man Eier und Vogel nimmt), dass es irgendwann diese Tiere nicht mehr gibt. 3. Er will auch, dass der Mensch geschützt wird und seine Gesundheit und sein Wohl Vorrang vor materiellen Spareffekten hat. Wer also beim Hausbau mit Dachterrasse am Geländer spart und dabei lieber riskiert, dass Menschen zu Schaden kommen, versündigt sich an Gott, dem Schöpfer.

Man kann sich lebhaft vorstellen, dass diese Auslegung manchen Hauskreisteilnehmern ganz neue Perspektiven gibt und es an diesem Abend rege Gespräche gibt. Alles drängt natürlich auf die Anwendung. Die Frage ist: Gilt das alles für uns Christen auch?

Wieder ist im Blick auf eine gesunde Anwendung vom Neuen Testament her zu denken. Erstens fällt auf, dass auch im Neuen Testament Gott als der Schöpfer dieser Erde begegnet (Röm 1,18ff; 1Petr 4,19). Zweitens muss man nur die Evangelien anschauen, um zu merken wie Jesus sich um die äußeren Bedürfnisse und Nöte seiner Menschen kümmert. Und drittens will Gott auch im Neuen Testament, dass Männer als Männer und Frauen als Frauen erkennbar bleiben (1Kor 11,14f macht das am Beispiel einer unterscheidbaren Frisur fest). Viertens spricht der Römerbrief Anteil nehmend von dem Seufzen der unter ihrer Vergänglichkeit leidenden Kreatur, die sich mit den Kindern Gottes nach Befreiung sehnt (Röm 8,19ff). Von daher gibt das Neue Testament unserem Hauskreis durchaus Rückenwind, die Bewahrung der Schöpfung bzw. der Schöpfungsordnung Gottes von 5Mo 22 her einmal ganz praktisch zu durchdenken!

Allerdings dauert es nicht lange, bis (anhand von V. 5) auch die Frage aufkommt, was das denn nun genau für die Männer- und Frauenmode bedeutet. Da ist „Kontextualisierung“ gefragt. Die Auslegung kann – wenn man in guten Kommentaren nachschlägt oder den Alten Vorderen Orient genau kennt – leicht feststellen, wie damals in der Mitte des 2. Jahrtausends vor Christus „Männersachen“ und „Frauensachen“ ausgesehen haben – dass nämlich sowohl Männer als auch Frauen Gewänder trugen: Ein gröberes Obergewand, ein leichteres Untergewand, keine Unterwäsche, aber wohl noch Gürtel und Sandalen. Die Bibel gebietet nun nirgends: „Genauso, und nicht anders, müsst ihr euch als Christen heute kleiden!“ Wir werden nicht auf die konkrete Mode von damals festgelegt. Klar ist aber, dass die Bibel nicht will, dass Männer Frauensachen tragen, und Frauen Männersachen! Die Geschlechter sollen unterscheidbar bleiben.

Andererseits hat die Kenntnis der Kultur des Alten Vorderen Orients gezeigt, dass der Unterschied zwischen männlicher und weiblicher Mode nicht der zwischen Kleid und Hose war. Beide, Männer wie Frauen, trugen ein „Gewand“. Und obwohl beide ein Gewand trugen, gab es offenbar Männergewänder und Frauengewänder, die in Zuschnitt, Farbe oder Material als solche unterscheidbar waren. Überträgt man das in unsere Zeit, wird man merken, dass es in orientalischen und afrikanischen Ländern heute zum Teil immer noch für Frauen und Männer „Gewänder“ gibt, man die Geschlechter aber doch unterscheiden kann. Manche Christen haben da vielleicht etwas zu voreilig gedacht: Männersachen sind Hosen – und Frauensachen sind Röcke! Das mag ja auch in gewissen Kulturkreisen zu gewissen Zeiten so gewesen sein. Zu biblischer Zeit aber gab es die Hosen noch gar nicht. Mode und Kulturen sind im Wandel. Klar ist aber – unabhängig von Zeit, Kultur und Modetrends, dass Gott seine Schöpfung so bewahrt haben will, wie er sie sich gedacht hat; dass er von Anfang an den Menschen als Mann und Frau geschaffen hat; und dass er will, dass Männer Männer und Frauen Frauen bleiben und als solche unterscheidbar sind. Also, kein „Gendermainstreaming“ (d.h. keine ideologische Gleichmacherei der Geschlechter) – und keine Modetrends, die dazu führen, dass man Männer und Frauen verwechselt!

Beispiel 3: Sex und Sünde

Nehmen wir an, eine Woche später kommt der Hauskreis zum nächsten Abschnitt in 5Mo 22, der mit den Versen 20-21 schließt: *„[...] Wenn aber jene Sache Wahrheit gewesen ist, die ‹Zeichen der› Jungfrauschaft sind an der jungen Frau nicht gefunden worden, (21) dann sollen sie die junge Frau hinausführen an den Eingang des Hauses ihres Vaters, und die Männer ihrer Stadt sollen sie steinigen, dass sie stirbt, weil sie eine Schandtat in Israel verübt hat, zu huren [Unzucht zu treiben] im Haus ihres Vaters. Und du sollst das Böse aus deiner Mitte wegschaffen!“* Keine Frage, dieser Text gibt Probleme auf.

Der Hauskreis findet heraus: Es geht in diesen Versen (schon ab V. 13) um die Jungfräulichkeit vor der Ehe – also um vorehelichen Geschlechtsverkehr als Makel vor Gott und den Menschen und um die Folgen. Zum einen geht es um den Schutz der Frau vor der mutwilligen und erlogenen Anschuldigung, nicht als Jungfrau in die Ehe gegangen zu sein (Vv. 13-19). Dann aber geht es um die Gesetzesvorschrift, was geschehen soll, wenn jemand tatsächlich vorehelichen Sex mit irgendwelchen Partnern hatte (Vv. 20-21). Die Bewertung ist klar: Liegt nachweislich vorehelicher genitaler Sex vor, so ist dies „eine Schandtat in Israel“; es ist „Unzucht“, es ist „böse“.

Die Frage ist, ob das Neue Testament hier eine Neubewertung vornimmt. Das ist von der Sache her nicht der Fall. Genitale Sexualität gehört auch im NT in die Ehe. Damit es nicht zu „Unzucht“ kommt, empfiehlt Paulus die Ehe (1Kor 7,2). Der Mensch soll seinen Körper nicht der „Unzucht“ hingeben (1Kor 6,13ff). Es ist eine Frage der Heiligung, Sexualität nicht vor der Ehe als „Unzucht“ auszuleben, nicht in der Ehe in erniedrigender Weise mit seinem Partner umzugehen, und nicht neben der Ehe ein Intimverhältnis zu haben (1Thes 4,3-6).

Sicherlich wird man im Hauskreis heute, vierzig Jahre nach der 68er-Revolution, regen Gesprächsbedarf zu diesen Themen haben. Bleibt man bei der Bibel, wird man allerdings merken: Die Zeiten ändern sich, nicht aber die Meinung Gottes zu diesem Thema!

Man wird zugleich jedoch Gesprächsbedarf angesichts kultureller und heilsgeschichtlicher Unterschiede zwischen damals und heute haben: So werden in unserer Kultur niemals die Brauteltern ein blutiges Leintuch aus der Hochzeitsnacht als Beweis der Jungfräulichkeit ihrer Tochter irgendwo zuhause aufbewahren – gewissermaßen für alle Fälle. Damals im Alten Vorderen Orient war das selbstverständlich – und auch heute ist es in einigen orientalischen (muslimischen) Kulturen noch so. Und natürlich sind solche Sitten von der Bibel auch nirgends geboten. Auffällig ist aber vor allem ein heilsgeschichtlicher Unterschied: Unter dem alttestamentlichen Gesetz wurde ein Verleumder, der seinen Partner fälschlich der Unzucht verdächtigt hatte, mit einer kombinierten Prügel- und Geldstrafe bestraft (Vv. 18-19). In der neutestamentlichen Gemeinde gibt es solche Maßnahmen nirgends. Und auf voreheliche sexuelle Abenteuer selbst stand die Todesstrafe durch Steinigung im alten Israel, wo das religiöse Gesetz noch Strafrecht war (V. 21). Im Neuen Testament gibt es das Wissen um das letzte Gericht Gottes (1Kor 6,9-10; vgl. Hebr 13,4). Es gibt aber zugleich Vergebung auch bei schweren sexuellen Vergehen (1Kor 6,11). Und bei Unbußfertigkeit im Fall von Unzucht beschränken sich die gemeindlichen Maßnahmen auf den Gemeindeausschluss als letzte Konsequenz der Gemeindezucht (1Kor 5).

Eine biblisch saubere Anwendung wird niemals die Wunschbehauptung durchgehen lassen: „Weil wir heute niemanden mehr steinigen, erklären wir auch gleich vor- und außerehelichen Sex als unbedenklich!“ Heilsgeschichtlich wird vielmehr klar, dass der heilige Gott die Sünde damals wie heute gleichermaßen ablehnt, jedoch bei seinem alt- bzw. neutestamentlichen Volk unterschiedliche Maßnahmen im Fall der Sünde vorgibt. Für die christliche Gemeinde gilt ein Dreifaches: 1. Die Prinzipien „Wahre Liebe wartet!“ und „Bleib’ deinem Partner treu!“ 2. Bei Sünde das Bemühen um Buße und Verhaltensänderung. 3. Bei Unbußfertigkeit Gemeindezucht.

Beispiel 4: Advent oder Land der Träume?

Nehmen wir an, in unserem Hauskreis sind wieder Monate vergangen. Die Adventszeit ist gekommen und der Hauskreis entschließt sich, einen Text aus dem Propheten Jesaja zu behandeln. Jemand schlägt Jesaja 11,1-12 vor, weil die ersten Verse dieses Abschnitts an das Lied „Es ist ein Ros’ entsprungen“ erinnern und daher gut in die Vorweihnachtszeit passen: *„(1) Und ein Spross wird hervorgehen aus dem Stumpf Isais, und ein Schößling aus seinen Wurzeln wird Frucht bringen. (2) Und auf ihm wird ruhen der Geist des Herrn … (4) [Er] wird die Geringen richten in Gerechtigkeit und die Elenden des Landes zurechtweisen in Geradheit. Und er wird den Gewalttätigen schlagen mit dem Stab seines Mundes und mit dem Hauch seiner Lippen den Gottlosen töten. (5) Gerechtigkeit wird der Schurz seiner Hüften sein und die Treue der Schurz seiner Lenden. – (6) Und der Wolf wird beim Lamm weilen und der Leopard beim Böckchen lagern. Das Kalb und der Junglöwe und das Mastvieh werden zusammen sein, und ein kleiner Junge wird sie treiben. (7) Kuh und Bärin werden ‹miteinander› weiden, ihre Jungen werden zusammen lagern. Und der Löwe wird Stroh fressen wie das Rind. (8) Und der Säugling wird spielen an dem Loch der Viper, und das entwöhnte Kind seine Hand ausstrecken nach der Höhle der Otter. (9) Man wird nichts Böses tun noch verderblich handeln auf meinem ganzen heiligen Berg. Denn das Land wird voll von Erkenntnis des Herrn sein, wie von Wassern, die das Meer bedecken. – (10) Und an jenem Tag wird es geschehen: der Wurzelsproß Isais, der als Feldzeichen der Völker dasteht, nach ihm werden die Nationen fragen; und seine Ruhestätte wird Herrlichkeit sein.“*

Sicher wird es nicht lange dauern, bis der Hauskreis bei seiner Bibelarbeit merken wird, dass sich die ersten Verse dieses Abschnitts auf das erste Kommen von Jesus beziehen: Er ist der verheißene Spross aus der Nachkommenschaft Isais, des Vaters von David (2Sam 7,12ff; Jer 23,5ff; Mt 1,5ff).[254] Mit seiner Taufe am Jordan kommt der Geist Gottes sichtbar und in Fülle auf ihn (V. 2f, vgl. Mt 3,16; 12,18).

Aber dann stellt sich bald die Frage, ob sich die folgenden Verse auch schon im Wirken des irdischen Jesus erfüllt haben. Dass er den Unter-

[254] Der für den Wiederaufbau des Tempels nach dem Exil berufene Hohepriester Josua, der symbolisch – als wäre er aus königlich-davidischem Haus – gekrönt wurde (Sach 6,10-13), konnte nur ein Hinweis auf diesen „Spross“ sein.

privilegierten im Land Gerechtigkeit widerfahren lässt und Menschen nicht nach dem Augenschein beurteilt (V. 4), wird man vielleicht noch in der Zuwendung Jesu zu den Sündern und Zöllnern erfüllt sehen können. Aber eine Erfüllung für den Rest der Verse sucht man in den Evangelien vergebens: Kein Niederschlagen der Gewalttätigen mit „dem Stab seines Mundes" (V. 4b); keine paradiesischen Zustände in der Natur, wo Kinder, Lämmer und Raubtiere friedlich zusammen spielen (Vv. 6b-8); kein Stroh fressender Löwe (V. 7b); kein sündloses Leben (V. 10a); keine flächendeckende Erkenntnis Gottes auf der Erde; und keine globale Zuwendung der Völker zu dem Messias Israels (V. 10)! Man müsste den Text schon sehr vergeistigen und verwässern, wenn man ihn in der Kirchengeschichte als erfüllt ansehen wollte.

Und doch klingt die Erfüllung dieser Verheißungen im Neuen Testament an. Dass Jesus mit „dem Stab seines Mundes" den Widerstand der Völker bricht, wird im NT mit seiner Wiederkunft verbunden (Offb 19,15.21). Und schon Jes 65,17-25 weist darauf hin, dass Wolf und Lamm dann friedlich zusammen sein werden, Löwen Stroh fressen, und keine Sünden mehr verübt werden, wenn Gott am Ende die Erde so erneuern wird, dass auf ihr erfülltes Leben herrscht und es (V. 20) zumindest keinen frühen Tod mehr gibt. Von Offb 21,1-4 her wird klar, dass im ewigen Gottesreich bei der Neuschöpfung von Himmel und Erde gar kein Tod mehr sein wird. Deshalb spricht heilsgeschichtlich einiges dafür, dass sich Jes 11,4ff auf das Messiasreich bezieht, das Jesus mit seiner Wiederkunft aufrichten wird.

In der Tat kann das Bibelgespräch für unseren Hauskreis zu einem Ereignis werden, dass die Teilnehmer tief verstehen lässt, worum es bei ‚Advent' eigentlich geht: Der Blick kann zugleich auf das erste Kommen – den ersten ‚Advent' – von Jesus gehen, als auch auf das, was sein zweites Kommen – der zweite ‚Advent' – bringt. Im Kontrast dazu wird den Teilnehmern vielleicht schmerzlich bewusst, was heute alles noch nicht da ist: Tausendfach herrscht noch Ungerechtigkeit, wird Menschen mit Vorurteilen begegnet; der Stärkere bedroht die Schwächeren; Leben – gerade auch das von Kindern – ist vielfach gefährdet; von paradiesischer Harmonie in der Natur kann keine Rede sein; Sünde prägt das Profil unserer Welt und die Völker scheinen nach allem Möglichen zu fragen, nur nicht nach Gott und Jesus Christus! Es sollte nicht verwundern, wenn ein gelungener Hauskreisabend zu Jesaja 11 in das adventliche Gebet münden würde: „Amen, ja komm Herr Jesus!"

8. Ausblick

Hunderte von Beispielen könnte man noch bringen, die den Wert heilsgeschichtlichen Denkens für die Auslegung und Anwendung der Bibel belegen. Und jedes Beispiel würde einen mehr fragen lassen: Wie kommt es nur, dass heute viele Christen in ihren Gemeinden und viele Prediger auf der Kanzel scheinbar völlig ohne eine Ahnung von Heilsgeschichte auskommen?! Jedenfalls kann man vielerorts jahrelang in den Gottesdienst gehen, ohne je heilsgeschichtliche Zusammenhänge erklärt bekommen zu haben. Zu vermuten ist als Ursache ein Mangel an Lehre: Pastoren haben häufig in ihrer Ausbildung nichts oder zumindest nichts Positives über Heilsgeschichte gehört. Und Gemeindemitgliedern wird entsprechend Heilsgeschichte von niemandem nahegebracht. Im Trend der Zeit liegen andere Themen, die mehr mit der Befindlichkeit des Einzelnen zu tun haben.

Vielleicht ist diese Armut an heilsgeschichtlichem Denken aber mit schuld an der Armut an biblischem Denken in unseren Gemeinden. Ganze Teile der Bibel kommen nie zur Sprache. Viele Zusammenhänge in Gottes Wort werden nicht gesehen. Der Wille Gottes – was für wen und warum gilt! – wird nur unzureichend verstanden. Es bleibt bei einer persönlich-erbaulichen Anwendung von Bibelversen, die einer selektiven Bibellektüre entstammen. In Predigten muss die Geschichtenerzählkunst des jeweiligen Redners oder seine Fähigkeit, „coole" Sprüche loszulassen, die Gemeinde bewegen und geistlich ernähren. Und in Gruppenarbeiten liest jeder (gut postmodern) aus der Bibel die Anwendung heraus, die ihn gerade anspricht.

Vielleicht ist dieses Bild evangelikaler Lebenswirklichkeit von heute etwas überzeichnet, etwas ungerecht sogar. Wenn es aber einige Körner Wahrheit enthält, sollte uns daran gelegen sein, dass die Dinge besser werden. Heilsgeschichtliche Grundkenntnisse könnten hier entscheidend helfen. Sie könnten zum Verstehen der Bibel Wege weisen und könnten vor Holzwegen bewahren. Denn, wer die Bibel nicht missverstehen will, sollte heilsgeschichtlich denken.

Wie dieses Buch zu zeigen versucht hat, hilft ein heilsgeschichtliches Verständnis jedem Christen auf zumindest drei Gebieten:

1. **Heilsgeschichte zu verstehen, hilft beim Auslegen der Bibel.** Es hilft, jeden Bibeltext aus seiner Zeit heraus und von seiner ursprünglichen Aussageabsicht her zu erklären. Wer heilsgeschichtlich denkt, braucht Bibeltexte nicht zu verbiegen. Er muss biblische

Aussagen innerhalb der fortschreitenden Offenbarung nicht künstlich harmonisieren. Er wird sie auch nicht als widersprüchlich missverstehen. Er wird nicht auf die Idee kommen, die Bibel hätte sich irgendwann geirrt und müsste sich dann in der Folge selbst korrigieren. Er versteht, dass Gott zu unterschiedlichen Zeiten und unterschiedlichen Leuten Unterschiedliches sagen kann, und dabei doch derselbe Gott bleibt, der sich in bestimmten Dingen nie ändert. Er ehrt entsprechend diesen Gott, indem er das, was Gott zu einer bestimmten Zeit (bzw. für eine bestimmte Zeit) in die jeweilige heilsgeschichtliche Situation hinein sagen wollte und will, so versteht, wie es gemeint ist.

2. **Heilsgeschichte zu verstehen, hilft beim Anwenden der Bibel.** Es hilft, bei der Anwendung der Bibel klare schriftgemäße Regeln zu haben, die es ermöglichen, grundlegende Fehler zu vermeiden. Wer heilsgeschichtlich denkt, unterscheidet zwischen direkter und indirekter Anwendung. Er wird Bibeltexte, die auf die christliche Gemeinde gemünzt sind, direkt ihrer Aussageabsicht entsprechend auf die unterschiedlichen Kontexte anwenden. Bei Bibeltexten, die in andere Heilsepochen gehören, wird er dem Prinzip der indirekten Anwendung folgen, nämlich immer zunächst den Weg über das Neue Testament wählen und fragen: a. Was sagt das NT für die christliche Gemeinde zu der Thematik, die mein Bibeltext anspricht? b. Was könnte im Licht dieser neutestamentlichen Akzentsetzung eine angemessene Anwendung meines Bibeltextes sein? Je nachdem wird man dann sehr konkret das übertragen können, was der Text sagt; oder es lässt sich nur ein Prinzip übertragen, das entsprechend dessen, was vom NT her gilt, konkretisiert werden muss. Jedenfalls wird der Willkür im Umgang mit der Bibel durch ein heilsgeschichtliches Verständnis eine wirksame Grenze gesetzt. Es gilt dann eben nicht das, was der Mensch wünscht, sondern das, was Gott will.
3. **Heilsgeschichte zu verstehen, erschließt das ganze biblische Panorama.** Wer das gesamte Bild der Heilsgeschichte vor sich hat, versteht nicht immer nur Bruchstücke der Heiligen Schrift, sondern hat alles im Blick, was Gott über sein vergangenes, gegenwärtiges und künftiges Handeln offenbart hat. Er sieht die großen Zusammenhänge und kann in diese einzelne Schriftaussagen einordnen. Er versteht, was sich seit dem Sündenfall geändert hat, aber auch, was an Schöpfungsschönheit zum weisen Gebrauch geblieben ist; und

er versteht zugleich, wie das gegenwärtige sündige Zeitalter in seiner Verfallsgeschichte auf das Ende zuläuft, und was Gott wichtig war, uns diesbezüglich rechtzeitig zur Warnung zu sagen. Er versteht ebenso, dass das neue Zeitalter mit Jesus schon in diese Welt gekommen ist und sich nun in unterschiedlichen Ausprägungen der Herrschaft Gottes zeigt, dass Menschen aus Israel und allen Nationen Heil erfahren und am Ende das Böse besiegt sein wird. Er versteht die wesentlichen Epochen der Heilsgeschichte, und kann die Zeiten unterscheiden: zumindest einmal die Zeit in Eden von den Folgezeiten diesseits von Eden; die Zeit vor dem Gesetz von der Zeit unter dem Gesetz; die Zeit der Gemeinde von dem, was vor dem ersten Kommen Jesu war bzw. nach seinem Wiederkommen sein wird; die Zeit des messianischen Friedensreichs von der danach anbrechenden Neuschöpfung, die in alle Ewigkeit besteht. Er versteht die Bündnisse Gottes und kann bedingungslose Geschenkbünde (wie den Noahbund, den Abrahamsbund, den Davidsbund und den Neuen Bund) von Bünden unterscheiden, deren Geltung (wie der Gesetzesbund am Sinai) an Bedingungen geknüpft ist. Das alles hilft ihm, in der Heilsgeschichte durchgehende Linien (Kontinuität) von Neueinsätzen (Diskontinuität) zu unterscheiden. Wer so in Grundzügen das Gesamtpanorama der Offenbarung Gottes versteht, hat einen guten Überblick. Er versteht biblische Einzelaussagen einzuordnen, ohne sich in den Details zu verlieren. Er hat das Ganze der Schrift im Blick und ist damit gegen viele Sonderbetonungen gefeit. Und mit der Bibel in der Hand versteht er auch die Zeit und kann vom Ziel her den nächsten Schritt bemessen.

Kurz, es lohnt sich, Heilsgeschichte zu verstehen. Keiner wird sie perfekt verstehen – auch wir als Autoren nicht. (Das zeigen allein schon die Akzentunterschiede zwischen einzelnen Kapiteln unseres Buches!). Unser Erkennen bleibt Stückwerk, erst recht, wenn es um eine Gesamtschau der großen Linien und der Einzelaussagen der Heiligen Schrift geht. Und doch lohnt es sich für jeden Einzelnen und für die christliche Gemeinde insgesamt, wenn immer mehr Christen sich ernsthaft für Heilsgeschichte interessieren. Darauf möchte dieses Buch Appetit machen.

PRAKTISCHE LEITLINIEN FÜR HEILSGESCHICHTLICHE AUSLEGUNG UND ANWENDUNG DER BIBEL:

- **Den heilsgeschichtlichen Standort der Texteinheit wahrnehmen!** Zuerst also fragen: Wem und für wann gilt dieser Text? (Dazu die Heilsepochen vor Augen haben und beurteilen, wie sich die – teils überlappenden – Zeitalter sowie die verschiedenen Bünde Gottes für die betreffende Zeit auswirken).
- **Die Texteinheit vor dem Hintergrund der fortschreitenden Offenbarung in den heilsgeschichtlichen Zusammenhang einordnen.**
- **Den eigenen aktuellen heilsgeschichtlichen Standort als Glied der neutestamentlichen Gemeinde vergegenwärtigen!**
- **Direkte Anwendung und indirekte Übertragung biblischer Aussagen unterscheiden!**
- **Die heilsgeschichtlich relevante Anwendung für die Gegenwart entdecken!** Lässt der Geltungs- und Gültigkeitsbereich der heilsgeschichtlichen Epoche eine direkte Anwendung oder nur eine indirekte Übertragung zu?
- **Die Anwendung der Texteinheit vornehmen!** Eine text- und zugleich schriftgemäße Übertragung folgt dem Dreischritt: Damalige Situation → Theologisches Prinzip → Aktuelle Situation. Gefragt werden kann: Wird die theologische Aussage (das Prinzip) in verschiedenen Zeiten und Situationen im Gesamtzeugnis der Schrift übernommen bzw. fortgeführt (theologische Betrachtung)? Bestehen Parallelen zwischen der damaligen und der gegenwärtigen Situation (evtl. Möglichkeit zum Analogieschluss)? Gibt es Hinweise, die ausschließlich mit der damaligen heilsgeschichtlichen Situation bzw. der damaligen kulturellen Praxis zu erklären sind (heilsgeschichtliche bzw. kulturelle Überprüfung)?

Personen- und Sachregister

Buchempfehlungen

Bibel-Panorama

Geb., 64 Seiten
Farbtafeln zu den sieben Zeitaltern des biblischen Heilsplans zur Unterscheidung der verschiedenartigen Handlungsweise Gottes mit den Menschen. mit jeweils ausführlichen Beschreibungen zu den heilsgeschichtlichen Zeitabschnitten.

Best.-Nr. 273.336 / ISBN 978-3-89436-336-9
EUR (D) 15,90 EUR (A) 16,40 SFR 29,30

Howard G. Hendricks/William D. Hendricks
Bibellesen mit Gewinn
Handbuch für persönliches Bibelstudium
Geb., 360 Seiten

Die Autoren zeigen auf eine lockere Weise und mit vielen praktischen Beispielen, wie man die Bibel lesen kann, um Tag für Tag praktischen Nutzen und reichen Gewinn davon zu haben. Ein Klassiker für die Anleitung zum effektiven Lesen der Bibel.

Best.-Nr. 273.088 / ISBN 978-3-89436-088-7
EUR (D) 15,90 EUR (A) 16,40 SFR 29,30

Christliche Verlagsgesellschaft mbH
Kompetent. Profiliert. Engagiert.